中 国 林 业 经 济 学 会
北京林业大学经济管理学院 编
中国人民大学农业与农村发展学院

Forestry
Economic
Review

第4卷 VOL.4

林業经濟评論

U0911917

中国林業出版社
China Forestry Publishing House

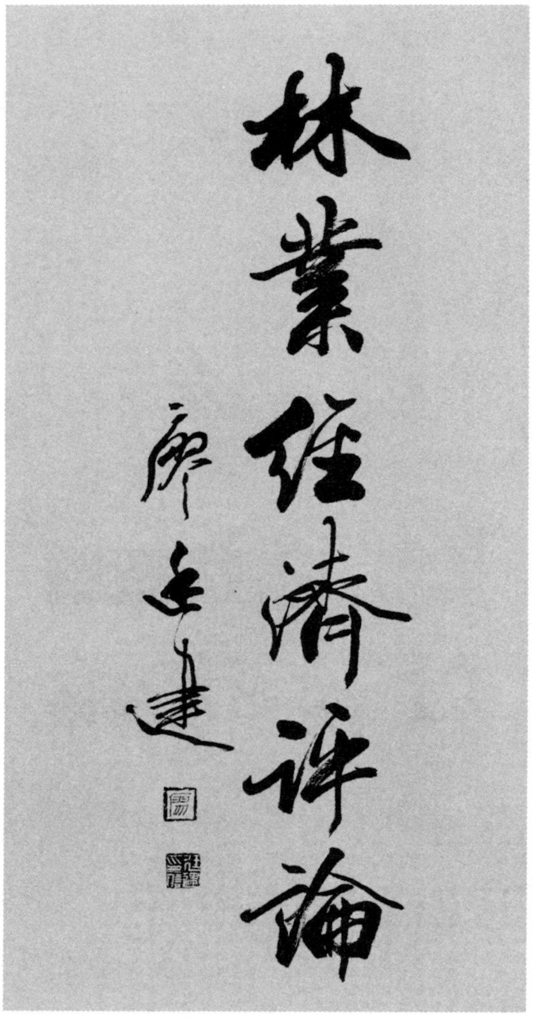

图书在版编目（CIP）数据

林业经济评论．第4卷／中国林业经济学会，北京林业大学经济管理学院，中国人民大学农业与农村发展学院编．—北京：中国林业出版社，2014.6

ISBN 978-7-5038--7528-1

Ⅰ．林… Ⅱ．①中…②北…③中… Ⅲ．①林业经济－文集 Ⅳ．①F307.2-53

中国版本图书馆 CIP 数据核字（2014）第 124964 号

策划编辑：徐小英　责任编辑：何鹏　封面设计：赵芳

出　版：中国林业出版社
（100009 北京西城区刘海胡同 7 号）
http://lycb.forestry.gov.cn
Email：forestbook@163.com
电话：(010)83228427
发　行：中国林业出版社
印　刷：北京北林印刷厂
版　次：2014 年 6 月第 1 版
印　次：2014 年 6 月第 1 次
开　本：889mm × 1194mm　1/16
印　张：11
字　数：350 千字
印　数：1 ～ 2000 册
定　价：35.00 元

编辑委员会

地址：北京海淀区清华东路 35 号北京林业大学学研中心 C510 室
电话：8610 － 62338464　　传真：8610 － 62337674
Email：lyjjpl@163.com　　邮编：100083

卷首语

林业是关系中华民族生存发展根基、关系全球生态安全的伟大事业。世界观察研究所所长莱斯特·布朗认为，谁在生态问题上主动采取行动，谁就能在今后的国际舞台上起领导作用。近年来，我国雾霾天气范围扩大，生态和环境污染问题凸显，是大自然向人类亮出的红灯。加强生态环境保护和生态文明建设势在必行。

党的十八大后，习近平总书记对推进生态文明建设多次发表重要讲话，明确指出“生态兴则文明兴，生态衰则文明衰”，揭示了生态决定人类文明兴衰的客观规律。生态文明建设关系人民生活，关乎民族未来，建设生态文明必须把发展林业作为首要任务。

2014年政府工作报告明确提出，要努力建设生态文明的美好家园。明确提出：推进生态保护与建设。继续实施退耕还林还草、退牧还草、天然林保护、防沙治沙、水土保持、石漠化治理、湿地恢复等重大生态工程；加强三江源生态保护；落实主体功能区制度，探索建立跨区域、跨流域生态补偿机制。

林业在贯彻可持续发展战略中具有重要地位，在生态建设中具有首要地位。林业建设功在当代、利在千秋。为了促进林业经济研究的繁荣，林业经济研究水平的提升，以及林业经济领域的学术，提升学术研究水平，同时为了更好地服务于美丽中国建设和现代林业发展，在业内广大同仁的大力支持下，在各主办单位领导的关怀下，在各位编委的共同努力下，《林业经济评论》自2011年创办以来已成功出版3卷，获得了业内同仁的广泛好评。

《林业经济评论·第4卷》，本着高质量化、国际化和规范化的出版理念，经过精心征稿和细致审稿，最终共选录论文22篇。本卷所刊录论文内容丰富，紧扣当前林业经济改革与发展实践。选题涉及林业改革与绿色发展、林业贸易与产业竞争、林业企业与绩效评价、林地经营与林农行为、林业政策与林业服务等当前林业经济领域研究热点。

衷心希望农林经济管理学界广大同仁的持续支持和不吝赐稿，也欢迎广大读者对本论文集提出批评、建议和意见，使本论文集质量得以不断改进、完善和提高。

《林业经济评论》编委会
2014年3月

目　　录

Content

Forestry reform and green development

Forestry trades and industry competition

Foresty enterprise and performance evaluation

Forestry farmers' behavior

Forestry policy and sevvices

林权改革与林业发展

提高林地生产力的动力机制构建
——以黑龙江国有重点林区为例

曹玉昆[1] 朱震锋[1] 吕田[2]
（1. 东北林业大学经济管理学院，哈尔滨，150040；2. 黑龙江省森林工业总局，哈尔滨，150040）

摘要： 以黑龙江国有重点林区为对象，以林地生产力现状与困境为突破口，从政策法规、技术创新与应用、社会经济环境以及资源经营与管理四项不同机制入手，剖析各自在林地生产力提高过程中的地位和作用，挖掘彼此间存在机制耦合的可能性，最终实现构建提高林地生产力的动力机制这一目标，为实现林业可持续发展特别是维持人与自然间的资源供给平衡、缓解如何同时克服土地紧张与林业用地有限的双重困难与如何同时实现森林有形与无形效益的双重需求的‘两个同时”困境具有重要意义。
关键词： 林地生产力；动力机制；国有重点林区

Construct the Mechanism of Improving Forest Land Productivity
—— Taking the Key State-owned Forest Region in Hei Longjiang as An Example

Cao Yukun[1], Zhu Zhenfeng[1], Lv Tian[2]
(1. College Center of Economics and Management, Northeast Forestry University, Harbin, 150040;
2. Forest Industry Bureau of Hei Longjiang, Harbin, 150040)

Abstract: Taking the key state-owned forest region in Heilongjiang as the target, and taking the predicament of the forest land productivity as a breakthrough, to analyze different aspects' status and role in the process of improving forest land productivity, which include policies and regulations, technological innovation and application, social and economic environment as well as resource management, and also to fide out the possibility of different aspects' coupling, and to achieve the goal in the finally which aims for improving forest land productivity, making sure the forestry develop sustainable and especially maintaining the resource supplying be in balance between man and nature, and also relieving the predicament of forest land productivity.
Keywords: forest land productivity; dynamic mechanism; key state-owned forest region

当前，世界各国多数处在森林资源保护、生态效益需求与木材产品现实需求三个矛盾共同体包夹的尴尬境地。既要应对全球气候危机，通过森林碳汇等实现森林资源的生态效益，又要通过从森林资源中获得木材等有形产品来满足国家经济建设与居民对木制品不断高涨的现实需求，如何有效解决这一问题已经成为国际社会讨论的热点和越来越多专家学者的研究焦点。2009年，胡锦涛总书记在联合国气候变化峰会开幕式上提出了到2020年我国森林面积比2005年增加4 000万 hm^2、森林蓄积量增加13亿 m^3 的量效双增目标，这是对我国林业发展中的加快实现森林资源增长提出的一项具体要求。党的十八大报告中提出要继续坚持把生态文明建设放在我国现代化建设中的突出位置，其基础是确保人与自然间的和谐与平衡，而这一平衡中的重要内容之一就是保证人与自然之间的资源平衡，而随着国内对木材及相关林产品需求的日益高涨，现有的森林资源已经无法维持上述平衡，因此，如何维持森林资源的持续增长也是我国当前发展过程中面临的

基金项目：国家社会科学基金项目(13BJY032)
第一作者：曹玉昆，博士生导师，教授。主要研究方向：林业经济理论与政策。Email：cyklk@163.com。

一个严峻问题。立足国际、国内形势，认为解决上述问题的根本在于如何同时克服土地紧张与林业用地有限的双重困难与如何同时实现森林有形与无形效益的双重需求，研究选择将林地生产力作为突破口，即通过提高林地生产力来从根本上缓解当前局势下林业在“两个同时”中遇到的困境。提高林地生产力水平，将直接作用于森林资源增长，进而对一个国家或地区在生态安全、森林碳汇、木材及林产品供给等方面发挥重要作用。林地生产力对林业、林区乃至上升到国家林业发展的层面都好比一个支点，作用之大不可或缺，在很大程度上将成为林业未来生存和发展的空间所在，因此，探究提高林地生产力的动力机制构建具有很重要的客观价值和实践意义。

一、概念解析

(一)林地生产力

针对林地生产力的基本概念，不同林业研究领域对其理解和定义存在差异。如侧重林业科技进步的研究中林地生产力往往以林地的实物生产力或实物生产率作为表现形式来理解，认为林地生产力(率)是在单位面积上林木(竹林)及其动植物的生长量、利用量和蓄积量；侧重林学技术的相关研究则多将林地生产力定义为林地范围内所生产的植物产量总和，与林地立地条件(如大气 O_2 及 CO_2 含量、气候和土壤条件等)、植物生物生态学特性等密切相关；而《中国资源科学百科全书》中对林地生产力给出的解释是：林业用地或有林地的总体生产能力，是一个综合评价森林资源生产力的概念，包括有林地的生产力和林业用地利用率，前者通常指单位面积上林分立木蓄积量的高低，反映了一个地区或一个国家森林资源的生产力水平，而后者则表现为有林地面积占林业用地面积的比重。鉴于本研究中提高林地生产力的意义在于最终维持一种人与自然的资源供需平衡，侧重森林资源的综合产出，选择《中国资源科学百科全书》对林地生产力的定义。

(二)动力机制

“机制”一词，最早的含义属于自然科学领域，主要在机械学、生物学、医学领域使用。一般地说，机制是指事物内部各个组成部分之间相互连结、配合、渗透、制约的方式，在一定的条件下，相互自动作用、自动调节的功能和过程。动力机制属于机制中一项侧重机制运行结果向着有序的、效益最大化的方向尽可能趋近的激励机制，本研究中的提高林地生产力的动力机制即指通过从政策法规、技术创新与应用、社会经济环境以及资源经营与管理四个方面入手，构建一个系统的、高度耦合的、能够促进林地生产力明显改善的激励机制。

二、黑龙江国有重点林区林地生产力现状

(一)林地资源状况

黑龙江国有重点林区是全国面积最大的国有重点林区，是国家生态环境建设和保护的重点区域，是生物多样性保护的最大栖息地。近年来，依托天然林资源保护工程的深入实施，黑龙江国有重点林区林地资源的经营、恢复与保护工作等都取得了明显成就，林地资源状况得到很大改观。

截至2011年，黑龙江国有重点林区经营总面积1 009.8 万 hm^2，占东北四大国有重点林区的35.2%，占黑龙江省国土面积的22%；活立木总蓄积7.94 亿 m^3，占全省活立木总蓄积的47.4%，占全国国有林区的31%；有林地面积850.71 万 hm^2，占全省林地面积的44.1%，占全国国有林面积的11.7%；森林覆被率84.3%，林分蓄积7.66 亿 m^3，疏林和散生木蓄积2800.85 万 m^3。

表1 全国林地面积前五位省份林地资源情况表

Tab. 1 Situations of forestland resource of the top five provinces all over the country

地区	林业用地面积(万 hm^2)	森林面积(万 hm^2)	人工林面积(万 hm^2)
内蒙古	4 394.93	2 366.40	303.91
云南	2 476.11	1 817.73	326.77
四川	2 311.66	1 659.52	415.65
黑龙江	2 184.16	1 926.97	235.68
西藏	1 746.63	1 462.65	3.36
全国	30 378.19	19 545.22	6 168.84

数据来源：第七次森林资源清查报告数据整理获得

表1列出了全国林业用地面积前五位省份的林地资源数据，结合上文中的统计描述数据来看，尽管黑龙江林业用地面积排在全国第四位，但是森林面积仅次于内蒙古，有林地资源十分丰富；国有重点林区的林地面积及有林地面积巨大，为今后林业多元产业发展特别是基于林地资源的相关产业发展提供了基础保障。

（二）林地生产力状况

1. 基于固定时间点的林地生产力状况

林地生产力主要包括有林地生产力和林业有地利用率。首先从有林地生产力和林业用地利用率两个指标总体探究黑龙江国有重点林区林地生产力现状，见表2，然后分别具体按照林地资源区分标准和时间点差别对林地生产力水平进行更深入和全面地把握。

表2 2011年黑龙江国有重点林区林地生产力表

Tab. 2 Forestry productivity of Heilongjiang province key state-owned in 2011

有林地的生产力			林业用地利用率		
有林地面积（万 hm^2）	林分蓄积（亿 m^3）	林分蓄积/有林地面积（m^3/hm^2）	有林地面积（万 hm^2）	林业用地面积（万 hm^2）	有林地面积林业用地面积（%）
850.71	7.66	90.04	850.71	1 009.8	84.52

数据来源：2011年黑龙江国有重点林区林地资源统计资料汇编

根据表2，从有林地生产力来看，2011年黑龙江国有重点林区的有林地生产力水平为90.04 m^3/hm^2，这与基于我国历次森林资源清查的统计数据得来的有林地生产力水平约数75 m^3/hm^2相比，明显高于全国平均水平，说明黑龙江国有林区近年来经过充分发挥地区优势，对林地和森林进行合理经营和有效保护，以及天保工程深入实施等，使得有林地生产力在“两危”过后得到了一定改善。从林业用地利用率来看，2011年黑龙江国有重点林区林业用地利用率为84.25%，根据全国不同森林资源清查期的林地资源数据测算，得到第七次森林资源清查期即2004年至2008年时，林业用地的利用率为59.79%，对比得出，黑龙江国有重点林区林业用地利用率也高于全国水平。这离不开黑龙江森工总局近几年来对林地资源的有效保护，以及在林区林地用途管制等措施上的严格实施。

2. 基于动态时间点的林地生产力状况

以黑龙江国有重点林区2011年林地资源数据为基准，与2010年相比，有林地面积增加了0.95万 hm^2，活立木的蓄积增加了2200万 m^3，森林覆盖率增加0.1%；有林地平均公顷蓄积增加2.84 m^3。可见，2011年黑龙江省国有重点林区林地生产力水平有了明显提高。

按照不同的森林资源调查年份对黑龙江省国有重点林区有林地单位蓄积进行动态展示，从而揭示其林地生产力的动态变化，需要说明的是，这里仅对林地生产力中的有林地生产力进行动态数据展示，具体见图1。

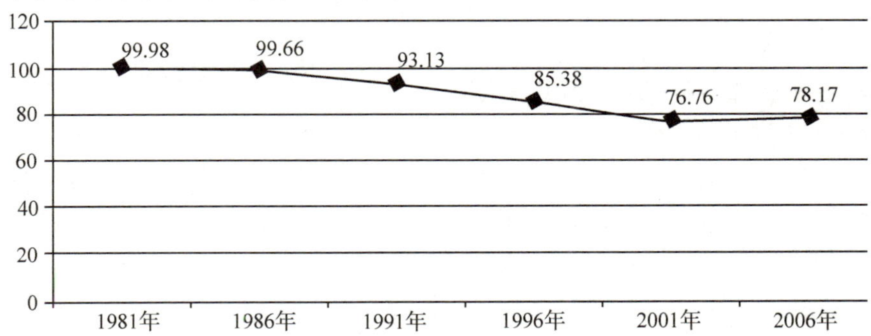

图1 黑龙江省国有重点林区有林地生产力动态变化 单位：m^3/hm^2

Fig. 1 Dynamic change of forestry productivity of Heilongjiang province key state-owned

如图1所示，从20世纪80年代至今，黑龙江省国有重点林区有林地生产力基本成下降趋势，这与多年以来林区森林资源的过度采伐有关，尽管已经制定了森林资源采伐限额制度，但是天然林资源中的成、过熟林日益减少，为提高单位林分蓄积形成了实质阻力。此外，从数据的动态变化来看，截止到2001年的有林地生产力是呈现锐减状态，年下降率达到了1.2%，而从2001年到2006年，有林地生产力则出现了逐渐增长态势，原因在于实施了天然林资源保护工程，对林区森林资源的更新和保护开始发挥作用。

3. 基于不同资源区分标准的林地生产力状况

如果将现有林地上的林分资源按照不同的分类标准进行划分，可以从更加全面的角度来对黑龙江国有重点林区林地生产力进行一个系统认识和了解。

表3 黑龙江省国有重点林区林地资源汇总表

Tab. 3 Summary of key state-rowned forest land of Heilongjiang province

区分标准	种类	林地面积（万 hm^2）	林分蓄积（亿 m^3）
起源	天然林	745.14	6.73
	人工林	108.57	0.93
林种	防护林	171.88	-
	用材林	207.4	-
	特用林	115.96	-
	经济林	0.12	-
	其　他	355.35	-
经营	商品林	207.61	1.89
	限伐林区	342.17	3.05
	禁伐林区	285.2	2.63
	其　他	15.73	0.09
龄组	幼、中龄林	682.51	5.65
	近熟林	136.63	1.57
	成、过熟林	31.57	0.44

数据来源于黑龙江省林业统计资料汇编2008

根据表3来看，从起源分，林区天然林占据优势地位，且林分蓄积明显高于人工林，由于林地的生物多样性以及林地结构等原因，人工林的林地生产力要远低于天然林。天然林占据优势地位，对黑龙江省国有重点林区而言，有利于今后林区推进生态文明建设，改善林区生态环境等。而人工林尽管面积小，不占有资源优势，但是对于缓解该地区由于森林采伐限额导致的木材产量下降的压力，人工林将会日益发挥重要作用。需要注意的是，重点国有林区地处我国东北，气候寒冷，林木生长速度慢，在进行人工林培育经营过程中要加快速生丰产类用材林的育种和经营工作。

从林种分，黑龙江省国有重点林区的用材林比重低于防护林、特用林和其他等，可见，随着木材产量的逐年下降，用材林也随着面积减少，尤其是伴随天然林资源工程二期工程的继续实施，黑龙江省国有重点林区的木材生产任务将会越来越少。同时将加强对非用材林类的森林和林地的经营管护，有助于林区林地生产力的提高和林区生态环境的改善，以及林区今后生态文明建设，有助于推动林区的可持续发展，并逐渐建立起来林区人与自然、人与社会、社会与自然之间的和谐关系，实现最终的共生共荣。

从经营分，根据黑龙江省国有重点林区的森林分类经营，按照《国家级公益林区划界定办法》的文件规定的区划范围和标准，林区内的森林主要划分为商品林区、限伐林区、禁伐林区以及其他经营区。针对不同的区划森林和林地，黑龙江省森工总局根据森林主导功能的不同，具体进行分类经营，对于禁伐区严禁任何的采伐和经营活动，最大限度保护了林地和森林生态系统，维护了人与自然之间的和谐平衡。根据表上数据也可以看出，限伐林区和禁伐林区的面积总和超过了商品林区，可见国有重点林区采取了生态主导型的林业发展模式，对于今后林区林地生产力水平的提高以及森林资源可持续增长、林业可持续发展等都具有重要作用。

从龄组分，当前黑龙江省国有重点林区中、幼龄林比重最大，占据总体的80%左右，而成、过熟林只有不足4%的比重，说明当下阶段国有重点林区可采森林资源不足，但是木材的供给潜力较大，为今后林区的木材生产提供了充足保障。同时随着林区每年允许采伐的木材量不断下调，林区森林的保有量将会逐渐上升，这样在林地面积没有较大变化时，森林的蓄积量增加，则单位林地上林分的蓄积增加即意味着林地生产力的提高。

三、黑龙江国有重点林区林地生产力困境

提高林地生产力为林区森林资源增长和林业可持续发展，地区乃至全国的生态文明建设提供了基础和动力保障。综合黑龙江国有重点林区林地生产力现状，尽管近年来林地生产力水平有改善趋势，但成效并不明显，林地生产力提高的有关政策机制等并没有实现其功能地充分发挥，这一境况给黑龙江国有重点林区未来“经济－社会－生态”系统的可持续平衡以及有形无形资源地有效供给带来困扰。基于林地生产力的基本内涵，这一困扰主要表现在林地资源本身以及对林地资源的经营管理两个层面，见图2。

（一）林地资源困境

林地资源本身的质量在很大程度上对林地生产力的提高有着显著地制约作用，根据近年来黑龙江国有重点林区林地资源的统计分析，折射出当前林区的林地资源突出表现在有林地规模小、林业用地

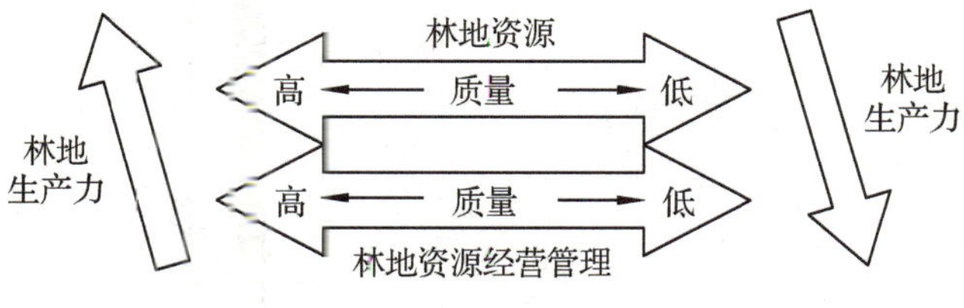

图2　林地生产力困境解析图

Fig. 2　Analysis of forestry productivity dilemma

利用率有待进一步提升，以及林地结构不合理等方面的问题，主要表现在三个方面(下以2011年相关数据为例)：一是单层林分林地多，复层林分林地少，前者占到了总有林地面积的99.96%，且前者林地上的林分质量差，林分单位蓄积量小，不利于林地生产力改善；二是幼中龄林林地多，成过熟林林地少，前者占到林地总面积的80.23%，蓄积占73.78%，明显高于后者，这一情况同样对林地生产力中的有林地生产力产生直接消极影响；三是疏林地多，密林地少，林分郁闭度0.8以上的有林地面积不足总量的8%，林分林地质量差，不仅不利于提高有林地生产力，疏林同时也间接反映出林业用地利用率水平上的低效。

(二)林地资源经营管理困境

林地资源困境主要影响着有林地的生产力，而林地资源经营管理困境则主要影响林业用地利用率，但同时也对有林地生产力有部分影响，综合表现在以下几个方面：

一是林地资源管理方面的林地违法占用。如林区个别单位以招商引资、促进经济发展为由，在林地经营管理和查处违法占用林地力度不够，致使违法占用林地和擅自改变林地用途行为没有得到根本性的杜绝。据调查结果统计，2005年森工林区被非法侵占林地由2003年的87.6万亩增加到128.46万亩。其中：伊春林区被侵占林地面积为12.07万亩，牡丹江林区被侵占林地面积为48.22万亩，松花江林区被侵占林地面积为22.10万亩，合江林区被侵占林地面积为42.51万亩，直属单位被侵占林地面积为3.56万亩。

二是森林分类经营区划不尽科学。因区划不合理，使分类经营、因区施策的方针无法落到实处，无法开展必要的森林经营活动，这对有林地生产力将会产生直接影响。具体表现在：错划，将个别符合公益林条件应该保护的超坡和处于生态脆弱区域的森林划为商品林，而将一些符合商品林条件(交通便利、地势平坦，立地优良)的幼中龄林和急需改造的低产劣质次生林分划为了公益林；划分比例不合理，多数林业局基本按照相近比例划分“两林”，忽视了林分及林地本身的特点；区划过细，导致经营区相互交错、零散，难于规模化经营、管理等。

三是森工企业基层力量薄弱。包括基层的资金供给能力、营林护地技术水平、资源监测与防灾抗灾体系完善程度等，由于国有重点林区的森工企业多数分布在偏远地区，人力、物力、财力等无论自给或者他给都无法充分提供，使得对林地资源、林木资源等的有效监测和保护亦无法得到最大程度保障，这对林地生产力的影响十分显著。

此外，国有重点林区针对林地资源经营管理方面的政策法规机制尚不健全，部分地区的居民对林地资源的重视程度不够，对林地资源在地区经济社会生态可持续发展中的作用认识肤浅等，这些也都为国有重点林区未来提高林地生产力水平，实现国家、地区的多元、多层目标带来困扰。

四、提高林地生产力的动力机制构建

(一)机制构建

基于当前黑龙江国有重点林区林地生产力困境分析，对林地生产力具有消极影响的因素复杂，为此构建提高林地生产力的动力机制也不可能是单一成分，研究结合黑龙江国有重点林区林地资源、林地生产力的客观实际，认为所构建的动力机制的必要组成机制包括：资源经营与管理机制、政策法规机制、技术创新与应用机制、社会经济环境优化机制，见图3。此外，构建上述动力机制还必须严格遵循可持续发展、以人为本、生态优先与资源保护、政策引导与改革创新并重以及因地制宜五项原则。

(二)机制运行

机制运行强调对机制各项具体内容如何通过相互作用实现最终机制目标的过程和原理作出阐述，但鉴于所构建的提高林地生产力的动力机制并非以单一机制形式存在，而是包括政策法规机制、资源经营管理机制等四个具体机制，有必要首先对这四个具体机制之间的耦合关系进行验证，且只有在能够充分确保该耦合关系成立的前提下整个动力机制才能有效运行。

1. 各机制间耦合机理分析

系统耦合论中的基本观点：两个具有相近相通，又相差相异的系统，不仅有静态的相似性，也有动

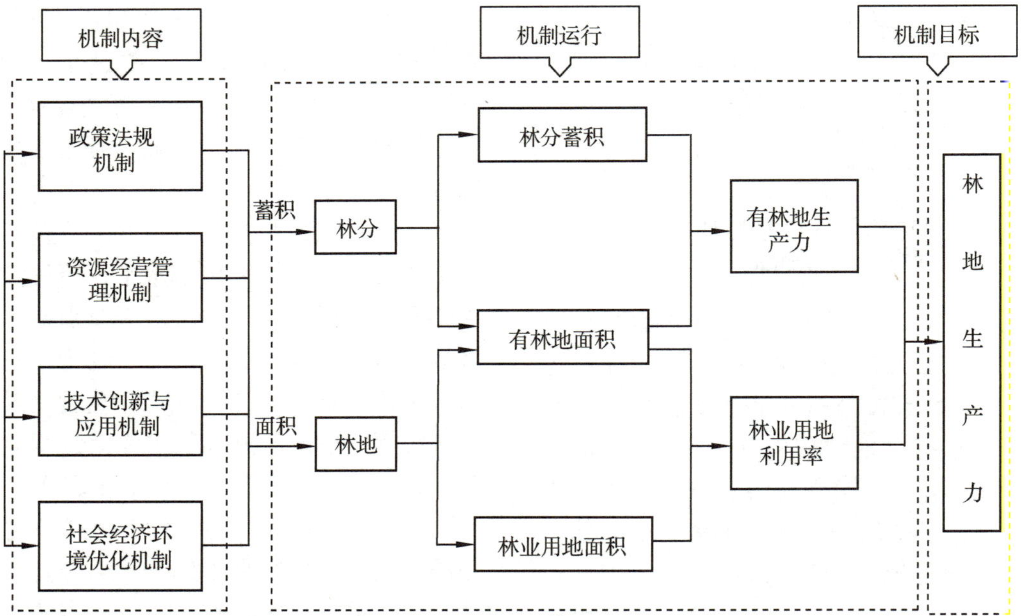

图3 提高林地生产力的动力机制结构图

Fig. 3 Dynamic mechanism of improving forestry productivity

态的互动性，则两者就具有耦合关系。严格参照耦合定义，分别从系统差异与系统相近两个维度探究机制间存在耦合的可能性。

从系统差异来看，表现在各个机制通过不同实施内容和途径对国有重点林区林地资源、林地上的林木资源等产生影响。以政策法规机制和技术创新与应用机制为例，前者主要通过制定和完善基于保护林地资源、规范林地利用和管理等相关政府政策及法律法规条款，强制不同部门和人员按照相关规范从事林地资源的利用、开发、保护和培育等；而后者则主要通过相关林地资源经营管理机构和工作人员凭借林地保护、林木培育、森林防灾减害、林地与林木资源动态监测等技术创新及应用，从而提高林地生产力，技术与政策法规之间有着天然的区别，符合系统耦合论中关于系统相差相异的基本论述。

从系统相近或者说系统耦合来看，四个具体机制之间主要存在三类耦合点：关系耦合、机理耦合以及目标耦合。关系耦合体现在四个机制并非孤立对林地生产力发挥作用，它们彼此间也存在着紧密的相互关联性，以政策法规机制与资源经营管理机制为例，如果脱离了相关林地保护法规条例的强力保障，在林地资源遇到违规占用、侵害等不利于资源管理的事件发生，对林地生产力将产生显著影响；机理耦合体现在尽管各项机制的具体侧重内容不同，但是对最终改善林地生产力的作用机理是相近的，如图2所示，林地面积和林分蓄积是机制结构里的核心中介，四项机制均对林地、林分的面积和蓄积这两个因素发挥作用，最终对林地生产力带来改善的可能；目标耦合强调不同子机制尽管存在关注内容上的差异，但综合关系耦合、机理耦合存在的充分性，各个机制在整体动力机制运行的框架下最终方向却是一致的，即旨在通过提高林地生产力分指标，进而完成总的林地生产力提高之目标。

2. *机制运行原理*

结合图3，图4给出了所构建机制的基本运行思路和原理：

图4直观给出了动力机制的运行机理，即国有重点林区在政策法规、资源经营管理、社会经济环境优化以及技术创新应用四个领域优化传统思路、推行新举措、广泛增加支持力度等，首先作用于林区有林地及林业用地面积(有林地面积受作用显著)和林分蓄积，然后林地生产力不同指标受力，并指标值开始作逐步“趋大化”改变，最终林区林地生产力水平得到改善。需要说明的，动力机制中的四项不同机制之间有着紧密联系，且在动力机制运行过程中地位和作用有所区别，例如图4中动力机制的“两翼”为技术和社会经济，技术提供支撑，而社会环境与经济条件提供动力。

五、结　论

遵循本研究界定的林地生产力内涵，以黑龙江

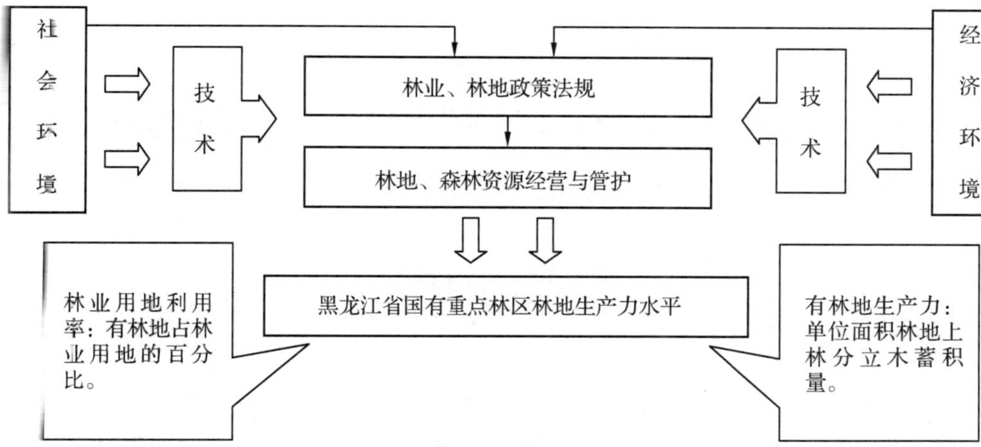

图4　提高林地生产力的动力机制基本运行思路与原理图

Fig. 4　Basic principle of the dynamic mechanism of improving forestry productivity

国有重点林区为研究对象，从林区林地生产力现状及现实困境入手，构建了旨在提高林区林地生产力的动力机制，并阐明机制构建思路及机制运行的相关内容，为后续关于所构建动力机制在具体黑龙江森工林业局开展理论与实践推行的案例研究奠定基础。需要说明的，尽管笔者论述了动力机制中的四项具体机制之间存在紧密联系，但并未对这一紧密联系给出具体解释，后续研究中将通过构建提高林地生产力动力机制的计量模型，结合对不同机制变量间的关系和效应展开更为深入地量化研究，为所构建的提高林地生产力的动力机制提供充分的量化支撑。

参考文献

[1]国务院确定2020年森林面积蓄积双增目标[J]. 林业经济，2010(5)：12

[2]李宇雪，黄桂丹. 浅析林地生产力提高研究进展[J]. 广东科技，2012(11)：173～175

[3]吴国春，王有志. 构建黑龙江省国有林区“立体式”社会保障体系初探[J]. 林业经济问题，2007，27(5)：385～386

[4]邢世和，韦红. 基于GIS技术的区域林地生产力估测与分区[J]. 山地学报，2006，24(4)：473～479

[5]孙鸿烈. 中国资源科学百科全书. 中国大百科全书出版社，2006

[6]张晓梅. “相持阶段”国有林区可持续发展战略思考[J]. 中国流通经济，2006(3)：32～34

[7]王兆君. 国有森林资源资产运营研究[M]. 北京：中国林业出版社，2003

[8]郭树平. 黑龙江省森工林区森林效益评价[M]. 黑龙江：黑龙江科学技术出版社，2006

[9]黑龙江省国有重点林区林地资源统计资料汇编. 2010

[10]黑龙江省国有重点林区林地资源统计资料汇编. 2011

第4卷
2014年6月

林業經濟評論
Forestry Economic Review

Vol. 4
June 2014

中国林产工业“复制型”增长及动因分析
——理论解释与基于企业和省级面板数据的验证

秦光远　曾寅初
（中国人民大学农业与农村发展学院，北京，100872）

摘要：根据中国林产工业快速增长的事实，本文运用古典经济增长理论，分析了中国林产工业“复制型”快速增长的源泉特征，提出了中国林产工业“复制型”快速增长的理论解释，并利用1998至2007年间的企业面板数据和省级面板数据进行了计量经济分析验证。研究结果表明中国林产工业具有明显的资本扩张主导的“复制型”增长特征，企业的“自身复制”和“他人复制”两种类型的增长效果同时存在，但“复制型”增长的特征呈弱化趋势。因此，需要正确认识中国林产工业增长所处的初级阶段特征，积极推进林产工业的转型升级。

关键词：林产工业；复制型增长；增长源泉；面板模型

Rapid Growth by Investment-Led Duplication in China's Wood Product Sector: Evidence from the Panel Data in Firm and Province Level

Qin Guangyuan, Zeng Yinchu
(School of Agricultural Economics and Rural Development, Renmin University of China, Beijing, 100872)

Abstract: Based on classical economic growth framework, the characteristics and the driving factors of the rapid growth by duplication in China's wood product sector are analyzed by using C-D production function model and panel data in firm and province level from 1998 to 2007. The results indicate that: the characteristics of rapid growth by investment-led duplication is apparently appearing in China's wood product sector, with the growth of firms' self- duplication and other - duplication co-existing, though the feature of growth by duplication is emerging a weakening trend. Therefore, to understand the characteristics of preliminary stage of growth in China's wood product sector correctly and to motivate the transformation and upgrading actively are needed.

Keywords: wood product sector; growth by duplication; sources of growth; panel data

一、问题提出

近10年来，中国林产工业经历了前所未有的快速增长期，迅速成为世界最大的木制品生产国和贸易国。1998年至2007年间，以1998年不变价格计算，中国林产工业增加值从455.83亿元增加到2 487.36亿元，年均增长率高达20.88%，是同期中国GDP增速的近2倍①。2000年至2010年间，中国人造板总产量从2 001.66万立方米迅速增长到15 360.83万立方米，年均增长23.40%，2004年超越美国成为世界最大的生产国；竹木地板生产量从0.33亿立方米增加到4.79亿立方米，年均增长32.40%；木家具生产量从4 790.80万件增长到26 073.00万件，年均增长61.51%②。同期，中国林产品出口总额从76.06亿美元增长到463.17亿美元26.27%。其中，木家具出口额从16.68亿美元增长到161.57亿美元，年均增长20.22%，2002年超过德国、2005年超过意大利成为世界最大木家具出口

第一作者：秦光远，1986年生，男，河南上蔡人，中国人民大学农业与农村发展学院博士研究生。研究方向：产业经济、资源与环境经济、林产品贸易等。Eail：qinguangyuan1107@126.com。通讯地址：北京市海淀区中国人民大学品园3楼222信箱，100872。

通讯作者：曾寅初，1963年生，男，浙江武义人，中国人民大学农业与农村发展学院教授、博士生导师。研究方向：农林产品市场与贸易、资源与环境经济学、食品安全等。Email：zengyc@ruc.edu.cn，通讯地址：北京市海淀区中国人民大学明德主楼913室，100872。

① 根据中经网统计数据库和国泰安非上市企业数据库提供的基础数据整理计算。

② 数据来源于国家林业局《中国林业发展报告》和中国造纸协会《中国造纸工业年报》。

国，2010年中国木家具出口额已占到世界木家具出口总额的32.60%；胶合板出口额从1.89亿美元增长到34.02亿美元，年均增长40.51%，2005年超过印度尼西亚和马来西亚，成为世界最大的胶合板出口国，2010年中国胶合板出口额已占到世界胶合板出口总额的29.00%①。由此可知，中国林产工业近10年来的增长堪称中国产业增长的一个奇迹。面对这样的增长奇迹，我们不禁要问中国林产工业快速增长的主要模式是什么？推动快速增长的源泉和动力又是什么呢？

经济增长一直是经济学关注研究的领域。从以Solow为代表的新古典增长理论[1,2]发展到以Romer和Lucas等为代表的内生增长理论[3~5]，经济学对经济增长做出了许多理论解释，一般认为经济增长的主要源泉和动力包括：资本积累、外生的技术进步、内生的技术进步、人力资本积累、科技研发(R&D)等[6~19]。经济增长的主要源泉和动力不同，构成不同的经济增长模式。那么到底什么样的经济增长理论适用于解释中国林产工业的快速增长呢？现有研究虽然已经总结描述了中国林产工业快速增长的特征[20~22]，分析了来中国林产品贸易快速增长的趋势[23~25]，但都没有对中国林产工业快速增长的原因进行深入研究。

探讨中国林产工业快速增长的原因，明确快速增长的主要模式及其源泉和动力，有利于我们清楚认识林产工业发展阶段性特征，为制定促进林产工业发展政策提供科学依据。因此，本文将结合经济增长理论提出林产工业快速增长的理论解释，并利用企业和省级面板数据，通过计量经济分析对理论推论进行验证。本文共由五节构成，问题提出后的第二节给出林产工业快速发展的理论解释，并据此提出理论假说；第三节说明验证理论假说的计量经济学方法和数据来源；第四节报告计量分析结果，并对结果进行讨论；最后在第五节中总结结论。

二、理论分析与假说

(一)“复制型”增长的形成与源泉特征

在需求旺盛前提下，林产工业增长主要取决于供给因素。而在影响林产工业增长的供给因素中，由于技术相对简单，劳动力相对丰富，而木材原料又有保障。因此，只要突破资本因素的限制，就可以通过现有生产模式的“复制”而使产业得到快速增长。这是操作相对简单、易行，而且成功率相对最高的产业扩张模式。仔细分析中国林产工业发展历程，正是从一条生产线到两条乃至多条生产线，从一个车间到多个车间，均可以按照同样的生产模式投入运营，从而使生产规模不断扩大的。

根据古典经济增长理论，我们可以用简单的投入产出关系来描述中国林产工业“复制型”增长的特征。如图1所示，假定K表示中国林产工业的资本投入，Y表示林产工业的产出，则中国林产工业的投入产出关系可用总产出曲线OF表示。假定基准试点1时的资本投入量为K_1，则根据此时的总产出曲线OF_1，可得此时的林产工业产出为K_1A。到比较试点2时，林产工业的资本投入量由K_1增加到K_2，产出曲线则在技术进步的作用下由OF_1变化为OF_2，此时林产工业的总产出由K_1A增长到K_2D。林产工业产出净增部分BD由两部分构成，一部分是由于技术进步使产出曲线发生移动而带来的产出增长，即CD部分；另一部分则是在技术不变的情况下由于资本投入增长而带来的增长，即BC部分。前者是技术进步带来的增长贡献，后者是资本投入增加带来的贡献。

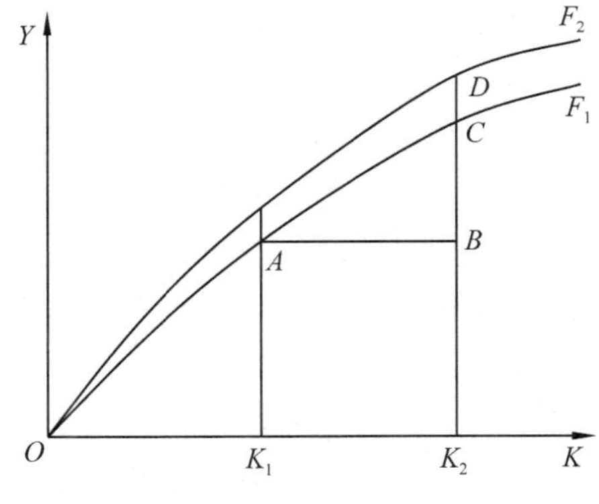

图1　现存企业的“复制型”增长及其主要来源

Fig. 1　The duplication growth and its' main sources of surviving enterprises

根据“复制型”增长主要是将相对成熟的生产模式简单复制扩大的特点，技术水平不可能有太大的变动，也就是说产出曲线向右上移动的幅度相对较小，因此由此带来的产出增长部分CD的量也将相对较小；另一方面，生产模式的复制主要取决于相对受制约因素资本投入的扩大，则由此带来的产出

① 数据来源于UNComtrade数据库。

增长部分 BC 的量相对较大。综合比较而言，在林产工业产出净增部分 BD 中，BC 线段应该明显大于 CD 线段。由此，我们可以得到中国林产工业“复制型”增长需要验证的第一个假说，即中国林产工业快速增长的主要源泉应该是来自于投入增长的贡献，而不是技术进步的贡献；在投入增长贡献中，受制约因素资本投入增长的贡献要显著大于劳动等要素增长的贡献。

（二）企业的“自身复制”与“他人复制”的产出增长效果

仔细观察中国林产工业“复制型”快速增长的现实过程，可以发现中国林产工业相对成熟生产模式的复制又可进一步区分为企业的“自身复制”和“他人复制”两种类型。前者是指现存企业扩大资本投资新增生产线而增加产出的过程，而后者则是指新企业复制现存企业的生产模式，新建生产线或者生产车间从而增加产出的过程。前一节有关“复制型”增长特征与来源的分析，实际上仅仅关注了现存企业“自身复制”的产出增长效果。如果同时考虑企业的“自身复制”和“他人复制”两种类型，则其产出增长的来源又有什么样的特征呢？

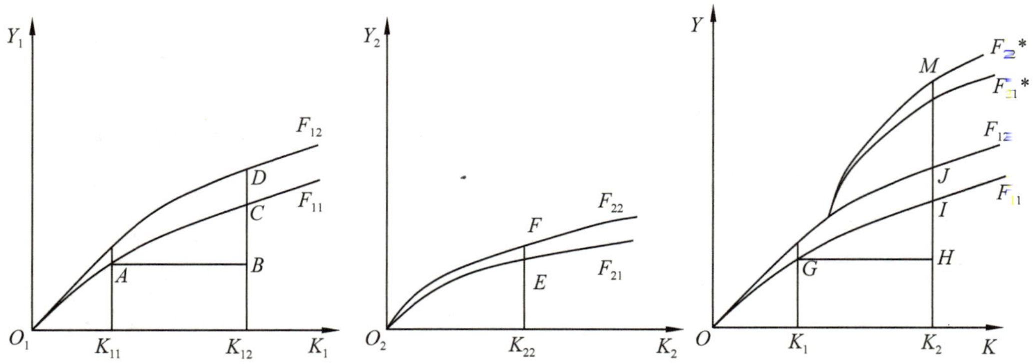

图 2 企业的“自身复制型”与“他人复制型”增长及其来源

Fig. 2 The growth and its’ sources for “self-duplication” and “other-duplication” of enterprises

我们同样可以根据古典经济增长理论，利用投入产出关系来分析以上两种不同企业复制类型的产出增长来源特征。如图 2 所示，a 部分表示现存企业的“自身复制型”增长的产出变化及其来源，除了为了区分增加了下标之外，与图 1 完全相同。b 部分表示新增企业的产出增加效果及其来源。由于是新增企业，也就是说是计较基准时点时不存在的企业，所以在时点 2 时的产出 $K_{22}F$ 全部为净增产出，这部分净增产出也可细分为新增企业投资增加带来的新增产出 $K_{22}E$ 和新增企业技术进步带来的新增产出 EF。由于同样是“复制型”增长，所以其技术进步带来的产出部分 EF 同样显著小于投资增加带来产出增长部分 $K_{22}E$。问题的关键是同时考虑企业的“自身复制”和“他人复制”两种复制类型的情况下，产业整体的产出增长效果和来源具有什么样的特征呢？

由于对于产业整体来说，同时存在着现存企业与新增企业，因此产业整体的产出曲线应该是现存企业产出曲线与新增企业产出曲线的叠加。而叠加的起点则必然是新增企业投产的时间，这个时间一定处在基准时点与比较时点之间。如图 2c 所示，对于整个林产工业而言，比较时点 2 时的产出曲线应该是图 2c 中最为靠上的一条曲线，即在新增企业出现之前等同于现存企业的 F_{12} 曲线，在新增企业出现以后，则是在 F_{12} 曲线基础上叠加 F_{22} 曲线而形成的新产出曲线。由此可知，对于整个林产工业而言，在同时考虑企业的“自身复制”与“他人复制”两种类型的“复制型”增长时，林产工业的产出从原来的 K_1G 增长到 K_2M。在林产工业产出的净增部分 HM 中，包含了以下四个部分的效果：①现存企业投资增加带来的产出增长部分 $HI(=BC)$；②现存企业技术进步带来的产出增长部分 $IJ(=CD)$；③新增企业投资增加带来的产出增长部分 $JK(=K_{22}E)$；④新增产业技术进步带来的产出增长部分 $KM(=EF)$。

根据林产工业“复制型”快速增长技术进步带来的产出增长显著低于投资增加带来的产出增长，即图 2c 中 $HI>JI$，$IK>KM$ 的特点，则可以推论出对于整个林产工业而言，在同时考虑企业的“自身复制”和“他人复制”情况下资本增加对产出增长的贡献，显然是在仅仅考虑现存企业“自身复制”情况下资本增加对产出增长的贡献的基础上，进一步叠加了新增企业资本增加对产出增长的贡献。由此得到对于中国林产工业“复制型”快速增长的第二个假说，即同时考虑企业的“他人复制”对产出增长的效果时，资本增加对林产工业产出的贡献率要大于仅仅考虑企业“自身复制”对产出增长效果时资本增加对林产工业产出的贡献率。

三、验证方法与数据

（一）验证方法

基于新古典经济增长理论框架，研究产业增长及要素贡献有许多方法可以选择，C-D 生产函数因其简洁性、易分解和经济含义明确等特点[26~27]而表现出明显的优势，故我们选择 C-D 生产函数来分析中国林产工业增长，并据此计算不同要素对产出增长的贡献率，来验证在理论分析中提出的假说。同时，考虑到存在着企业的自身复制和他人复制两种“复制型”增长的类型，我们将同时采用企业面板数据和省级的产业层次面板数据。

首先构建如下的林产工业 C-D 生产函数个体固定效应模型：

$$y_{itj} = B_{itj} k_{itj}^{\beta j1} l_{itj}^{\beta j2} \tag{1}$$

（1）式，$j=1$ 为企业面板数据模型，$j=2$ 为省级面板数据模型，$y_{itj}, k_{itj}, l_{itj}, B_{itj}, \beta_{1j}, \beta_{2j}$ 分别表示第 i 个企业（$j=1$ 时）或者省份（j = 2 时）t 年的产出、资本投入、劳动投入、技术水平、资本的产出弹性、劳动的产出弹性。将（1.1）式对数化，并将 $\ln B_{itj}$ 分解为不随时间变化的个体效应项和误差项，即 $c_{ij} + \varphi_{itj}$，则有：

$$\ln y_{itj} = c_{ij} + \beta_{1j}\ln k_{itj} + \beta_{2j}\ln l_{itj} + \varphi_{itj} \tag{2}$$

对（2）式求全微分，则可得到：

$$\frac{\dot{y}_{itj}}{y_{itj}} = \beta_{1j}\frac{\dot{k}_{itj}}{k_{itj}} + \beta\frac{\dot{l}_{itj}}{l_{itj}} + \dot{\varphi}_{itj} \tag{3}$$

（3）式中，$\dot{y}_{itj}, \dot{k}_{itj}, \dot{l}_{itj}, \dot{\varphi}_{itj}$，分别表示对 t 的导数。分别以 $g_{itj}^{y}, g_{itj}^{k}, g_{itj}^{l}$ 表示第 i 个企业（$j=1$ 时）或者省份（$j=2$ 时）t 年的产出增长率、资本投入增长率、劳动投入增长率，则有：

$$g_{itj}^{y} = \beta_{1j} * g_{itj}^{k} + \beta_{2j} * g_{itj}^{l} + \dot{\varphi}_{itj} \tag{4}$$

将（4）式两天同时除以产出增长率，则得到各要素增长对产出增长的贡献率：

$$1 = \beta\frac{g_{itj}^{k}}{g_{itj}^{y}} + \beta_{2j}\frac{g_{itj}^{l}}{g_{itj}^{y}} + \frac{\dot{\varphi}_{itj}}{g_{itj}^{y}} = E_{itj}^{k} + E_{itjt}^{l} + E_{itj}^{t} \tag{5}$$

在（5）式中，$E_{itj}^{k}, E_{itj}^{l}, E_{itj}^{t}$ 分别企业（$j=1$ 时）或省份（$j=2$ 时）资本投入、劳动投入和技术进步对产出增长的贡献率。其中，技术进步的贡献率无法直接计算，一般根据余值法求得，即为 $E_{itj}^{t} = 1 - E_{itj}^{k} - E_{itj}^{l}$。

根据以上推导，无论是企业面板数据（$j=1$）或者省级面板数据，只要 E_{itj}^{k} 明显大于 E_{itj}^{t}，且 E_{itj}^{k} 明显大于 E_{itj}^{l}，就可以是假说 1 得到验证。而对于假说 2 而言，只要省份面板数据（$j=2$）时的资本贡献率 E_{it2}^{k} 大于企业面板数据（$j=1$）时的资本贡献率，则就可以得到验证。

（二）数据来源

本文所用的企业面板数据来源于国泰安非上市企业 1998 年至 2007 年的统计数据库。数据覆盖规模以上（即年销售额 >500 万元）的木材加工及木竹藤棕草制品业、木竹家具制造业、造纸及纸制品制造业的企业。比照 2004 年和 2008 年两次全国工业普查数据可知，规模以上企业工业总产值占分别全部企业的 79.16% 和 85.02%。在剔除了数据缺损企业后，共获得有效样本企业 851 家①。省级面板数据来源于企业数据的分省加总。根据研究目的，剔除了林产工业企业数量极少，或者林产工业投入产出关系极不稳定的省份，共计 29 个省份作为有效样本（不包括西藏和广西）。

林产工业的产出（Y），采用工业增加值指标。根据公式“工业增加值 = 工业总产值 - 工业中间投入 + 本期应交增值税”计算，并以 1998 年为基期，并采用 *PPI* 指数进行了实质化调整。资本投入（K），使用资本存量来表示。参考前人研究[10~11]的计算方法，资本存量按照公式“$K_{itj} = K_{itj-1}(1-\delta_{itj}) + I_{itj}$”计算，其中，$K_{itj}, \delta_{itj}, I_{itj}$ 分别表示企业（$j=1$ 时）或省份（$j=2$ 时）当年固定资产合计、折旧率和固定资产投资。基期资本存量设定参照了既有研究的处理方法[28~29]。劳动力投入（L），使用当年就业人数指标，直接从数据库中获得。各变量的描述性统计结果如表 1 所示。

---

① 为了保证足够的两本企业数量，对部分个别年份个别指标缺损的数据采用平均值差值的方法，进行了数据弥补。

表1 变量的描述性统计

Tab. 1 Descriptive statistics of variables

变量	变量代码		均值	标准差	最小值	最大值	观察值
省级面板							
工业增加值（百万元）	lnY	全部	7.323	1.622	1.941	10.572	N =290
		组间		1.555	3.219	9.398	n =29
		组内		0.538	5.616	9.030	T =10
资本（百万元）	lnK	全部	7.846	1.457	1.256	10.908	N =290
		组间		1.432	4.079	10.042	n =29
		组内		0.423	5.023	9.313	T =10
劳动（人）	lnL	全部	10.494	1.311	5.565	12.667	N =290
		组间		1.307	7.043	12.151	n =29
		组内		0.251	9.015	11.328	T =10
企业面板							
工业增加值 Y（千元）	lnY	全部	8.841	1.239	3.137	14.71	N =8510
		组间		1.048	6.158	13.68	n =851
		组内		0.662	3.953	12.73	T =10
资本 K（千元）	lnK	全部	9.253	1.472	5.263	15.896	N =8510
		组间		1.377	6.128	14.965	n =851
		组内		0.522	6.105	13.313	T =10
劳动 L（人）	lnL	全部	5.054	0.962	1.609	8.776	N =8510
		组间		0.887	2.706	8.466	n =851
		组内		0.372	1.330	7.584	T =10

四、分析结果及其讨论

(一)计量分析结果

1. 生产函数估计结果

使用面板数据模型，通常可分为混合回归模型、固定效应模型和随机效应模型等三种，根据误差项形式设定的差异，后两者又可划分为个体、时点、个体时点三类模型。针对个体异质性和不随时间变化的个体特征，统筹考虑本文收集的林产工业省级面板数据和企业面板数据，个体固定效应面板模型具有天然的优势和契合性而成为本研究的首选模型。采用 stata 12.0 软件得到的估计结果如表2所示。

从整体估计效果来看，两个模型拟合效果良好，在1%的显著性水平上高度显著，说明了所选模型对林产工业增长具有较好的解释力。从统计检验结果来看："所有不随时间变化的个体效应"是否联合显著的 F 检验结果显示了个体效应的显著存在；hausman 检验结果显示固定效应和随机效应的显著差异，都说明了选择个体固定效应模型的合理性。

表2 生产函数模型的估计结果

Tab. 2 Estimates of production function model

变量	企业面板数据模型	省级面板数据模型
	系数(标准差)	系数(标准差)
常数项	1.433(0.122**)	-0.9975(1.226)
lnK	0.6502(0.012**)	0.7136(0.085**)
lnL	0.2754(0.017**)	0.2607(0.154*)
组内 R^2	0.3345	0.4301
Sigma_ u	0.6305	0.3101
Sigma_ e	0.5692	0.4235
Rho	0.5509	0.3491
corr(u_ i, Xb)	-0.3235	0.5262

（续）

变量	企业面板数据模型	省级面板数据模型
	系数（标准差）	系数（标准差）
F 检验 1	1924.17 **	97.35 **
F 检验 2	10.49 **	2.14 **
Hausman 检验	127.55 **	13.55 **
规模效应	0.93	0.9743
样本数	8510	290
样本组	851	29

注：（1）** 表示1%的显著性水平，* 表示10%的显著性水平；（2）rho = sigma_ u^2 / (sigma_ u^2 + sigma_ e^2)，表示个体效应的波动占整个波动的比例；（3）F 检验1和2分别表示：模型有效性的检验、固定效应对混合回归的模型选择检验；（4）省级面板数据模型常数项系数为负，说明了有企业的生产经营并未对增加值的增长作出正贡献。

生产函数估计结果表明，无论是企业面板数据模型还是省级面板数据模型，解释变量 ln$K$ 的系数均在1%的水平上显著，ln$L$ 的系数分别在1%和10%的水平上显著，说明资本和劳动投入对增加值的显著影响且存在差异。C－D生产函数的回归系数就是生产要素的生产弹性。企业面板数据模型的估计结果表明，资本和劳动的产出弹性分别为0.6502和0.2754，二者之和为0.9256，可见企业样本呈现规模报酬递减特征。省级面板数据模型估计结果表明，资本和劳动的生产弹性分别为0.7136和0.2607，二者之和为0.9743，两类面板数据结果估计基本一致。省级面板数据估计的资本产出弹性高于、劳动产出弹性低于企业面板数据结果，可能的原因是，新进入企业总是能够将当时先进的技术知识和组织制度“物化”在企业的物质和组织资本中，新进入企业相对于存在企业具有生产率上的优势，存在企业员工具有生产经验方面的优势①。

2. 生产要素与技术进步的增长贡献

利用上述生产函数模型估计结果，根据（5）式，我们计算得到各生产要素和技术进步对中国林产工业增长的贡献率，结果如表3所示。由表3可知：

第一，生产要素增加带来的产出增长贡献远大于技术进步带来的产出增长贡献，在生产要素贡献中，资本增加的增长贡献率远大于劳动增加的增长贡献率。1999年至2007年间，无论是根据企业面板数据模型还是根据省级面板数据模型计算，资本与劳动的增长共贡献率之和都超过84%，而同期技术进步的增长贡献率都在16%以下；同期资本增加的增长贡献率都在61%以上，而同期劳动增加的增长贡献率则都在24%以下。这样的结果验证了假说1，充分反映了中国林产工业存在着显著的资本扩张主导的“复制型”快速增长特征。

表3　不同要素不同时期对产出增长的贡献

Tab.3　Output growth decomposition for different factors in different periods

时期	数据类别和产业划分	增长率（%）			贡献（%）		
		增加值	资本	劳动力	资本	劳动力	技术进步
1999～2007	省级、全产业	21.27	11.07	10.55	64.83	23.79	11.38
	企业、全产业	54.71	23.69	8.24	61.57	22.58	15.85
1999～2007	省级、木材加工业	25.74	11.71	10.13	69.09	22.14	8.77
	省级、木家具制造业	40.30	30.19	26.03	56.26	36.58	7.16
	省级、造纸及纸制品业	19.07	12.48	3.95	61.07	8.32	30.61
1999～2003	省级、全产业	17.03	7.75	12.87	61.92	28.39	9.69
1999～2003	企业、全产业	48.63	19.42	9.38	57.47	31.13	11.40
2004～2007	省级、全产业	26.56	15.21	8.66	68.16	19.09	12.75
2004～2007	企业、全产业	59.58	27.10	7.32	64.19	18.45	17.36

① 由于沉没成本阻碍了存在企业采用最新的技术，新技术总是“物化”在新进入企业所采用的新资本之中[12,13]，新进入企业可能拥有更先进的技术、机器、人力和组织资本[31]。

第二，两种面板数据模型计算得到生产要素和技术进步的增长贡献率存在差异性。根据企业面板数据模型计算的得到的生产要素增加的增长贡献率和资本增加的增长贡献率高于根据省级面板数据模型得到的增长贡献率，而根据企业面板数据模型计算得到的技术进步贡献率则小于根据省级面板数据模型计算得到的贡献率。由于企业面板数据仅能反映林产工业的企业"自身复制型"增长，而省级面板数据则同时反映了林产工业的企业"自身复制型"增长与"他人复制型"增长。因此，以上结果表明同时考虑两种类型"复制型"增长的省级面板数据模型计算结果，比单独考虑企业"自身复制型"增长的企业面板数据模型结算结果，更加强化了林产工业"复制型"增长的特征。这样的结果验证了假说2，说明从林产工业整体来看，企业的"自身复制型"增长效果和"他人复制型"增长效果同时存在。

第三，分阶段的计算结果表明，中国林产工业的"复制型"增长特征呈现出不断弱化的趋势。无论是根据企业面板数据模型还是根据省级面板数据模型计算得到的分阶段增长贡献率，我们都可以发现，劳动力增加的增长贡献率在逐步下降，而资本和技术进步的增长贡献率在逐步提高。以根据企业面板数据计算的结果为例，技术进步的增长共贡献率由1999年至2003年间的11.40%提高到2004年至2007年间的17.36%，而同期资本增加的增长贡献率由57.47%增加到64.19%。这说明至少就企业的"自身复制型"增长而言，依靠资本扩张而扩大生产规模的"复制型"增长特征仍在保持，劳动的贡献在快速下降，技术进步的贡献在快速提高，反映了开始逐步转向依靠资本和技术的"提升型"增长。

第四，分行业的计算结果表明，木材加工业、木家具制造业和造纸及纸制品业具有不同的"复制型"增长特征。对于三个细分行业的快速增长，资本增长的贡献率均居首位，且远高于劳动力增长与技术进步的贡献率，再次证明了各林产工业细分行业均具有"复制型"增长的基本特征。但是，木材加工业与木家具制造业增长中，劳动力增长的贡献率均超过22%，技术进步的贡献率不足10%。与此相反，在造纸及纸制品业增长中，技术进步的贡献率超过30%，而劳动力增长的贡献率不足10%。这说明相对而言，具有劳动密集型产业特征的木材加工业和木家具制造业具有以低技术水平模仿为主的简单"复制型"增长特征，而技术密集型的造纸及制品业具有伴随着较快技术进步的提升"复制型"增长特征。

（二）结果讨论

计量经济分析的结果，验证了中国林产工业资本扩张主导的"复制型"快速增长特征。那么中国林产工业资本扩张主导的"复制型"快速增长的基础条件是什么呢？又是通过什么样的机制而实现的呢？与此同时，从经济增长的阶段来看，中国林产工业资本扩张主导的"复制型"增长又存在什么样的局限性呢？这里我们将主要针对以上问题对计量分析的结果进行进一步的讨论。

1."复制型"增长的基础条件与实现机制

中国林产工业"复制型"增长模式存在的重要基础条件是技术和劳动基本不成为生产规模扩大的制约因素。中国林产工业在经历了一定技术引进和自我研发后，形成了一整套适合中国特点的生产加工技术和贡献，技术壁垒相对较低。在这样的技术条件下，林产工业对劳动力的素质和能力并不需要特殊要求，一般的农民工即可胜任。而根据2009年农民工监测调查报告显示农民工规模已经达到2.3亿，从事制造业的占比为39.10%①，而且农民工的规模还在增加，这为林产工业劳动力提供了较为充足的供给。林产工业大量的集聚分布于县、镇、街区、村为单位的地域，比如江苏常州的横林镇是强化木地板的集聚地，山东临沂义堂镇和江苏邳州官湖镇为胶合板集聚地，广东东莞的厚街镇、大岭山镇是木家具企业集聚地，包括妇女在内的大量本地农民工为其提供了丰富的劳动力资源。

在这样的生产要素基础条件下，旺盛的需求成为"复制型"增长的直接动力。对于既存企业来说，越来越多的订单倒逼企业迅速扩大生产规模，而这个过程中，复制生产是最简单、有效、可行的选择；而企业的资本积累又为企业的自身复制型增长创造了条件。既存企业在拥有一定资本积累后，就可以上马新的生产线，扩大生产规模。与此同时，既存企业的成功又具有极强的示范效应，引发模仿效应和学习效应，带动新企业的进入该行业，从而实现"他人复制型"增长（图3）。

① 数据来源于《2009年农民工监测调查报告》，网址为：http：//www.stats.gov.cn/tjfx/fxbg/t20100319_402628281.htm。

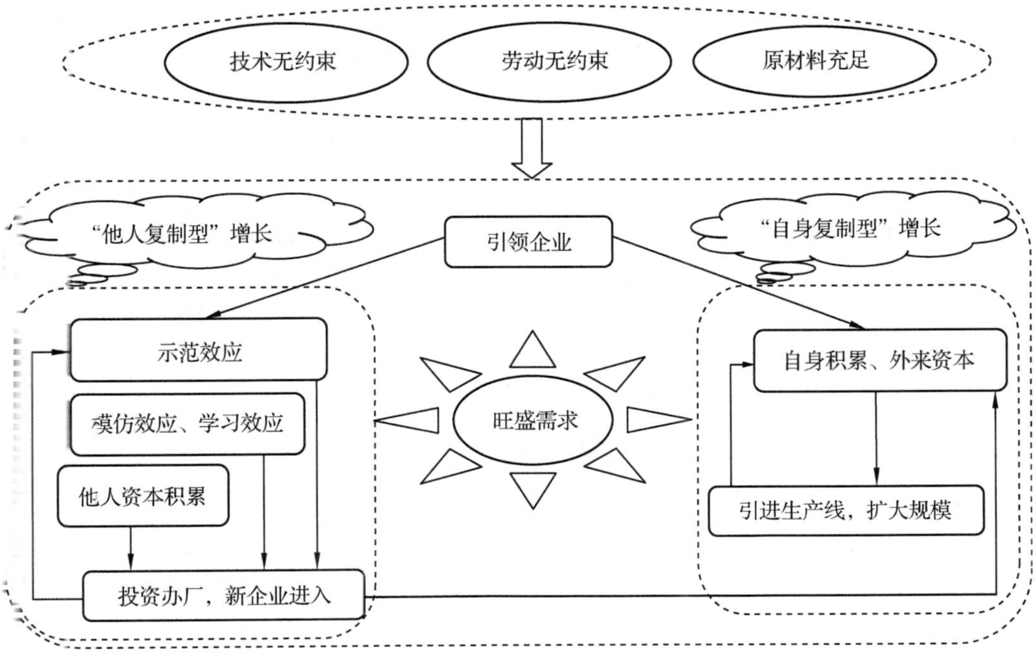

图3　“自身复制型”增长与“他人复制型”增长的实现机制

Fig. 3　The mechanism for “Self-duplication” and “other-duplication” growth

中国林产工业发展的现实案例，是对以上“复制型”增长模式的最好说明。企业“自身复制型”增长是通过增加生产线而实现的。如福华木业，始建于1993年，从建厂之初几条胶合板生产线发展至今，拥有胶合板生产线16条，高档贴面板6条，环保型实木复合地板生产线2条，年产各类高档胶合板20万 m^3、环保型实木复合地板300万 m^2。夹河木业创立于1997年，注册资本1 100万元，发展至今拥有固定资产7 000万元，拥有深加工生产线15条，主要生产各类胶合板、细木工板、建材模板等。

“他人复制型”增长则主要表现为企业数量的扩张。根据国泰安非上市企业数据库的统计，1998年至2008年，中国林产工业规模以上企业数量从8 325家发展到23 680家，净增加了184.44%，固定资产合计从1 366.22亿元增长到4 923.69亿元，净增长了260.39%。同时，2004年和2008年中国进行了两次全国性质的工业普查，普查结果显示，林产工业全部企业数量从103 572家发展到143 087家，净增4万余家，增幅达38.15%，规模以上企业数量从15 515家发展到25 711家，净增10 196家，增幅达65.72%。可以看出，林产工业行业新进入企业的数量和规模非常可观，而且上述统计是扣除了消亡企业的净增长，也即是实际上新增企业要远远高于这个规模①。以胶合板为例，江苏省邳州市从几十家胶合板企业发展至今有各类板材加工企业2 000多家，从业人员30多万人，400多家企业专门从事旋切单板加工②，而仅仅在官湖镇，就有高达1 600多家胶合板企业，年产5万 m^3 以上的企业350多家，从业人员9.5万人③。山东省临沂从不足百余家板材企业发展至今有近2000家胶合板企业。

2.“复制型”增长的发展阶段特征与局限性

从经济发展的阶段来看，主要依靠生产要素扩张所带动的经济增长属于经济增长初级阶段的共同特征。“复制型”增长是经济增长初级阶段一种重要的发展模式，其典型特征是资本主导，强调资本积累带来的产出增长。与本研究时期相近的研究[31]，用非参数DEA分析方法核算了1993～2006年长三角地区经济增长的真正源泉是物质资本积累，省级

---

① 由于我国林产工业以中小企业为主，中小企业的生存周期相对较短，根据陈晓红等对深圳、广州、长沙、郑州和成都五市中小企业进行调查统计发现，中小企业平均生命周期为4.32年，3年以下的企业占全部企业的44.31%，3～5年的企业占比为25.66%，即是生存周期5年以下的企业达70%[33]。

② 数据来源于《江苏邳州胶合板工业调查报告》，http：//www.wood168.com/woodnews/3979.html，2013年6月13日。

③ 数据来源于《我国胶合板产业集群的形成与发展建议》，http：//www.greentimes.com/green/econo/mcgy/rzblt/content/2008-08/06/content_8768.htm，2013年6月13日。

层面，江苏和浙江两省增长的首要源泉仍然是物质资本积累，仅在上海市发现TFP主导经济增长的证据。长三角地区是中国经济比较发达的区域，同时是林产工业的重要集聚地，说明了该时期中国经济发展的核心动力主要是资本积累，林产工业也不例外。同类可比的还有，Kim and Lau估计了东亚新工业化经济体的经济增长源泉，最重要的增长源泉是资本积累，贡献份额达48%～72%，而同期以美、英、德、法、日本为代表的发达经济体中经济增长主要依赖技术进步，其贡献已达到46%～71%[14]。UNIDO所做的一项包括中国在内的17国生产率比较研究发现，改革开放以来的中国经济增长对于技术进步(TFP)的依赖并不一贯，呈现先上升后下降再上升的发展趋势，对于经济增长的贡献仅为12.7%，中国经济增长的主要动力是以资本积累代表的要素投入[15]，这一结论与OECD的研究保持一致[16]，与Young(表4)的研究则差异较大[17]，其原因详见郑玉歆的分析[32]。

表4 东亚新型工业化经济体1966～1990年经济增长源泉的分解(%)

Tab.4 The decomposition of economic growth sources for the East-Asian newly Industrialized Countries during 1966～1990.

	中国香港	新加坡	韩国*	中国台湾*
人均GDP增长	5.7	6.8	6.8	6.7
资本积累	1.8(31.58%)	2.6(38.24%)	1.2(17.65%)	1.3(19.40%)
劳动参与率提高	1.0(17.54%)	2.6(38.24%)	1.2(17.65%)	1.3(19.40%)
教育投入	0.6(10.53%)	1.2(17.65%)	1.0(14.71%)	0.8(11.94%)
TFP	2.3(40.35%)	0.2(2.94%)	1.7(25.00%)	2.1(31.34%)

注：*表示不包含农业，括号内的比重表示对经济增长的贡献，此为Young的估计[17]。

在工业化的初期和中期，任何国家的经济增长都是粗放的、外延扩张的，高投资率是资本积累的一个前提，高投入是资本快速积累的一个必然结果[32]。Bond等驳斥了在解释经济增长时物质资本相对不重要的论断，利用1960～2000年75个国家样本所做的定量分析结果支持高投资率与高生产率高度正相关，说明了资本积累的长期重要性[18]。林产工业在本研究所界定的1998年至2007年，其增长的头号源泉是资本，反映了其依赖要素投入仍处于经济发展初级阶段的基本特征。因此，一个产业或一国经济所处发展阶段本身无可厚非，重要的是认清形势、科学判断，找准适合自身发展的道路，才有利于更好的发展。发达国家以技术进步为主导的经济增长是我们追求的目标和努力的方向，但是，我们不可能超越我们所处的现实，郑玉歆同时也指出，发展中国家与发达国家在经济上最根本的差距是资本存量，中国要赶上发达国家必然经济一个漫长的资本积累过程，才能实现产业技术由劳动密集型为主向资本密集型为主的转变，粗放增长阶段是无法避免的，且是转变增长方式的基本前提[32]。

当然，林产工业"复制型"增长也存在明显的局限性，即在于增长的不可持续性和脆弱性。一旦旺盛的需求消减，销售渠道的阻塞反馈到生产足可以造成"复制型"增长模式的崩溃。以2008年金融危机为例，不到半年时间，众多以出口加工业务为主的木材加工企业迅速倒闭，胶合板产业约有50%关停，木地板企业约有20%面临困境，木材粗加工企业约有65%处于停产、半停产状态，四大板材基中临沂地区约有40%(1 200多家)企业关停，江苏邳州约有30%(400多家)企业关停，浙江南浔约有43%(420多家)企业关停，河北约有45%的企业关停①。同时，劳动力工资的快速上涨，原材料成本的快速上升都给"复制型"增长提出了重大的现实挑战，约束条件增多的同时变的更为苛刻，使得"复制型"增长模式风光不再。转向"提升型"增长既是历史机遇又是现实所迫，前者体现在，改变成依靠技术进步和效率提升为驱动的经济增长方式是中国经济发展的大趋势、大方向；后者反映在 金融危

① 数据来源于《全球金融危机对中国林业产业发展的影响及对策》，http://www.docin.com/p-82674294.html。

机的冲击使得企业市场生存环境恶化，单纯依赖要素投入的增长已经没有市场空间，企业要想生存发展必须转型升级。

五、结论与启示

根据中国林产工快速增长的事实，本文援用古典经济增长理论，分析了中国林产工业复制型快速增长的源泉特征，提出了中国林产工业“复制型”快速增长的理论假说，并利用1998年至2007年间的企业面板数据和省级面板数据进行了计量经济分析验证。研究结果表明：第一，在中国林产工业快速增长过程中，生产要素特别是资本扩张的增长贡献率最大，而技术进步对产出增长的贡献率相对较低，具有明显的资本扩张主导的“复制型”增长特征；第二，省级面板数据模型和企业面板数据模型计算结果的差异表明，中国林产工业快速增长过程中，同时存在着企业的“自身复制”和“他人复制”两种类型的增长效果。第三，分阶段来看，劳动的产出增长贡献率呈下降趋势，而资本和技术进步的产出增长贡献率程上升趋势，说明中国林产工业复制型增长的特征在弱化，正在转向“提升型”增长；第四，分行业来看，劳动密集型的木材加工业和木家具制造业显示出以低水平技术模仿为主的简单“复制型”增长特征，而技术密集型的造纸及纸制品业显示出伴随较快技术进步的提升“复制型”增长特征。

从促进中国林产工业发展的角度看，可以得到以下启示：一是需要正确认识中国林产工业发展所处的初级阶段特征，把握其增长的源泉和动力。中国林产工业的增长仍然处于过度依赖资本投入的阶段，粗放的增长方式并未真正发生改变，技术进步在快速增长中作用较小。二是需要尽快促进中国林产工业增长方式的转变。当前中国正处在经济转型发展的关键时期，对于林产工业而言是挑战更是机遇，充分利用经济升级转型的资源、政策等优势，改变过度依赖资本、劳动投入的粗放增长方式，转向以技术为依托、追求效率与管理创新的发展轨道上来。一定程度上，中国林产工业的发展转型正在发生，单纯追求规模扩张的简单复制增长方式已经表现出一定的不适应，规模较大企业进一步扩张的规模红利正在或已经消失，说明了中国林产工业紧临转型发展的关键节点，必须主动适应整个经济转型发展的大趋势，主动转型才能够更好把握发展的机遇，促进林产工业快速、良性发展。

参考文献

[1] Solow R M. A contribution to the theory of economic growth[J]. Quarterly Journal of Economics, 1956, 70(1): 65 ~ 94.

[2] Solow R. Technical change and the aggregate production function[J]. Review of Economics and Statistics, 1957, 39(3): 323 ~ 336.

[3] Romer P M. Increasing returns and long-run growth[J]. The Journal of Political Economy, 1986, 94(5): 1002 ~ 1037.

[4] Romer Paul. Endogenous Technological Change[J]. Journal of Political Economy, 1990, October, S71 ~ S102.

[5] Lucas R E. On the Mechanics of Economic Development[J]. Journal of Monetary Economics, 1988(3): 3 ~ 42.

[6] Nelson , K. Language in cognitive development: The emergence of the mediated mind[M]. New York: Cambridge University Press, 1956.

[7] Zeng Song, Kjetil Storesletten, Fabrizio Zilibotti. Growing like China [J]. American Economic Review, 2011(101): 196 ~ 233.

[8] Fleisher B, Li H, Zhao M Q. Human capital, economic growth, and regional inequality in China[J]. Journal of Development Economics, 2010(92): 215 ~ 231.

[9] Lau C K M. New evidence about regional income divergence inChina [J]. China Economic Review, 2010(21): 293 ~ 309.

[10] Chen K, Wang H C, Zheng Y X, Jefferson G H, Rawski T G. Productivity change in Chinese Industry, 1953 ~ 85[J]. Journal of Comparative Economics, 1988(12): 570 ~ 591.

[11] Jefferson G H, Rawski, T G, Zheng Y. Growth, efficiency, and convergence in China's state and collective industry[J]. Journal of Comparative Economics , 1992, 40(2): 239 ~ 266.

[12] Cooper R, J Haltiwanger, L Power. Machine Replacement and the Business Cycle: Lumps and Bumps[J]. American Economic Review. 1999, 89(4): 921 ~ 946.

[13] Caballero R, M Hammour. The Cleansing Effect of Recessions[J]. American Economic Review. 1994, 84(5): 1350 ~ 1368.

[14] Jong-Il Kim, Lawrence J Lau. The Sources of Economic-Growth of the East-Asian newly Industrialized Countries[J] . Journal of the Japanese and International Economics, 1994, 8(3): 235 ~ 271.

[15] UNIDO. Productivity in Developing Countries: Country Case Studies > China [R], V. 05-89906-November, 2005 ~ 200.

[16] OECD. Economic Surveys: China [R]. Volume 2005/13-September 2005.

[17] Young Alwyn. The Tyranny of Numbers: Confronting the Statistical Realities if the East Asian Growth Experience[J]. Quarterly Journal of Economics, 1994, 60(3): 641 ~ 680.

[18] Steve Bond, Asli Leblebicioglu, Fabio Schiantarelli. Capital Accumulation and Growth: A New Look at the Empirical Evidence[J]. Journal of Applied Econometrics. 2010, (25): 1073 ~ 1099.

[19] 吴延兵，米增渝. 创新、模仿与企业效率——来自制造业非国有企业的经验证据[J]. 中国社会科学，2011(4)：77 ~ 94.

[20] 钱小瑜. 中国人造板行业的稳步发展及调整升级[J]. 木材工业，2012(1)：1 ~ 6.

[21] 孙建. 做大做强中国林产工业[J]. 木材工业，2007(1)：1 ~ 8.

[22] 张森林. 论中国林产工业的崛起[J]. 中国人造板，2006(7)：

1 ~ 3.

[23]张忠田，罗信坚，胡娜娜，李智勇．中国主要林产品进出口贸易分析[J]．林业经济，2012(8)：29 ~ 35，65.

[24]陈绍志，李剑泉．入世后中国林产品市场与贸易发展变化及对策研究[J]．林业经济，2012(9)：28 ~ 33，60.

[25]刘艺卓，左常升，徐宏源．中国林产品产业内贸易分析[J]．中国农村经济，2006(9)：38 ~ 44.

[26]李谷成，冯中朝．中国农业全要素生产率增长：技术推进抑或效率驱动——一项基于随机前沿生产函数的行业比较研究[J]．农业技术经济，2010 (5)：4 ~ 14.

[27]陈超，李寅秋，廖西元．水稻生产环节外包的生产率效应分析——基于江苏省三县的面板数据[J]．中国农村经济，2012 (2)：86 ~ 96.

[28]李小平，朱钟棣．中国工业行业的全要素生产率测算——基于分行业面板数据的研究[J]．管理世界，2005(4)：56 ~ 64.

[29]鲁晓东，连玉君．中国工业企业全要素生产率估计：1999 - 2007[J]．经济学(季刊)，2012(2)：541 ~ 558.

[30]周黎安，张维迎，顾全林，汪淼军．企业生产率的代际效应和年龄效应[J]．经济学(季刊)，2007(4)：1297 ~ 1318.

[31]张学良，孙海鸣．探寻长三角地区经济增长的真正源泉：资本积累、效率改善抑或 TFP 贡献[J]．中国工业经济，2009(5)：36 ~ 45.

[32]郑玉歆．全要素生产率的再认识——用 TFP 分析经济增长质量存在的若干局限[J]．数量经济技术经济研究，2007(9)：3 ~ 11.

[33]陈晓红，李喜华和曹裕．技术创新对中小企业成长的影响——基于我国中小企业板上市公司的实证分析[J]．科学学与科学技术管理，2009(4)：91 ~ 98.

打击木材非法采伐及其相关贸易的立法现状和影响研究

缪东玲　程宝栋
（北京林业大学经济管理学院，北京，100083）

摘要　木材非法采伐及其相关贸易是导致许多发展中国家毁林和森林退化的重要原因。森林破坏反过来导致了约20%的全球碳排放。非法采伐使有限的政府收入减少，对依赖森林的居民生计造成毁灭性的影响，还容易滋生腐败和冲突。在发达国家，打击木材非法采伐及其相关贸易已经成为一种立法趋势。继美国《雷斯法》修正案、《欧盟木材法》(EU TR)生效之后，《非法采伐禁止法2012》(ILP)于2012年11月30日获得御准，成为澳大利亚正式法律。论文先概述了美国《雷斯法》修正案、《欧盟木材法》和澳大利亚《非法采伐禁止法2012》。其次归纳三部现行法律的异同点。最后简要分析上述立法对全球林产品贸易的影响及木材生产国、加工国和消费国的反应。研究表明，上述立法都覆盖了进口和国产木材，意图迫使木材生产者、进口者、加工者和消费者履行尽职调查义务。私人部门开始认真对待合法性要求和尽职调查义务，各国政府也开始逐步转变态度。在短期内，对生产国和加工国，尤其对中国这样的林产品贸易大国而言，相关立法有可能成为新的贸易壁垒。

关键词：木材；非法采伐；贸易；立法

Present Situation and Influence Study on the legislations of Combating Timber Illegal logging and Associated Trade

Miao Dongling, Cheng Baodong
(School of Economics and Management, Beijing Forestry University, Beijing, 100083)

Abstract: Illegal logging and associated trade is important causes of deforestation and forest degradation in many developing countries. Forest destruction in turn contributes up to 20 percent of global carbon dioxide emissions. Illegal logging also robs cash-strapped governments of vital revenues, has a devastating impact on the livelihoods of forest-dependent people, and fosters corruption and conflict. Over the last decade governments, the private sector and civil society have recognized the impacts and have made increasing efforts to tackle the problem. Combating Timber Illegal logging and Associated Trade has become one of the trends in legislation in the developed countries. The existing legislations are US amended Lacey Act (16 U. S. C 3371 et seq.), EU Timber Regulation (EU TR), and Illegal Logging Prohibition Act 2012 (ILP). ILP received the Royal Assent and become the formal Law of Australia in November 30, 2012. Firstly, the evolution of the legislations was briefly introduced. Then the similarities and differences with the US amended Lacey Act, EU TR and ILP were analyzed. Finally, it examined the influence on the trade in wood-based products as well as the response in countries where illegal logging occurs and also in those countries which import, process and consume illegally sourced wood. The study shows all three cover both imported and domestically harvested timber. These legislations aim at forcing timber producers, importers, processors and consumers to fully carry out their due diligence commitments. The private sectors are getting serious about legality and due care. Governments around the world are moving toward the tipping point. These legislations have the tendency to transform into new trade barriers to producer countries and processing countries, especially to the wood-based product trade power such as China in the short run.

Keywords: timber; illegal-logging; trade; legislations

基金项目：中央高校基本科研业务费专项资金项目(编号：RW2011－34)；国家自然基金青年项目(编号：71203011)。

第一作者：缪东玲，北京林业大学经济管理学院，博士，副教授，硕士研究生导师。主要研究方向：国际贸易实务，林产品贸易。Email：donglingm@bjfu. edu. cn，地址：北京林业大学39信箱，100083。

通讯作者：程宝栋，北京林业大学经济管理学院，博士，副教授，硕士研究生导师。主要研究方向：林产品贸易，企业国际化经营。Email：baodongchen@163. com，地址：北京林业大学39信箱，100083。

一、研究背景、意义和目的

(一)研究背景

1. 木材非法采伐及其相关贸易形势不容乐观

当前，木材非法采伐十分猖獗，成为国际社会关注的林业热点问题之一。定义非法采伐非常困难，而不同的定义往往是导致不同研究结论(表1)的原因之一。2006年部分国家木材出口涉及的主要非法类型为非法分配/再分配特许权、森林管理计划不合要求、非法采伐和经济犯罪。巴西、中国等国家成为关注重点[1]。

表1 世界非法采伐估计量及其资料来源

Tab.1 Estimates and its data source of the illegal logging worldwide

国家	非法采伐比例(%)	来源	国家	非法采伐比例(%)	来源
贝宁	80	SGS，2002	哥伦比亚	42	Contreras-Hermosilla，2001
喀麦隆	50	The European Commission，2004	厄瓜多尔	70	Thiel，2004
加纳	至少66	Birikorang，G 2011	洪都拉斯	硬木75～85， 软木30～50	Richards et al，2003
莫桑比克	50～70	Del Gatto，2003	尼加拉瓜	40～45	Richards et al，2003
柬埔寨	90	Global Witness，1999	哥斯达黎加	25	MINAE，2002
印度尼西亚	66 73～88	World Bank 2006 Schroeder-Wildberg and Carius，2003	阿尔巴尼亚	90	Blaser et al，2005
马来西亚	33	Dudley，Jeanrenaud and Carius，2003	阿塞拜疆	非常大	Blaser et al，2005
缅甸	80	Brunner et al. 1998	保加利亚	45	
玻利维亚	80	Contreras-Hermosilla，2001	格鲁吉亚	85	Blaser et al，2005
巴西(亚马孙)	80	Viana，1998	俄罗斯	20～40	Blaser et al，2005

资料来源：Chatham House workshop. 2007. The Growth and Control of International Environmental Crime[C]. UK：Chatham House：6.

2. 木材非法采伐及其相关贸易的危害与原因是多方面的，需要共同行动

非法采伐及相关贸易导致环境破坏、气候变化、资源枯竭、贫困加剧、地区冲突、政府税收流失等严重问题。其原因一方面是木材生产国森林执法不力、施政失败；另一方面是国际林产品消费市场需求的刺激。因此，需要多方参与，共同打击国际木材非法采伐及其相关贸易[2～6]。打击木材非法采伐及其相关贸易的全球治理进程由发达国家(尤其欧盟)主导，可分为三个主要阶段：实施绿色采购政策(GPP)或负责任采购政策(RPP)；制定政府间打击木材非法采伐及其相关贸易的行动计划和协议；通过禁止非法木材进口的相关法案[7]。

3. 打击木材非法采伐及其相关贸易已经成为一种立法趋势

在发达国家，打击木材非法采伐及其相关贸易已经成为一种立法趋势。继美国《雷斯法》修正案(美国法典16卷53章第3371～3374、3376节)[8,9]、《欧盟木材法》(EU TR)(EU No 995/2010)生效并实施之后[10,11]，《非法采伐禁止法2012》(ILP)于2012年11月30日获得御准，成为澳大利亚正式法律，将于2014年11月30日全面实施[12]。这标志着打击木材非法采伐及其相关贸易的行动越来越严厉了。

4. 中国林产工业正在转型，但木材贸易合法性压力并没有减轻

中国是世界林产品的主要贸易国。除了1994年略有下降外，中国在世界林产品出口额中的占比连续增加，1992年仅为1.26%，2011年则高达9.94%[13]。

许多研究把矛头指向中国，称中国为最大的非

法木材进口国。李剑泉等(2007)[14]、程宝栋、宋维明(2008)[15]、付健全(2010)[16]、孙久灵等(2010)[17]、陆文明和孙久灵(2008)[18]、张忠田(2012)[19]用大量事实和数据反驳了“中国木材进口威胁论”的观点，指出中国大量进口原木是为世界林产品消费买单。目前，中国林产工业正在转型，但是中国木材供给的对外依存度(各类林产品进口原木当量占国内总木材资源供给的比例)仍然维持在50%左右。中国多数初级林产品进口来源于施政记录较差的国家和地区，而中国林产品出口贸易对象仍以美国、欧盟和日本为主，因此，中国的合法性认证压力并没有减轻。

中国政府历来重视林产品贸易的合法性问题，与印度尼西亚等国家签署了共同打击非法采伐及其相关贸易的协议，与美国、欧盟等积极展开对话，也迫切需要产业行动和相关基础研究的支持。鉴于中国林业产业被动挨打的局面，中国林产工业协会于2012年9月出台了《中国木材合法性认定标准》《〈中国木材合法性认定标准〉实施细则》《中国木材合法性证书及标识管理办法》等相关文本，在“大自然地板”等会员单位试点木材合法性认证。

(二)研究意义

综上所述，强调包括木材合法性在内的绿色贸易已经成为世界新趋势，深入研究相关立法动态有利于中国即时采取措施，促进中国林产品贸易可持续发展，完善中国木材管理法律体系。

(三)研究目的

本文旨在跟踪研究打击木材非法采伐及其相关贸易的立法动态，对比现有立法的主要内容，概述其影响，供相关研究机构、政府和企业参考。

二、美国《雷斯法》修正案、欧盟《木材法》和澳大利亚《非法采伐禁止法2012》概述

(一)美国《雷斯法》修正案(简记为US amended Lacey Act)

美国《雷斯法》修正案(即美国法典16卷53章3371~3374，3376节)是1900年经美国国会通过的野生动植物保护法，主旨是通过立法保护野生动植物、禁止非法获得、加工、运输和买卖野生动植物和鱼类的贸易、禁止对野生动植物的货运文件造假，曾于1969年、1981年、1988年、2008年多次修正，一直以来是美国相关机构打击野生动物犯罪最有力的工具之一。2008年修订涉及条款：3371节“定义”(f)、(h)和(j)款；3372节“禁止行为”(a)和(f)；3373节“惩罚和制裁”(a)和(d)；3374“没收”(a)和(d)；3376节“施行”(a)和(c)[8,9]。

2008年修订的主要变化：①管理范围由“濒临灭绝的动植物管理”扩展到“整个野生植物及其产品”，包括来自天然林与人工林的林木以及由木材及其它植物制成的产品，扩充了针对植物的执法条款。②增设涉及植物的违法犯罪类型。规定任何人在美国各州之间或海外贸易中违反国内或国际法律进口、出口、运输、出售、收受、获取、收购下列来自外国的植物(少数除外)，即属违法：在违反外国植物保护法规的情况下擅自采伐、运输、拥有或出售的植物及其产品；在没有缴付必需的林区使用费、税或未付费的情况下擅自采伐、运输、拥有或出售的植物及其产品；在违反任何植物出口或转运法规限制的情况下擅自取走、运输、拥有或出售的植物及其产品。法案扩充了“取得”(taken，taking)的概念和内容，包括植物的采集、采伐、搬运和转移等。③增加涉及植物的处罚类型。对应不同犯罪类型设置了罚款、没收及监禁等民事、刑事处罚措施。对违法植物及产品要采取扣押、罚款、没收及监禁(可能引起涉及走私或洗钱的指控)措施，对申报虚假信息、错误标识等行为也要处罚。④增设植物申报制度，包括申报、评审、报告等三部分。

(二)欧盟《木材法》(EU Timber Regulation，简记为EU TR)

全面禁止非法木材进口的《欧盟尽职调查法案》(The EU Due Diligence Regulation)于2010年10月11日获得欧洲议会通过，2010年10月20日完成全部立法程序。2010年11年12日，官方出版最终法律文本，法律的正式名称为《欧盟木材法》(EU TR)。

EU TR是欧盟打击非法采伐的又一举措，从2013年3月3日开始，要求所有欧盟成员国有效、一致地执行，这既体现了欧盟木材立法的连续性，又体现了欧盟环保措施的进一步增强。这样一来，“欧盟森林执法、施政和贸易行动计划”(EU FLEGT)可以依靠自愿伙伴协议(VPA)和EU TR，提高合法木材的供给、增加负责来源木材[10,11,20,21]。

（三）澳大利亚《非法采伐禁止法 2012》（简记为 ILP）

2012 年 11 月 30 日《非法采伐禁止法案 2012》（Illegal Logging Prohibition Bill 2012，该议案全称为《打击非法采伐和相关目的法案》）获得御准，成为澳大利亚正式法律，即《非法采伐禁止法 2012》（Illegal Logging Prohibition Act 2012，简记为 ILP）。该法生效 2 年后，即从 2014 年 11 月 30 日开始，澳大利亚进口商和国内生产者要求尽职调查，并在边境申报。澳大利亚还将依法建立一套综合监控体系，包括调查能力体系和严厉的惩罚体系[12,22]。

在 5 年的立法辩论中，澳大利亚国内和主要木材提供国的产业和非政府组织（NGO）都介入了。ILP 的最终目标是源自澳大利亚的木材产品都是来自可持续经营的森林，无论这些森林处于世界任何地方。① 澳大利亚政府认为，如果没有 ILP，则美国《雷斯法》修正案和欧盟《木材法》施行后，澳大利亚将成为非法木材贸易商的替代目标，这意味着澳大利亚对非法采伐消极影响的道德责任将增加。

三、美国《雷斯法》修正案、欧盟《木材法》和澳大利亚《非法采伐禁止法 2012》比较

（一）共同点

三者的立法本意相似，都是为了进一步迫使木材生产者、进口者、加工者和消费者履行尽职调查义务，打击非法采伐及其相关贸易，拒绝非法木材进入市场；同时不乏保护国内木材产业发展，设置非关税壁垒的色彩；对经营商需要的信息本质也相同，只是方式不同。

（二）不同点

由于立法体系不同，所要求的文件和系统也不同，比较如表 2 所示。

表 2　美国《雷斯法》修正案、欧盟《木材法》和澳大利亚《非法采伐禁止法 2012》比较

Tab. 2　comparison with amended Lacey Act, EU TR and ILP

	美国《雷斯法》修正案（US amended Lacey Act）	欧盟《木材法》（EU TR）	澳大利亚《非法采伐禁止法 2012》（ILP）
生效和实施	2008 年 5 月 22 日修订。从 2008 年 12 月 15 日起分 4 个阶段实施逐步执行。2010 年 10 月 1 日起全面实施。	前身是 2008 年 10 月欧盟委员会提出的“关于木材及木制品供应商责任的法规”议案；2010 年 12 月 2 日法案生效；2013 年 3 月 3 日起在欧盟成员国全面施行。	2012 年 11 月 30 日成为澳大利亚正式法律。 从 2014 年 11 月 30 日开始全面实施。
涉及人员	木材供应链上的任何人，包括进口商、代理商、制造商、零售商，尤其美国国内林产品经销商。	经营商（operators）：将木材和木材产品第一次投放欧盟境内市场的所有公司、机构或个人。 贸易商（traders）：在欧盟境内第二次、三次或随后购买或销售木材的所有公司、机构或个人。	进口非法采伐木材和加工非法采伐原木的法人和自然人。
涉及产品	进口的受限植物及植物产品，其中涵盖几乎所有林产品（可回收的产品除外）。	详细规定了林产品清单：HS 编码为 4401、4403、4406、4407、4408、4409、4410、4411、4412、4413、4414、4415、4416、4418、940330、940340、940350、940360、94039030、94060020 和 47、48 章的木浆、纸和纸制品（不含竹浆、回收废碎纸产品）。根据需求，产品范围还会修订。	禁止进口和销售所有含有非法采伐木材的产品（这是焦点）；禁止加工在国内生长、被非法采伐的原木。还需 2 年时间制定“特别进口禁止清单”。

① Kelly. Parliamentary Secretary for Agriculture, Fisheries and Forestry, at the Senate debate on 19 November 2012.

（续）

	美国《雷斯法》修正案（US amended Lacey Act）	欧盟《木材法》（EU TR）	澳利大利《非法采伐禁止法2012》（ILP）
边境申报	进口商需填报"植物及产品申报单"，申报植物拉丁学名（明确到种）、货值、数量（包括计量单位）、产地、来源国等信息。	没有明确规定边境申报。	从2014年11月30日开始，澳大利亚进口商和国内生产者要求尽职调查，并在进口边境申报，向海关部长提供职调查声明。
惩罚	行政处罚、没收、罚款与监禁。被指控为走私与洗钱罪。对货物、运输工具都有处罚。设置5年最高监禁年限、50万美元财务处罚上限。	允许对货物进行处罚，要求欧盟成员国施加有效的、适当的和劝诫的惩罚，没有细化规定，细节留给成员国。可能包括：对环境、木材的价值造成损失，对税款造成损失或造成经济损失的，应处以一定比例的罚款；扣押相关木材和木材产品；立即中止经营商的交易授权。	惩罚体系比较细致。设置了5年的最高监禁年限，设置了500执法单位的财务处罚上限。
尽职调查	要求贸易公司必须"尽职"，但没有规定一个"尽职"方法（a "due care' approach）； 没有规定必须提供尽职（due care）证明，但尽职证明有助于减轻处罚，所以买方往往要求提供。	规定比较的明确尽职调查体系，要求：（a）信息获取。监测者和经营商将木材或木材产品投放欧盟市场时应提供：描述——包括树种通用名称和科学全称（适用时）、贸易名称和产品类型；采伐国家、次国家区域和采伐许可（适用时）；数量（表明体积、重量或单位数量）；经营商的供应商名、址；木材或木材产品被供给的贸易商名、址；证明木材和木材产品合法的单证或其他信息。（b）风险评估、减缓风险。用上述信息评估非法采伐木材或木材产品投放欧盟境内市场的风险；如风险无法忽视，应采取行动减轻。2012年7月6日颁布的欧盟委员会实施条例（EU 607/2012），详细阐释了尽职调查制度和监察机构的检查频率和性质。	预计尽职调查体系最为详细。澳大利亚将依法建立一套综合监控体系，包括调查能力体系和严厉的惩罚体系。其尽职调查系统还需完善，需要"一个多方参与的过程"。 澳大利亚可能不采用像欧盟那样的正式监督组织，认证机构或类似机构将提供协助，以建立和执行尽职调查体系。
负责者	美国联邦执行	欧盟成员国负责有效、一致地执行，而欧盟委员会负责对成员国监管。	澳大利亚中央政府执行
非法和违法认定	非法的定义比较明确。无论在木材供应链的哪个环节被确定为非法，美国都视其为非法采伐，而禁止其进入美国市场。	非法的定义比较明确。欧盟对非法采伐的认定范围略小，其对于木材非法来源的判断是基于首次市场投放原则，即在商业活动过程中，对以任何方式首次将木材或木制品投放欧盟市场（用于销售或使用）的供应行为予以约束。	仅将非法（illegal）表述为"违反木材采伐所在地的有效法律的采伐（无论是否在澳大利亚）"，范围有限得多。美、欧既包括违反木材采伐国有效法律，也包括违反林产品原产国的贸易和关税法。
禁止力度	要求木材贸易商杜绝任何形式的非法木材贸易，试图将非法木材进入美国市场的概率降为0。	打击力度相对宽松，要求木材贸易商证明其已通过尽职调查系统，减少非法木材的风险；如果在合理运用尽职调查系统的情况下，最终还是进口了非法木材，欧盟没有相关处罚措施。	禁止力度还有待评估，预计介于美国和欧盟之间。

资料来源：作者根据相关法案翻译整理。

对其中规定说明如下：

(1)涉及人员及焦点。美国涉及供应链上的所有人，要求每批次运输均进行进口边境的合法性申报。欧盟涉及贸易商和国内木材工业加工者，聚焦于“首次投放欧盟市场”的经营商，没有明确要求边境申报。澳大利亚要求进口边境申报。

(2)惩罚。美国既规定对货物处罚，也规定对运输工具的处罚(表3)。欧盟允许对货物进行处罚，要求每个成员国施加有效的、适当的和劝诫的惩罚，没有细化规定，细节留给成员国。澳大利亚和美国一样，都设置了5年的最高监禁年限，也设置了财务处罚上限(表4)。

表3　美国《雷斯法》修正案规定的违法行为及其处罚措施

Tab. 3　Violations of US amended Lacey Act and penalties under the Act

违法行为			处罚
“故意”从事被禁止行为	从事非法来源木材的交易		刑事重罪罚款(对公司，不高于50万美元；对个人，不低于25万美元，或是该笔交易最大收益/损失金额的两倍)，或最长5年的监禁，或两罪并罚。没收货物。
	进口报告造假		如上所述的刑事重罪罚款，或高于10万美元的民事罚款。或最长5年的监禁。没收货物。
“不知情”从事被禁止行为	没有履行“应有的注意责任”	从事非法来源木材的交易	刑事轻罪罚款(对公司不高于20万美元；对个人不高于10万美元，或是该笔交易最大收益/损失金额的两倍)或最长1年的监禁，或两罪并罚。或者不高于1万美元的民事罚款。没收货物。
		进口报告造假	250美元民事罚款。可能没收货物。
	履行了“应有的注意责任”	从事非法来源木材的交易	没收货物。
		进口报告造假	250美元民事罚款。可能没收货物。

资料来源：作者根据美国《雷斯法》修正案翻译整理。

表4　ILP对违法及其惩罚的规定

Tab. 4　Violations of ILP and penalties under the Act

法案条款及名称		违法要点	惩罚
第2篇第1章	第8节　进口非法采伐木材	进口由非法采伐木材制得或包括非法采伐木材。	5年监禁和/或500执法单位
	第9节　在合规木材中进口非法采伐木材	存在疏忽过错。合规木材产品由法案规定。	5年监禁和/或500执法单位
第2篇第2章	第12节　进口合规木材	进口商没有遵照尽职调查要求，且不属于豁免情况。	300执法单位
	第13节　海关申报	进口商未按法案规定方式和形式向海关部长申报其在进口产品时符合尽职调查要求，且不属于豁免情况。	100执法单位
	第14节　进口合规木材的尽职调查要求	规定进口合规木材的尽职调查要求，该要求必须仅为减少合规木材制由或包含非法采伐木材的风险。该尽职调查要求可以包括下列一项或多项：(a)为风险评估收集信息，包括(ⅰ)木材种类、原产地和采伐细节；(ⅱ)木材或木材产品供应商的名	

（续）

法案条款及名称		违法要点	惩罚
第2篇 第1章		称、商业地址或其他相关细节；（ⅲ）遵守木材采伐国家法律的证明；（ⅳ）所收集信息的完整性、精确性或可靠性。(b)评估和识别风险。(c)根据风险水平，采取措施减轻风险。(d)按13节的规定向海关部长申报。(e)提供遵照声明。(f)审计。(g)在特定情况下的救济行动。(h)向海关部长提供报告和其他信息。(i)出版信息。通过遵从特定法律，规则或程序，法案可以全部或部分地提供进口合规木材产品所需尽职调查要求如何达到，包括下列：(a)一国或领土或他国有效力的法律或法律条例。(b)行业或证明机构建立或执行的规则和程序。(c)建立实施条例。	-
第3篇 第1章	第15节 加工非法采伐原木	(1)该人违法，如果：(a)将原木加工为其他产品。(b) 该人是法人或自然人加工原木：（ⅰ）为了贸易或商交，与他国，或在各国之间，或在一国和一区域之间；或（ⅱ）在一个区域；或（ⅲ）代理一个法人；或（ⅳ）目的是向一个法人供应木材，或（ⅴ）代理公共福利或一个公共福利机构；或(vi) 目的是向公共福利或一个公共福利机构木材。(c)原木为非法采伐。(d)不属于法案豁免的人员。(e) 不属于法案豁免的过程。(f) 不属于法案豁免的木材。 除外——进口的原木。	5年监禁和/或500执法单位
第3篇 第2章	第17节 加工原木	(1)该人违法，如果：(c)该人加工原木没有遵从尽职调查要求。[(a) (b) (d) (e) (f)类似于加工非法采伐原木的规定，限于篇幅此处略]	300执法单位
	第18节 加工原木的尽职调查要求	规定加工原木的尽职调查要求(要求类似于进口合规木材，限于篇幅此处略)。	

资料来源：作者根据ILP翻译整理。

四、全球的反应和影响

（一）全球的反应

上述立法意图进一步迫使木材生产者、进口者、加工者和消费者履行尽职调查义务，打击非法采伐及其相关贸易。私人部门开始认真对待合法性和尽职调查，世界各国政府也开始走向转折点[23~33]。

2010年英国的查塔姆研究所(Chatham House)，即皇家国际事务研究所(The Royal Institute of International Affairs)公布了其对非法采伐及其相关贸易的研究报告。该研究调查了12个国家，包括5个消费国，即美国、法国、荷兰、日本和英国；5个生产国，即喀麦隆、巴西、印度尼西亚、马来西亚和加纳；2个加工国，即中国和越南。调查基本获得了2000－2009年共计10年的相关数据。5个生产国合计约占世界40%的非法木材生产，7个消费国和加工国合计直接进口的非法木材约占世界非法木材贸易的50%。研究显示打击木材非法采伐及其相关贸易已经取得成效[2]，该研究的主要结论归纳如下。

(1)生产国。

非法采伐对森林的破坏：相较其他合法因素(为了农业和工业用地而进行森林砍伐)而言，非法采伐是导致森林缺失的重要原因，但不是最重要因素。

非法采伐手段：印度尼西亚的一些迹象说明，当直接非法采伐变得更加困难，以及面对日益减少的森林资源合法采伐也日益减少时，企业为寻求便宜的木材资源会转向间接非法采伐，包括行贿而获得采矿许可证或油棕种植许可证，来掩盖其非法获取木材的目的。

非法采伐程度：木材非法采伐占采伐量的比例，

巴西亚马逊为70%，加纳和印度尼西亚为69%，喀麦隆为35%，马来西亚为25%。10年间，喀麦隆非法采伐程度下降50%，巴西亚马孙下降50%～75%，印度尼西亚下降75%。但截至2009年，全球每年非法采伐木材仍然超过1亿立方米，导致500多万公顷的森林退化或可能最终被彻底破坏。如果木材非法采伐在未来10年内能被逐步彻底解决，估计将减排20亿～220亿吨碳。利用木材平衡模型(Wood-balance modeling)，根据2000－2009年趋势，有可能估算出在过去10年间减少的非法木材采伐量：假设非法采伐在估测率顶峰仍可持续的话，约有3.5亿立方米木材避免被非法采伐；假设大多数木材被砍伐时选择每公顷采伐强度较低的方式，那么约有1700万公顷森林因非法采伐减少而免于退化；基于在热带森林低强度合法采伐中估计的碳损失，这相当于碳减排12亿吨。不过，该分析假设非法采伐仅仅导致了森林退化，但是有充足证据显示非法采伐通常是导致毁林的第一步，也是最重要的一步。假设所有被避免非法采伐的森林最终都免于毁林，估算碳减排146亿吨。非法采伐水平降低在森林碳排放上也可能产生更广泛、间接的影响。研究表明，非法采伐降低了木材价格，可能使毁林和森林退化减少，从而减少10%的全球碳排放量。

出口贸易转向不敏感市场：那些有影响力的生产国公司将木材贸易转向不敏感的消费国(如印度、韩国或日本)，或转向中间加工国(如中国和越南)。

(2)消费国和加工国。

贸易规模：综合分析表明，2000～2008年，7个主要消费和生产国的非法林产品进口在2004年达到顶峰，至2008年已下降了约30%，降至2700万立方米，价值约60亿美元。

中国：2004～2007年，尽管全球林产品进口整体上升，中国非法木材进口仍在下滑，2008年非法林产品进口约2000万立方米，价值约37亿美元，较顶峰数值降低了16%。其主因是印度尼西亚非法采伐减少以及中国从印度尼西亚进口的非法木材减少，也反映了受全球经济下滑影响，中国木材进口整体性下降。

越南：非法木材进口量在过去9年中持续稳定增长，2000～2007年，进口量增加了3倍。

5个主要消费国：非法林产品进口总量在2004年达到最高值2300万立方米，之后开始回落，尤其2007～2008年跌幅巨大。2008年非法林产品进口总量最低。此变化主要是因为日本和美国。

日本：在2000～2009年初期，约有50%～60%的日本非法木材是从印度尼西亚进口的，比例远高于其他被调查国家。自2004年起，日本非法木材进口量一直持续下跌，2008年约降至一半，其原因可能是印度尼西亚执法力度增强、该国非法木材减少。日本人均非法木材消费在过去几年减半，但仍是法国、英国和美国的两倍多。2008年日本非法进口比例是9%，仍然高于其他4国(始终在2%～4%之间)。

美国：2001～2006年，美国非法林产品进口量有戏剧性地增长，从不到500万立方米增至900多万立方米，原因可能是人口增加(因此导致总需求上升)和人均进口量增加。其增长源于从中国大量进口林产品，尤其是木质家具。2007年初开始美国非法林产品进口量下滑，因为美国经济整体性下滑，也同时反映了中国进口和再出口非法林产品减少。2008年通过的《雷斯法》修正案禁止进口和销售非法来源林产品，促使买家转向低风险来源的林产品，作为对该法的反应，美国进口非法来源林产品可能会进一步更快速下降。

英国：与美国相似，英国在2004～2006年从中国进口的林产品急剧增长，大部分的原木都是非法来源的。与美国不同，英国从中国进口非法来源木材的增长被从印度尼西亚进口非法来源木材的降低抵消。估测的英国进口非法来源林产品达到顶峰的时间(2007年)比其他消费国都晚，但和其他国家一样，在2008年大幅下滑，主要原因是经济萧条，其次是英国消费者更加趋向购买可持续和合法认证木材来源林产品。

法国：非法来源木材进口高峰大大提前于其余消费国或生产国，现今拥有最低的非法木材人均消费率和最低的非法木材整体进口比例(2%)。这是因为在2000～2009年初期法国大部分非法来源木材是从刚果盆地、印度尼西亚和巴西进口的，而这些地区或者因为合作而减少整体木材采伐(喀麦隆、印度尼西亚和巴西)，或者因为扩大可持续经营认证和合法认证而使非法木材贸易显著下滑(喀麦隆和刚果盆地)。

荷兰：从中国进口的非法来源林产品比例比法国更低。2004～2007年，荷兰非法木材进口略有增长，但在2008年戏剧性下跌。荷兰是进口并再出口木材到欧洲其他地区的重要转运站，约有三分之一被记录的进口木材实际上并没有在荷兰国内消费。这导致荷兰人均非法木材消费量偏高的错误预估，并使得评论荷兰进口非法木材变化困难重重。

(二)全球的影响

(1)长期影响。从长远来看，木材合法性进程与林产品贸易是相互促进的，林产品贸易是推动合法性进程和认证快速发展的重要因素，合法性进程和认证是促进林产品贸易可持续发展的手段之一。木材合法性进程中的相关贸易问题从根本上是绿色、可持续贸易问题，是以可持续发展与森林可持续经营理论、自由贸易理论与保护贸易理论、外部性理论与环境成本内部化理论等基本理论来支撑的[16]。

(2)短期影响。木材合法性进程、认证等涉林低碳行动催生了众多法律和政策，它们与林产品贸易存在对立统一关系，短期内作为一种非关税壁垒，从某种程度上提高林产品成本、降低利润，影响林产品贸易流向和商品结构，甚至阻碍林产品贸易。尤其上述立法，拘束力高，对生产国和加工国而言，可能成为新的贸易壁垒。

以中欧林产品贸易为例。欧盟是中国主要林产品的第二大出口市场，尤其英国、德国和法国。EU TR作为欧洲市场准入的重要门槛，加上与日俱增的欧盟相关指令，将严重束缚不少中国林产品进入欧盟。无法证明木材来源合法性的企业将失去欧盟的客户，也无法获得欧盟成员国的公共采购合同。获得FSC认证的企业订单不减，而部分中小企业措手不及。因为中小企业多靠廉价吸引客户，若改为采购有“身份证”的原木，承受不起认证费，会失去竞争优势，在市场上难以立足。业内有人认为，中国家具、木制品、纸品和人造板强有力的出口阵容催生了居心叵测的EU TR。在欧盟通过《原产国标签法》时，欧盟内部也有不同的声音，南欧国家等为保护欧洲市场免遭低廉进口商品(尤其是亚洲商品)的冲击，力图推动《原产国标签法》立法；英国和瑞典等国则表示反对，认为此法有保护主义和威胁竞争之嫌[34]。

以中美林产品贸易为例。美国是中国林产品第一大出口市场，《雷斯法》修正案的实施对中国林产品对美出口势必产生重大影响：一，交易门槛和成本提高。首先，中国林产品贸易面临下降风险。美国会对木材源自俄罗斯、东南亚、非洲等国家的林产品实施严格监管，美国企业担心受罚，会减少从中国的进口；其次，中国从事林产品生产的企业以中小企业居多，相关标准的严格性、申报程序的复杂性、申报内容的宽泛性，操作细节的不规范性，合法性证明的技术难度很大，甚至让世界级的家具生产商都叫苦不迭，中国企业应对则更加困难。再次，美国各州执法力度不一，尺度不一，将增加出口的复杂性和未知性，个案难以应对。[7,35~37]

以中澳林产品贸易为例。按照国别划分，澳大利亚稳居中国纸品、木制品和木家具的出口市场前十强，有些年份还能进入前五强[13]，ILP也势必影响中国林产品对澳出口。

五、结　论

强调包括木材合法性在内的绿色贸易已经成为世界新趋势。目前，美国、欧盟、澳大利亚在打击木材非法采伐及其相关贸易的立法方面走在世界前列。三者的立法本意相似，都旨在意图进一步迫使木材生产者、进口者、加工者和消费者履行尽职调查义务，打击非法采伐及其相关贸易，拒绝非法木材进入市场；同时不乏保护国内木材产业发展，设置非关税壁垒的色彩；对经营商需要的信息本质也相同。只是生效和实施、涉及人员、涉及产品、边境申报、惩罚措施、尽职调查体系和要求、负责者、非法和违法认定、禁止力度等有所不同。其中美国《雷斯法》修正案涉及供应链上的所有人，实施早，对违约和处罚的规定具体；欧盟《木材法》聚焦于“首次投放欧盟市场”的经营商，细节留给成员国；澳大利亚《非法采伐禁止法2012》在立足于本国实情的基础上，试图融合前二者的优点。

上述立法的效果逐步显现。私人部门开始认真对待合法性和尽职调查，世界各国政府也开始走向转折点。应该看到，目前木材合法性进程、认证等涉林低碳行动密集，催生了众多法律和政策。它们与林产品贸易存在对立统一关系：从长远来看，与林产品贸易相互促进；在短期内，涉林低碳行动作为一种非关税壁垒，从某种程度上会提高林产品成本、降低利润，影响林产品贸易流向和商品结构，甚至阻碍林产品贸易。尤其上述立法，拘束力高，对生产国和加工国而言，可能成为新的贸易壁垒。

参考文献

[1] Chatham House workshop. The Growth and Control of International Environmental Crime[C]. UK: Chatham House, 2007: 6.

[2] LAWSON S, MACFAUL L. Illegal Logging and Related Trade——Indicators of the Global Response. London: Chatham House, 2010.

[3] NELLEMANN C. Green Carbon, Black Trade: Illegal Logging, Tax Fraud and Laundering in the Worlds Tropical Forests[R]. UNEP, GRID-Arendal, 2012: 54.

[4] 张艳红. 全球金融危机对中国林业产业发展的影响及对策[C]//中国林业经济学会. 全球金融危机对中国林业产业的影响及对策研讨会文集. 北京: 中国大地出版社, 2009: 11~15.

[5] ITTO & FAO. Forest Governance and Climate-Change Mitigation[R/OL]. [2010-03-01]. http://www.illegal-logging.info/item_single.php?it_id=895&it=document.

[6] DUTSCHKE M. Forestry, Risk and Climate Policy. [2010-10-30]. http://www.illegal-logging.info/item_single.php?it_id=904&it=document.

[7] 缪东玲. 打击木材非法采伐及其相关贸易的全球治理分析[J]. 国际经贸探索, 2011(9): 72~78.

[8] Animal and Plant Health Inspection Service, USDA. 2008-10-08. Docket No. APHIS - 2008 - 0119. Federal Register, Vol. 73, No. 196. /Notices.

[9] Animal and Plant Health Inspection Service, USDA. 2009-02-03. Federal Register, Vol. 74, No. 21 /Notices.

[10] EU. Regulation (EU) No 995/2010 of the European Parliament and of the Council of 20 October 2010 laying down the obligations of operators who place timber and timber products on the market. [2010-12-20]. http://ec.europa.eu/environment/forests/timber_regulation.htm.

[11] EU. On the detailed rules concerning the due diligence system and the frequency and nature of the checks on monitoring organizations as provided for in the Regulation (EU) No 995/2012. (2012-07-06). http://www.illegal-logging.info.

[12] Parliament of Australia. Illegal Logging Prohibition Bill 2012[EB/OL]. [2012-12-01]. http://parlinfo.aph.gov.au/parlInfo/search/display/display.w3p; query = Id%3A%22legislation%2Fbillhome%2Fr4740%22.

[13] UN. UN COMTRADE(United Nations Commodity Trade Statistics) Database[D/OL]. [2012-10-01]. http://comtrade.un.org/db/

[14] 李剑泉, 陆文明, 李智勇, 等. 打击木材非法采伐的森林执法管理与贸易国际进程[J]. 世界林业研究, 2007, 20(6): 67-71.

[15] 程宝栋, 宋维明. 中国应对国际木材非法采伐问题的思考[J]. 国际贸易, 2008(3): 50~53.

[16] 付建全. 国际木材非法采伐及相关贸易对策研究[D]. 北京: 中国林业科学研究院, 2010.

[17] 孙久灵, 陆文明, 田明华. 国际非法采伐与相关贸易问题的探讨[J]. 北京林业大学学报(社会科学版), 2010, 9(2): 111~114.

[18] 陆文明, 孙久灵. 非法采伐及国际上打击非法采伐的努力[J]. 中国林业经济, 2008, (5): 49~52.

[19] 张忠田. 木材合法性进程对中国热带林产品贸易影响的研究[D]. 北京: 中国林业科学研究院, 2012.

[20] European Union FLEGT. Partnership Agreements. [2012-02-02]. www.euflegt.efi.int/portal/home/vpa_countries/.

[21] The British Standards Institution. 2012. PAS 2021: 2012 (Exercising due diligence in establishing the legal origin of timber and timber products - Guide to Regulation (EU) No 995/2010) [S]. BSI Standards Limited.

[22] EFI FLEGT Facility. International Developments in Trade in Legal Timber[R/OL]. [2012-11-30]. http://www.illegal-logging.info.

[23] Seneca Creek Associates & Wood Resources International. 2004. 'Illegal' logging and global wood markets: the competitive impacts on the US wood products industry[R]. Poolesville & University Place: Seneca Creek Associates & Wood Resources International: 15~16.

[24] CONTRERAS-HERMOSILLA A, DOORNBOSCH R and LODGE M. 2007. The Economics of Illegal Logging and Associated Trade [C]. Paris: Round Table on Sustainable Development, OECD.

[25] Centre for International Economics. A Final Report to Inform a Regulation Impact Statement for the Proposed New Policy on Illegally Logged Timber [R/OL]. (2010-01-29) [2010-12-06]. http://www.thecie.com.au/content/news/Illegal_logging.pdf.

[26] DUTSCHKE M. Forestry, Risk and Climate Policy [R/OL]. [2010-10-30]. http://www.illegal-logging.info/item_single.php?it_id=904&it=document.

[27] EFI FLEGT Facility. International Developments in Trade in Legal Timber [R/OL]. [2012-11-30]. http://www.illegal-logging.info.

[28] Forestry Innovation Investment. 2009. 2009 Annual Report: British Columbia Forest Products Trend Analysis in Export Markets. Forestry Innovation Investment.

http://eur-lex.europa.eu/LexUriServ/LexUriServ.do?uri = CELEX:32012R0607: EN: NOT.

[29] ITTO & FAO. Forest Governance and Climate-Change Mitigation[R/OL]. [2010-03-01]. http://www.illegal-logging.info/item_single.php?it_id=895&it=document.

[30] DUTSCHKE M. Forestry, Risk and Climate Policy. [2010-10-30]. http://www.illegal-logging.info/item_single.php?it_id=904&it=document.

[31] SUN XF, CANBY K. 2011. FLEGT Asia, BASELINE STUDY 1, CHINA: Overview of Forest Governance, Markets and Trade[R]. Forest Trends: 6, 31.

[32] UNECE/FAO. 2012. Forest Products Annual Market Review 2011-2012 (ECE/TIM/SP/30)[R]. New York and Geneva: UNITED NATIONS.

[33] World Wildlife Fund. Forest Illegal Logging[R/OL]. 2010-12-06. http://wwf.panda.org/about_our_earth/about_forests/deforestation/forestdegradation/forest_illegal_logging.

[34] 佚名. 中国家具企业犯愁原木"身份证"[N]. 西安日报, 2011-04-28.

[35] 韩丽晶, 曹玉昆. 雷斯法案修正案对我国林产品企业影响及对策分析[J]. 林业经济, 2009 (6): 71~75

[36] 吴柏海, 张蕾, 余涛. 《雷斯法案》对中美林产品贸易产生的影响及应对策略[J]. 林业经济, 2009 (1): 69~71.

[37] 宋朝钦. 从林产品贸易角度反思国际贸易自由化——兼论美国《雷斯法案》2008 年修订案[D]. 北京: 中国政法大学, 2010.

基于偏离-份额分析法的安徽省林业优势产业的选择

张 锐 丁 贺 曹芳萍
（北京林业大学经济管理学院，北京，100083）

摘要： 安徽省属于林业权重较大的省份，目前是全国南方集体林区的重点省份之一，林业在该省经济发展过程中扮演了重要角色。本文将以安徽省林业产业为研究对象，采用偏离－份额分析的方法，研究其林业产业的结构特点，探索其林业产业的潜力，并对其优势产业进行辨析，明确优势产业的前进方向。经过计算分析，认为安徽省应以陆生野生动物繁育与利用，林产化学产品制造，非木质林产品加工制造业，林业旅游与休闲服务四个产业作为优势产业，加强开发和利用，以此推动该省林业经济的快速发展。

关键词： 林业产业；偏离－份额分析；产业结构潜力；优势产业

The Selection of Superior Forestry Industry in An-Hui Province Based on the Shift-share Analysis Method

Zhang Rui, Ding He, Cao Fangping
（School of Economics and Management, Beijing Forestry University, Beijing, 100083）

Abstract An-Hui province belongs to the bigger weight forestry province. At present, it is one of the key provinces of southern collective forest region, and it also plays an important role in the development of economic. This paper will take the forestry industry in An-Hui province as the research object, use the shift-share analysis method, and study the forestry industry structure characteristic, explore the forestry industry's potential, and analyze its advantage industry, clear the orientation of advantage industry. From the calculation and analysis, we could conclude that Anhui province should take the terrestrial wild animal breeding and utilization, forest chemical products manufacturing, non-timber forest product processing industry, and forestry tourism and leisure services four industries as the advantage industry, strengthen the development and utilization, so as to promote the development of forestry economic rapidly.

Keywords: forestry industry; Shift-share analysis method; industry structure potential; superior industry

一、引 言

随着我国经济社会的高速发展，人们对生态建设的关注度也与日俱增。林业作为生态建设的主体，起到了不容忽视的作用。通过培育和保护森林以取得木材和其他林产品，以及围绕林业开展的相关服务工作，已经成为创造经济价值的重要组成部分。根据2012年全国林业统计年鉴可知，当前我国林业总产值已达3.95万亿元，其中安徽省为1600亿，约占总产值的4%。如果能充分利用森林的多种效益，并且持续的经营森林资源。这样不仅可以促进人口、经济、社会、环境与资源的协调发展，同时对基础性产业和社会公益事业也会产生积极影响。

安徽省属于林业权重较大的省份，是全国南方集体林区重点省份之一。根据安徽林业信息网2009年3月公布的数据可得，该省土地总面积1381.65万公顷，其中林地面积440.35万公顷，占31.87%，与耕地面积接近。森林面积360.07万公顷，占林地面积的81.77%，森林覆盖率26.06%（林木绿化率30.3%）。活立木总蓄积16258.35万立方米，其中森林蓄积13755.41万立方米，占84.60%[15]。省内野生动植物资源丰富，林副产品种类繁多。盛产苹果、梨等水果，板栗、山核桃、银杏等干果，木瓜、杜仲等木本药材。

第一作者：张锐，北京林业大学经济管理学院硕士研究生。主要研究方向：企业战略管理与企业成长，产业经济。Email：zhangrui89106@163.com。联系地址：北京市海淀区清华东路35号，100083。

通讯作者：曹芳萍，江西萍乡人，北京林业大学经济管理学院教授。研究方向为企业战略管理与企业成长，产业经济。Email：cfp_888@126.com。联系地址：北京市海淀区清华东路35号，100083。

“十一五”期间，安徽省确定了“生态产业、绿色富民”的林业发展核心，先后实施了退耕还林、长江淮河防护林、绿色长廊二期工程等项目，有力地促进了生态环境的持续改善、农村经济的快速发展和农民收入的增加。在此期间，也有大量学者对安徽省林业的发展做了相应的研究。黄卫明[1]等从安徽省林业的产业、管理、服务、制度四个维度进行分析，认为发展林业需要强化管理，注重服务。周文芳[2]从安徽省省域气候、土地、水、生物四个因子出发，坚持“因地制宜”的思路发展林业。丁继华[3]以当前安徽省的基层实践经验为例，从中总结了带有区域特色的可行性操作方法。安徽省林业厅的邱辉等[4]、秦国伟[5]对全省林业的发展方向、战略规划进行了详细的阐述。安徽大学的赵明媚[6]、鲁晓妹[7]分别从林业财政投入效率和林业公共政策两方面展开了分析与论证。总体来讲，很少有学者对该省林业产业的分布以及发展现状进行研究，更多层面的是关注当前林业发展中存在的问题，以及解决问题的对策。文章由此入手，重点研究其林业产业的结构特点，挖掘其林业产业的潜力，并对其优势产业进行辨析，明确优势产业的前进方向，以此推动安徽省林业经济的快速发展。

二、安徽省林业优势产业实证分析

偏离－份额分析法(Shift-Share Analysis)，缩写为 SSM，是由美国学者 Dunn，Perloff，Lampard，Muth 等人在 20 世纪 60 年代相继提出，80 年代初 Dunn 汇集各家所长，总结成当今普遍采用的形式[17]。这种方法在国外区域与城市产业结构的分析中得到了广泛的应用，具有较强的综合性和动态性，是揭示区域与城市产业结构变化原因，确定未来发展主导方向的有效方法之一。

该方法是把区域经济的变化看作为一个动态的过程，以其所在区域或整个国家的经济发展为参照系，将区域自身经济总量在某一时期的变动分解为三个分量：份额分量、结构偏离分量和竞争力偏离分量，以此说明区域经济发展或衰退的原因，评价区域经济结构的优劣和自身竞争力的强弱，找出区域具有相对竞争优势的产业部门，进而确定区域未来经济发展的合理方向和产业结构调整原则[16]。

目前，国内主要运用该方法进行了如下探究：李翠格[8]，裴芳[9]分别分析了石家庄市、长春市的产业现状。肖黛[10]，吴建军[11]对黔中城市群、江西省的产业结构进行了研究。陆剑峰[12]等用该方法对比分析了传统产业与新兴产业的发展状况。北京林业大学的胡明形[13]对西部十个省份林业产业发展的资源、市场与产业结构展开了研究。从方法的使用角度考虑，偏离－份额分析法在产业结构研究方面使用较为广泛，但具体在林业产业结构研究方面较少。因而，研究结论较为新颖，具有一定的现实意义和应用价值。

(一)偏离－份额分析法数学模型表述：

$$G_j = N_j + P_j + D_j$$

然后引入符号 $S_i(T)$、$Y_{ij}(T)$

$S_i(T)$是指全国 i 产业的经济活动水平

$Y_{ij}(T)$是指第 j 个研究省份 i 产业的经济活动水平

$S(T) = \sum_{i=1}^{n} S_i(T)$，其中 $T = t$ 或 $_0$，t 代表报告期，t_0代表基期

(1)全国份额分量(N_j)

$$N_{ij} = Y_{ij}(t_0)[S_i(t)/S_i(t_0) - 1] \quad (1)$$

在式(1)中，N_j是指各产业均按全国 GDP 增长率增长时，j 省应该实现的增长份额。然后将实际增长水平与假定的增长水平进行比较，如果实际增长水平低于假定的增长水平，则该区域总偏离值为负值；如果实际增长水平高于假定的增长水平，则该区域的总偏离值为正值。

(2)产业结构分量(P_j)

$$P_{ij} = Y_{ij}[S_i(t_0) - S(t)/S(t_0)] \quad P_j = \sum_{i=1}^{n} P_{ij} \quad (2)$$

在式(2)中，P_{ij}代表 j 省分别按照不同的增长率计算出来的 i 产业增长额之间的差异，一般首先用全国 i 产业增长率和全国 GDP 增长率分别计算其所实现的增长额，然后再比较两者之间的差异。P_{ij}主要反映 j 省的 i 产业的是如何随着全国 i 产业的变动而变动的。如果 P_{ij}为正，则说明 j 省产业为快速增长型，产业结构对经济增长的贡献比全国平均水平要高；如果 P_{ij}为负，则说明 j 省的产业结构相对落后，产业结构对经济增长的贡献比全国平均水平要低。

(3)竞争力分量(D_j)

$$D_{it} = Y_{ij}(t_0)[Y_{ij}(t)]/[Y_{ij}(t_0) - S_i(t)/S_i(t_0)]$$

$$D_j = \sum_{i=1}^{n} D_{ij} \quad (3)$$

在式(3)中，D_{ij}表示 j 省 i 产业按不同增长率所

计算出来的增长额之间的差异。首先用实际增长率计算所实现的增长额，然后与全国统一产业所实现的增长额进行比较，求得两者之间的差异，该指标通过与全国水平的比较，能反映出j省发展i产业所具有的区位优势或劣势。D_{ij}如果大于0，说明该省的区位竞争力高于全国平均水平；D_{ij}如果小于0，说明该省的区位竞争力低于全国平均水平。

（4）偏离分量(S_{ij})

$$S_{ij} = P_{ij} + D_{ij} = G_{ij} - N_{ij}$$

产业结构分量P_{ij}与竞争力分量D_{ij}加总即为偏离分量S_{ij}，也就是说，偏离分量S_{ij}是区域经济增长量和全国份额分量的差额，表示j地区实际的经济增长量与按照全国总体增长率所能达到的增长量之间的差额。S_{ij}如果大于0，则说明j地区的相对表现比全国平均水平要高；S_{ij}如果小于0，则说明j地区的相对表现比全国平均水平要低。

一般而言，经济发展只要处于增长阶段，全国份额分量N_j和经济增长量G_j就应该大于0，偏离分量S_j则即可能大于0，也可能小于0或等于0。产业结构分量P_j和竞争力分量D_j也可能出现正值、负值或0。

为进一步分析区域经济增长与所在大区(或全国)经济增长的相对差异及各因素影响程度，引入以下三个概念：

（1）j地区的产业结构比较优势系数A_j，反映j区域与所在大区(或全国)相比，因产业结构差异而引起的经济增长率的差异，即产业结构效应。其表达式如下：

$$A_j = \frac{\sum_{i=1}^{n}(N_{ij} + P_{ij})}{Y_j(t_0) \times R}$$

(R表示区域j所在上一级大区或全国的林业产业从基期到报告期的经济规模变化率)

（2）区域产业竞争力指数U_j：使区域j各产业增长速度与所大区各产业的增长速度的综合对比指数，反映区域j各产业总体上在所在大区中的相对竞争力。若D_j较大，$U_j > 1$，说明区域各产业总的增长势头大，具有很强的竞争力。其表达式如下：

$$U = \frac{\sum_{i=1}^{n} Y_{ij}(t_0) \times r_{ij}}{\sum_{i=1}^{n} Y_{ij}(t_0) \times R_i}$$

(其中r_{ij}为区域j第i个产业部门从基期到报告期的经济规模变化率；R_i为全国水平上的第i个产业部门从基期到报告期的经济规模变化率)

（3）区域j对全国的相对增长量L，其表达式为：

$$L = A_j \times U$$

(二)分析林业产业的选择和数据的选择：

根据中国林业统计年鉴中对于林业产业的分类结果，结合安徽省林业产业发展的实际情况，考虑基期和报告期林业产业分类的一致性和数据和可获性，选择以下产业作为分析对象：①林木的培育和种植；②木材和竹材的采运；③经济林产品的种植与采集；④花卉的种植；⑤陆生野生动物繁育与利用；⑥木材加工及木、竹、藤、棕、苇制品制造；⑦木、竹、藤家具制造；⑧木竹苇浆造纸；⑨林产化学产品制造；⑩木制工艺品和木质文教体育用品制造；⑪非木质林产品加工制造业；⑫林业旅游与休闲服务；⑬全部山区县茶、桑、果产值；⑭全部丘陵县茶、桑、果产值共14个产业。为了使所选择的数据具有可比性，数据统计的统一性，因此选择了2006年(基期数据)和2012年(报告期数据)的林业产业数据为研究对象(其中，已剔除价格变动对产值的影响，转化为基期的不变价格，见表1)。

表1　安徽省林业产业数据值(单位：万元)

Tab.1　The forestry industry date of Anhui province(Unit：10，000 Yuan)

产业类别	报告期全国总产值(剔除物价变动)	报告期安徽省产值(剔除物价变动)	报告期全国总产值	报告期安徽省产值	基期全国总产值	基期安徽省产值
1. 林木的培育和种植	20631483.24	1002556.1	25399504	1234251	7417906	345573
2. 木材和竹材的采运	7825559.878	578244.35	9634079	711879	6227657	360874
3. 经济林产品的种植与采集	62966867.54	2057696	77518770	2533238	25507045	768188
4. 花卉的种植	10277059.27	302458.58	12652130	372358	4207480	67150

（续）

产业类别	报告期全国总产值(剔除物价变动)	报告期安徽省产值(剔除物价变动)	报告期全国总产值	报告期安徽省产值	基期全国总产值	基期安徽省产值
5. 陆生野生动物繁育与利用	3187629.656	81283.133	3924304	100068	802226	4801
6. 木材加工及木、竹、藤、棕、苇制品制造	66882610.27	5307159.6	82339457	6533666	27191815	887538
7. 木、竹、藤家具制造	22698254	481513.29	27943914	592793	8818719	72234
8. 木竹苇浆造纸	38595615.32	81171.039	47515221	99930	6563070	26124
9. 林产化学产品制造	5150545.678	89291.392	6340858	109927	1477687	5576
10. 木制工艺品和木质文教体育用品制造	3878478.616	250415.86	4774811	308288	1716335	13300
11. 非木质林产品加工制造业	18336506.76	577384.15	22574149	710820	3880554	83684
12. 林业旅游与休闲服务	28612930.01	1265517.7	35225496	1557984	3680554	60454
13. 全部山区县茶、桑、果产值	12611449.96	662949.61	15526008	816160	6646222	176161
14. 全部丘陵县茶、桑、果产值	7059989.374	147997.23	8691582	182200	4523718	57177

根据2006年和2012年安徽省各林业产业总产值和相应的全国林业产业总产值数据，运用上述份额－偏离分析法(Shift-Share Analysis)的数学模型，计算各产业的全国份额分量(N)产业结构分量(P)、竞争力分量(D)、偏离分量指标(S)，构建安徽省林业产业份额－偏离分析(Shift-Share Analysis)表(表2)。

表2 安徽省林业产业发展的偏离－份额分析表(单位：万元)

Tab.2 The shift-share analysis table of the development of forestry industry in Anhui province (Unit: 10,000Yuan)

产业类别	全国份额分量(N)	产业结构分量(P)	竞争力分量(D)	偏离分量(S)
1. 林木的培育和种植	615572.0398	－20656.83415	41411.0602	20754.226
2. 木材和竹材的采运	92593.66776	－571805.6304	124776.682	－447028.9
3. 经济林产品的种植与采集	1128166.205	－286132.326	161341.795	－124790.5
4. 花卉的种植	96868.49325	－26760.28818	138440.087	111679.8
5. 陆生野生动物繁育与利用	14275.68161	5436.637978	62206.4514	67643.089
6. 木材加工及木、竹、藤、棕、苇制品制造	1295503.41	－338528.4802	3124118.19	2785589.7
7. 木、竹、藤家具制造	113687.0708	－19301.78101	295592.219	276290.44
8. 木竹苇浆造纸	127504.0818	79407.60692	－72457.043	6950.5641
9. 林产化学产品制造	13859.40324	3593.519612	69855.9888	73449.508
10. 木制工艺品和木质文教体育用品制造	16754.60216	－7731.813228	220361.258	212629.44
11. 非木质林产品加工制造业	311742.0736	157672.8116	181958.076	339630.89
12. 林业旅游与休闲服务	409520.3764	298219.4925	795543.324	1093762.8
13. 全部山区县茶、桑、果产值	158110.9573	－166216.2172	328677.653	162461.44
14. 全部丘陵县茶、桑、果产值	32056.90283	－73210.74924	58763.3272	－14447.42

根据表2中数据可得到安徽省林业产业的产业结构分量 $P = -966014.051$，$D = 5530589.069$。结合各产业中产值数据，计算安徽省林业产业发展的产业结构比较优势系数为0.64，产业竞争力指数为2.25，对全国的相对增长量为1.44，结果表明：

在产业结构分量上共有5个产业的产业结构分量(P)值是大于0，分别是陆生野生动物繁育与利用，木竹苇浆造纸，林产化学产品制造，非木质林产品加工制造业，林业旅游与休闲服务。由此体现出，这些产业为快速增长型产业，产业结构对经济增长的贡献比全国平均水平要高。其余的9个产业的 P 值均小于0，这些产业结构相对落后，产业结构对经济增长的贡献比全国平均水平要低。

在竞争力分量上只有1个产业的竞争力(D)值是小于0，即木竹苇浆造纸。这1个产业的区位竞争力低于全国平均水平。其余的13产业，在安徽省内，都表现出了一定的区位优势，这些产业的区位竞争力高于全国平均水平。

在偏离分量上共有3个产业的偏离分量(S)值小于0，分别是木材和竹材的采运，经济林产品的种植与采集，全部山区县茶、桑、果产值。表明这3个产业的综合增长(综合优势)相对水平比全国平均水平要低。其他11个产业的综合增长相对水平比全国平均水平要高。

安徽省林业发展中的产业结构效应分量 $P = -966014.051$ 小于0，而且产业结构比较优势系数为0.64小于1。由此判断，安徽省整体林业产业结构相对落后，产业结构对经济增长的贡献比全国平均水平要低。不具有促进未来林业发展的产业结构潜力，产业结构需要进行调整。同时也可以看出，安徽省林业发展中的区域竞争力偏离分量 D 比较大，而且产业竞争力指数为2.25大于1，由此体现出安徽省林业产业发展中有较多的产业发展比较迅速，产业竞争力较强，这些产业的区位竞争力高于全国平均水平。由分析可知，从长远来看，安徽省林业产业结构总体上会得到不断的优化和改善。

(三)安徽省优势林业产业的选择：

1. 产业偏离分量分析

由北京林业大学胡明形的博士学位论文[13]可知，按照产业结构分量、竞争力分量、和零三者之间关系的大小，可将其分为以下几种类型：

(1) $0 < P < D$，区位竞争优势大于产业结构优势，即原有基础较好(具有产业结构优势)，竞争力很强的好部门；

(2) $0 < D < P$，产业结构优势大于区位竞争优势，即原有基础很好，竞争力较强的较好部门；

(3) $P < 0 < D$，$|D| > |P|$，区位竞争力偏离的正效应大于产业结构偏离的负效应，总体优势效应仍然为正效应。因此这些产业为原有基础差，但发展很快的较好或一般产业；

(4) $D < 0 < P$，$|P| > |D|$，产业结构偏离的正效应大于区位竞争力偏离的负效应，产业总体优势效应仍然为正效应。因此这些产业为原有基础较好，但发展速度减慢、地位处于下降的较好或一般产业；

(5) $D < 0 < P$，$|D| > |P|$，产业结构偏离的正效应小于区位竞争力偏离的负效应，产业总体偏离效应仍为负效应。因此这些产业为原有基础较好，但竞争力很差的较差产业；

(6) $P < 0 < D$，$|P| > |D|$，区位竞争力偏离的正效应小于结构偏离的负效应，产业总体偏离效应仍为负效应。因此这些产业为原有基础差，但发展很快的较差产业；

(7) $D < 0$，$P < 0$，原有基础差，且缺乏竞争力的最差产业。

2. 产业结构优势分析

根据偏离分量(S)和全国份额分量(N)的正负号取值，将其分为以下几种类型：

(1)很好产业，其基本特征是偏离分量和全国份额分量均大于0，因此具有产业结构优势的增长部门。

(2)一般产业，其基本特征是偏离份额分量(S)大于0，全国份额分量(N)小于0，并且 $|S|$ 大于 $|N|$，或是偏离份额分量小于0，全国份额分量大于0，并且 $|S|$ 小于 $|N|$，即前者指虽为衰退产业，但具有产业结构优势，而且产业结构优势的增长贡献大于产业衰退的下降损失，产业发展总体仍然表现出增长态势；后者指虽不具有产业优势，但为增长产业，而且成长效应大于偏离效应，产业发展总体上仍然表现出增长态势。

(3)较差产业，其基本特征是偏离份额分量(S)小于0，全国份额分量(N)大于0，并且 $|S|$ 大于 $|N|$，或者是偏离份额分量大于0，全国份额分量小于0，并且 $|S|$ 小于 $|N|$，即前者指虽为增长产业，但不具有产业优势，而且增长效应的贡献小于产业劣势的贡献损失，总体上产业发展仍然表现

出负增长；后者指虽具有产业优势，但为衰退产业，而且产业优势的偏离贡献补偿不了产业衰退的份额损失，产业发展总体上仍然表现出负增长。

(4)最差部门，其基本特征是偏离份额分量和全国份额分量均小于0，既无产业优势，又是衰退产业。

由表2中数据可知偏离－份额分析结果的类型，如表3：

表3 安徽省林业产业各分量关系

Tab. 3 The relationship between all component of forestry industry in Anhui province

产业类别	全国份额分量(N)产业结构分量(P)、竞争力分量(D)、偏离分量(S)之间的关系
1. 林木的培育和种植	$P<0<S<D$、$\|D\|>\|P\|$、$N>0$、$\|N\|>\|S\|$
2. 木材和竹材的采运	$P<S<0<D$、$\|P\|>\|D\|$、$N>0$、$\|S\|>\|N\|$
3. 经济林产品的种植与采集	$P<S<0<D$、$\|P\|>\|D\|$、$N>0$、$\|N\|>\|S\|$
4. 花卉的种植	$P<0<S<D$、$\|D\|>\|P\|$、$N>0$、$\|S\|>\|N\|$
5. 陆生野生动物繁育与利用	$0<P<D<S$、$\|D\|>\|P\|$、$N>0$、$\|S\|>\|N\|$
6. 木材加工及木、竹、藤、棕、苇制品制造	$P<0<S<D$、$\|D\|>\|P\|$、$N>0$、$\|S\|>\|N\|$
7. 木、竹、藤家具制造	$P<0<S<D$、$\|D\|>\|P\|$、$N>0$、$\|S\|>\|N\|$
8. 木竹苇浆造纸	$D<0<S<P$、$\|P\|>\|D\|$、$N>0$、$\|N\|>\|S\|$
9. 林产化学产品制造	$0<P<D<S$、$\|D\|>\|P\|$、$N>0$、$\|S\|>\|N\|$
10. 木制工艺品和木质文教体育用品制造	$P<0<S<D$、$\|D\|>\|P\|$、$N>0$、$\|S\|>\|N\|$
11. 非木质林产品加工制造业	$0<P<D<S$、$\|D\|>\|P\|$、$N>0$、$\|S\|>\|N\|$
12. 林业旅游与休闲服务	$0<P<D<S$、$\|D\|>\|P\|$、$N>0$、$\|S\|>\|N\|$
13. 全部山区县茶、桑、果产值	$P<0<S<D$、$\|D\|>\|P\|$、$N>0$、$\|S\|>\|N\|$
14. 全部丘陵县茶、桑、果产值	$P<S<0<D$、$\|P\|>\|D\|$、$N>0$、$\|N\|>\|S\|$

根据表3可知，安徽省林业各产业的区位竞争力优势和产业结构优势识别和分类结果如表4：

表4 安徽省林业产业区位竞争力和产业结构优势分析结果

Tab. 4 The result of the regional competitiveness of forestry industry and the advantages of forestry industry structure in Anhui province

产业类别	区位竞争力优势	产业结构优势
1. 林木的培育和种植	原有基础差但发展很快的一般产业	具有产业优势的增长产业
2. 木材和竹材的采运	原有基础差但发展很快的较差产业	增长产业，但不具有产业优势
3. 经济林产品的种植与采集	原有基础差但发展很快的较差产业	增长产业，但不具有产业优势
4. 花卉的种植	原有基础差但发展很快的一般产业	具有产业优势的增长产业
5. 陆生野生动物繁育与利用	基础好竞争力很强的好部门	具有产业优势的增长产业
6. 木材加工及木、竹、藤、棕、苇制品制造	原有基础差但发展很快的一般产业	具有产业优势的增长产业
7. 木、竹、藤家具制造	原有基础差但发展很快的一般产业	具有产业优势的增长产业
8. 木竹苇浆造纸	原有基础好但发展很慢的一般产业	具有产业优势的增长产业

（续）

产业类别	区位竞争力优势	产业结构优势
9. 林产化学产品制造	基础好竞争力很强的好部门	具有产业优势的增长产业
10. 木制工艺品和木质文教体育用品制造	原有基础差但发展很快的一般产业	具有产业优势的增长产业
11. 非木质林产品加工制造业	基础好竞争力很强的好部门	具有产业优势的增长产业
12. 林业旅游与休闲服务	基础好竞争力很强的好部门	具有产业优势的增长产业
13. 全部山区县茶、桑、果	原有基础差但发展很快的一般产业	具有产业优势的增长产业
14. 全部丘陵县茶、桑、果	原有基础差但发展很快的较差产业	增长产业，但不具有产业优势

由表 4 知，根据在区位竞争力优势和产业结构优势方面的差异，可将 14 个林业产业分为以下四大类：

（1）基础好，竞争力强，具有产业优势。陆生野生动物繁育与利用，林产化学产品制造，非木质林产品加工制造业，林业旅游与休闲服务这四个产业都是基础好竞争力很强的好产业，并且是具有产业优势的增长产业。这些产业不仅在近期表现出很强的发展潜力，而且还有很强的远期发展潜力。着重对这四个林业产业进行投资，进一步增进这些产业规模，可以从整体上提高安徽省林业经济的总体发展水平。

（2）基础差，竞争力强，具有产业优势。林木的培育和种植、花卉的种植，木材加工及木、竹、藤、棕、苇制品制造，木、竹、藤家具制造，木制工艺品和木质文教体育用品制造、全部山区县茶、桑、果这 6 个产业表现出相同的特征，原有基础差但发展很快的一般产业，并且是具有产业优势的增长产业。这些产业在近期具有很强的发展潜力和产业优势。

（3）基础好，竞争力弱，具有产业优势。对于木竹苇浆造纸而言，它是原有基础好但发展很慢的一般产业，拥有产业发展优势。不过，随着时间推移，竞争力的逐步削弱，不适宜作为主导产业深入发展。

（4）基础差，竞争力弱，不具有产业优势。对于木材和竹材的采运、经济林产品的种植与采集和全部丘陵县茶、桑、果这三个产业，都表现为原有基础差但发展较快的较差产业，这三个产业不具有产业优势。虽然它们属于增长型产业，但从长远来看，可能出现投资成本大于收益的情况。

三、结论与展望

由上述结果表明：安徽省应以林业旅游与休闲服务，非木质林产品加工制造业，陆生野生动物繁育与利用，林产化学产品制造，四个产业作为优势产业。这些产业具有较强的区位优势，它们不仅在近期具有很强的发展潜力，而且在远期又能实现良好的经济收益，希望地方政府能着力推动这四个子产业的快速发展。另外，由于文章仅从静态的角度展开分析，在动态方面关注较少，使得结论具有一定的时效性。今后可从动态的角度进行深度的分析，探究林业产业长期选择的问题。

参考文献

[1]黄卫明，宋效严．新时期安徽省林业生产经营现状、存在问题及基本对策[J]．林业勘察设计，2003(3)：8～10.

[2]周文芳．安徽省林业生态现状及建设对策[J]．安徽农业科学，2004，32(6)：1285～1287.

[3]丁继华．安徽省林业生态的发展与经验探析[J]．农技服务，2011，28(7)：1060～1061.

[4]邱辉，余建安，秦国伟．安徽省林业“十一五”建设成就分析及“十二五”发展目标的研究[J]．安徽林业科技，2011，37(2)：49～52.

[5]秦国伟．区域林业发展成效和促进战略研究——以安徽省为例[J]．林业经济，2012.9：106～109.

[6]赵明媚．促进安徽省林业生态经济发展的公共政策研究[D]．安徽大学硕士学位论文，2012.

[7]鲁晓妹．安徽省林业财政投入的效率研究[D]．安徽大学硕士学位论文，2012.

[8]李翠格，王健，赵宙，黄华芳．基于偏离－份额分析法的石家庄产业结构分析[J]．安徽农业科学，2007，35(23)：7336～7337.

[9]裴芳，李宁．基于偏离－份额分析法的长春市产业结构现状分析[J]．经济研究，2010.11：25～26.

[10]吴建军．基于偏离－份额分析法的黔中城市群产业结构研究[C]．“新一轮西部大开发与贵州社会发展”学术研讨会暨贵州省社会学学会 2010 年学术年会论文集，2010.11.19.

[11]黛．基于偏离－份额分析法的江西产业结构分析[J]．科技视野，2010，7(21)：71～72.

[12]陆剑峰，薛红，曹明霞．基于偏离－份额分析法传统产业与新兴产业对比分析[J]．商业时代，2012(26)：114～115.

[13]胡明形．西部林业产业发展的资源、市场与产业结构潜力研究[D]．北京林业大学博士学位论文，2008.

[14]国家林业局．中国林业统计年鉴(2006，2010)[M]．北京：中国林业出版社，2006，2010.

[15]安徽省林业厅．安徽省林业发展历程[EB/OL]．(2009.3.11)http：//www.ahly.gov.cn/main/model/childcatalog/ChildCatalog.do？subfcode=0010202，安徽省林业信息网．

[16]张颖．区域经济学基础及应用[M]．北京：中国经济出版社，2008：41~43.

[17]崔功豪，魏清泉，刘科伟．区域分析与区域规划[M]．北京：高等教育出版社，2006.5：212~219.

[18]曹芳萍．区域产业转型理论与实践[M]．北京：中国轻工业出版社，2012：46~54.

第4卷
2014年6月
林業經濟評論
Forestry Economic Review
Vol. 4
June 2014

林产品行业隐含碳的测定研究

王兰会　符颖佳　许　双
（北京林业大学经济管理学院，北京，100083）

摘要：本文采用投入产出分析法，结合行业能源消耗及温室气体排放相关数据，研究和测算了2007年我国各行业的隐含碳排放。研究结果显示，我国隐含碳排放总量高达96.20Gt，各行业间的隐含碳排放量差异较大；林产品行业的隐含碳排放量占我国隐含碳排放总量的3.22%，林产品净出口隐含碳排放量占行业隐含碳排放的28.25%；林产品行业直接碳排放强度占其隐含碳排放强度的1.92%。为了实现碳减排，我国应该调整外贸出口结构和产业结构，提高生产管理和生产技术水平，并提高清洁能源的使用比例。

关键词：林产品；隐含碳；投入产出

Quantitative study on embodied carbon of China's forest product industry

WangLanhui, Fu Yingjia, Xu Shuang
(School of Economics and Management, Beijing Forestry University, Beijing, 100083)

Abstract: This paper analyzed the embodied carbon release of China on the basis of Input-Output table in 2007 and the energy consumption and greenhouse gas release data. The results show that the total emission of China's embodied carbon reaches 96.20Gt with great differences between various industries. The embodied carbon emissions of forest product industry account for 3.22% in the total release, the net export part occupies 28.25% of forest product industry. The direct carbon emission intensity accounts for only 1.92% of the embodied carbon emission intensity in the forest product industry. In order to reduce carbon release, the export and industrial structure needs to be adjusted, and both manufacturing management and technical level need to be improved, using cleaner energy is recommended.

Keywords: forest product; embodied carbon; input-output

随着中国经济的快速发展，中国对于能源的需求和以二氧化碳为主的温室气体的排放量均呈迅速上升的趋势。据国际能源机构（IEA）估计，全球CO_2排放量已从1990年的215亿吨增加到2008年的299亿吨，并预测到2030年将会达到402亿吨[1]。此外，从其公布的数据可以发现，中国在2008年的CO_2排放量已经高达66亿吨，成为全球第一大CO_2排放国，占全球总排放量的22%。作为碳排放大国，中国面临着巨大的减排压力。

隐含碳是指产品在其生产、加工的整个过程中所排放的CO_2，即直接碳排放和间接碳排放的总和。中国作为一个生产大国，对外贸易在国内生产总值中占据相当大的比例。其中，我国林产品贸易总额从2006年的507.65亿美元增长到2011年的1203.33亿美元，成为世界第二大林产品贸易国，最大的林产品进口国和第二大的林产品出口国[2]。林产品具有碳汇和调节气候的功能，但其在加工过程中会有不同程度的碳排放，使得碳汇效应降低。随着林产品进出口贸易及国内贸易规模的扩大，林产品行业对我国隐含碳排放的影响也越来越大，研究林产品行业的隐含碳排放对我国碳减排具有重要意义。

一、隐含碳研究

（一）隐含碳内涵

"隐含碳"即为了消耗某种产品，在加工、制

基金项目：中央高校科研专项基金（RW2013－11）、国家林业局委托项目资金支持。

第一作者：王兰会，博士，副教授。主要研究方向：应用统计。Email：wang_lanhui@163.com。地址：北京市海淀区清华东路35号北京林业大学经济管理学院，100083。

通讯作者：符颖佳，硕士在读。主要研究方向：应用统计。Email：Kessy304@126.com 地址：北京市海淀区清华东路35号北京林业大学经济管理学院，100083。

造、运输等一系列过程中排放的直接或间接的碳。隐含碳的概念最早可以追溯到1974年，国际高级研究机构联合会在能源分析工作组会议中曾提出“隐含能”(embodied energy)概念，来衡量产品或服务在其生产过程中所消耗的能源总量，包括直接消耗和间接消耗。其后，这一概念得到扩充与发展。Odum(1996)等人在衡量各种生态产品在其生产过程中所消耗的直接或间接的太阳能的量后，来确定其相应的价值，并提出“能值”(energy)的概念[3]。英国学者Allan(1997)在其水资源研究中采用了隐含能这一概念，并提出了“虚拟水”(virtual water)，认为进口水资源密集型产品即相当于是以虚拟水的形式进口了水资源[4]。隐含碳是对隐含能概念的衍生，指的是在产品的整个生产过程中直接和间接的CO_2排放。《联合国气候变化框架公约》将隐含碳定义为：商品从原料的取得、制造加工、运输，到成为消费者手中所购买的产品这段过程中所排放的二氧化碳[5]。

(二)国内外研究现状

国内关于隐含碳对碳排放的影响的研究从1998年才开始，相对起步较晚。2007年6月，国家发改委在《中国应对气候变化国家方案》的新闻发布会上提出，本应在进口国排放的二氧化碳不应该由生产，并出口高耗能、高排放产品的国家承担，中国在这个方面承担了过多的隐含碳排放。对我国这样一个出口低端产品，存在巨大贸易顺差的国家来说，通过国际贸易为其他国家转移排放的CO_2量相当可观[6]。所以，国内外很多学者开始从最终消费的角度来研究隐含碳排放问题，这使得碳排放的转移更加明确。

在隐含碳的测算研究中，国内外已经有了不少成果，比如：Shui和Harriss(2006)通过经济投入－产出周期评估软件，对中国出口到美国产品的碳排放系数进行估计，研究指出，目前中国有不少的碳排放量生产的产品最终是被美国人所消费，中美间的贸易导致能源消耗量和二氧化碳排放量均有所增加[7]。齐晔等(2008)，尹显萍，程茗(2010)，宋莹莹(2012)，赵玉焕，刘月(2011)等使用投入产出法，对中国对外贸易的隐含碳排放进行估算后，认为中国为国外需要的产品消耗排放了大量的碳[6,8,9,10]。郭明辉，关鑫，李坚(2010)通过计算200年内林产品的碳储存和碳排放，发现木质林产品可以储存碳，但无法补偿其加工过程中CO_2的排放量[11]。杨惠(2012)采用IPCC缺省法、储量变化法等对我国木质林产品的碳储量进行估算，发现贸易量储碳约占国内消费的木质林产品总储碳的25%，在与森林立木碳储量等进行对比后，认为我国林产品具有一定的碳汇与减排潜力[12]。白伟荣(2013)采用Simapro生命周期评价软件核算三种木制家具的碳足迹，对其碳排放特征进行分析[13]。

从以上研究可以发现，目前对于隐含碳排放方面的测算，主要采用的方法有投入产出法、IPCC缺省法、储量变化法，以及大气流量法，借由生命周期评估软件核算。IPCC缺省法虽然简便易计算，但其基于HWP碳库变化量为零的假设缺乏合理性，不适用于对温室气体减排具有重要影响的林产品行业；储量变化法不利于木材输出国，我国虽然为木材进口大国，但该方法也不适用；生命周期软件是通过整合不同的数据库，供使用者在分析时作为参考，林产品行业从原木到最终的产品具有多种形态，生产加工的周期各异，因此这个方法难以使用。投入产出法是将国民经济看作一个有机整体，综合研究各部门间的数量关系，可以较好地了解整体和部门的关系，我国各行业产品在生产过程中对其它行业的产品有一定的消耗。本文采用投入产出法来研究我国林产品行业的隐含碳排放，并将林产品行业与其他行业的隐含碳碳排放进行对比分析。

二、隐含碳排放测算

(一)数据与行业分类

本文对2007年我国林产品行业及其他行业的隐含碳进行了测算。文中的各行业投入产出数据和完全消耗系数从《中国投入产出表2007》中得到，由于行业分类在投入产出表和能源消耗数据表中不完全对应，在进行数据分析之前，先以能源统计年鉴中的行业为基准，对投入产出表的行业进一步调整合并，使两者的行业分类一致，将投入产出表中的42个行业调整为29个行业，并将行业名称进行简化，如表1所示。由于本文测算的隐含碳排放即二氧化碳排放，故在得到相关能源的碳排放系数后，进一步计算得到相应的二氧化碳排放系数，见表2。

表1 调整后的行业分类

Tab.1 Adjusted industry classification

代码	行业名称	行业全称
01	农林牧渔业	农林牧渔业
02	煤炭采选业	煤炭开采和洗选业

（续）

代码	行业名称	行业全称
03	石油天然气开采业	石油和天然气开采业
04	金属矿采选业	金属矿采选业
05	非金属矿采选业	非金属矿及其他矿采选业
06	食品烟草加工业	食品制造及烟草加工业
07	纺织业	纺织业
08	纺织制品业	纺织服装鞋帽皮革羽绒及其制品业
09	木材家具制造业	木材加工及家具制造业
10	造纸文教制造业	造纸印刷及文教体育用品制造业
11	燃料加工业	石油加工、炼焦及核燃料加工业
12	化学工业	化学工业
13	非金属矿物制品业	非金属矿物制品业
14	金属加工业	金属冶炼及压延加工业
15	金属制品业	金属制品业
16	通专用设备制造业	通用、专用设备制造业
17	运输设备制造业	交通运输设备制造业
18	电气器材制造业	电气机械及器材制造业
19	电子设备制造业	通信设备、计算机及其他电子设备制造业
20	办公机械制造业	仪器仪表及文化办公用机械制造业
21	其他制造业	工艺品及其他制造业
22	废品废料	废品废料
23	电力热力供应业	电力、热力的生产和供应业
24	燃气生产供应业	燃气生产和供应业
25	水的生产供应业	水的生产和供应业
26	建筑业	建筑业
27	运输仓储通讯业	交通运输、仓储及邮电通迅业
28	贸易及住宿餐饮业	批发和零售贸易业、住宿和餐饮业
29	其它行业	其它行业

注：数据来源于《中国能源统计年鉴2008》。

表2　各能源 CO_2 排放系数

Tab. 2　CO_2 emission coefficient of energy

代码	能源名称	CO_2 排放系数（$kgCO_2$/TJ）
01	原煤	94 600
02	洗精煤	94 600
03	其它洗煤	94 600
04	型煤	97 500
05	焦炭	107 000
06	焦炉煤气	44 400
07	其它煤气	44 400
08	其它焦化产品	107 000
09	原油	73 300
10	汽油	74 100
11	煤油	71 900
12	柴油	74 100
13	燃料油	77 400
14	液化石油气	63 100
15	炼厂干气	57 600
16	其它石油制品	73 300
17	天然气	56 100

注：数据来源于《IPCC 温室气体排放清单 2006》。

（二）模型与计算

本文主要采用由瓦西里·列昂惕夫提出的投入产出法，对2007年我国国内各行业生产过程中隐含碳的排放量进行测算。投入产出法是一种研究经济体系中各部门之间投入与产出依存关系的数量分析方法，为研究嵌入到商品和服务中的资源或污染量提供了有力工具[14]。根据投入产出的平衡关系，建立投入产出的数学模型：

$$X = AX + Y \qquad (2.1)$$

其中，$A = \frac{x_{mn}}{x_n}$（$m = 1, 2, \cdots, 29$；$n = 1, 2, \cdots, 29$）表示直接消耗系数；X 为社会总产出列向量，Y 为社会最终产品的列向量。该公式可以调整为

$$X = FI - A)^{-1}Y \qquad (2.2)$$

公式中的 $(I - A)^{-1} = x_{mn}$，是列昂惕夫逆矩阵，也可以称为完全需要系数矩阵。

具体测算过程如下：

首先，需要计算各行业的直接碳排放量。对调整后的各行业，用 j 表示其中某一行业，用 B_i 表示能源 i 的 CO_2 排放系数，f_{ji} 表示 j 行业对 i 能源的消耗量，j 行业的直接碳排放量记为 F_j，计算公式为

$$F_j = \sum_{j=1}^{17} f_{ji} \cdot \beta_i \qquad (2.3)$$

由于各能源的 CO_2 排放系数单位为 $KgCO_2/TJ$，而各能源消耗量的单位为 Kg、L 及 m^3，需要将 CO_2 排放系数的单位分别转换到与之对应，即 $KgCO_2/Kg$、$KgCO_2/L$ 和 $KgCO_2/m^3$，计算公式为

$$\beta_i = \beta_i / 10^9 \cdot \alpha \cdot k_i \tag{2.4}$$

其中，β_i 表示转换前的 CO_2 排放系数，α 为 Kcal 与 J 的换算系数，以值 4.1868(J/Kcal)代入公式中计算，K_i 表示 j 能源的热值(Kcal/Kg)。

将直接碳排放强度矩阵用 E 表示，j 行业的国内总产出用 X_j 表示，则各行业的直接碳排放强度可用公式

$$E_j = \frac{F_j}{x_i} \tag{2.5}$$

计算得到，则直接碳排放强度矩阵 E 即 $\begin{bmatrix} E_1 \\ \vdots \\ E_{29} \end{bmatrix}$。

得到直接碳排放强度矩阵后，可以据此计算隐含碳排放强度矩阵 W，用 $(I-A)^{-1}$ 表示完全消耗系数矩阵，具体计算公式如下：

$$W = (I-A)^{-1} \times E \tag{2.6}$$

国内隐含碳的排放量由两部分组成，即国内出口排放量和国内使用排放量，分别用矩阵 C^d 和矩阵 C^2 表示，二氧化碳总排放量矩阵 $C = C^d + C^z$。其中，C^d 和 C^z 分别可用下面公式计算，公式口 Π^d 为出口最终使用矩阵，U^z 为国内最终使用矩阵。

$$C^d = W \times U^d \tag{2.7}$$

$$C^z = W \times U^z \tag{2.8}$$

本文的模型计算主要是净出口及国内最终使用部分的隐含碳排放，不包含进口原料部分，比如：原木、锯材的进口部分及其进入到家具或者造纸行业之前的碳排放均不考虑在内。

三、结果与分析

(一)2007 年我国各行业隐含碳计算

根据本文的行业分类将投入产出表和能源年鉴等相关数据进一步整理后，利用公式(2.3)-(2.6)可以计算得到各行业的隐含碳排放强度，隐含碳排放强度即单位产值的隐含碳排放量，如图 1 所示。各行业隐含碳排放强度中，最高的四个行业分别为：石油和天然气开采业，金属矿采选业，煤炭开采和洗选业，废品废料，其隐含碳排放强度均高于 30000 千克/万元。

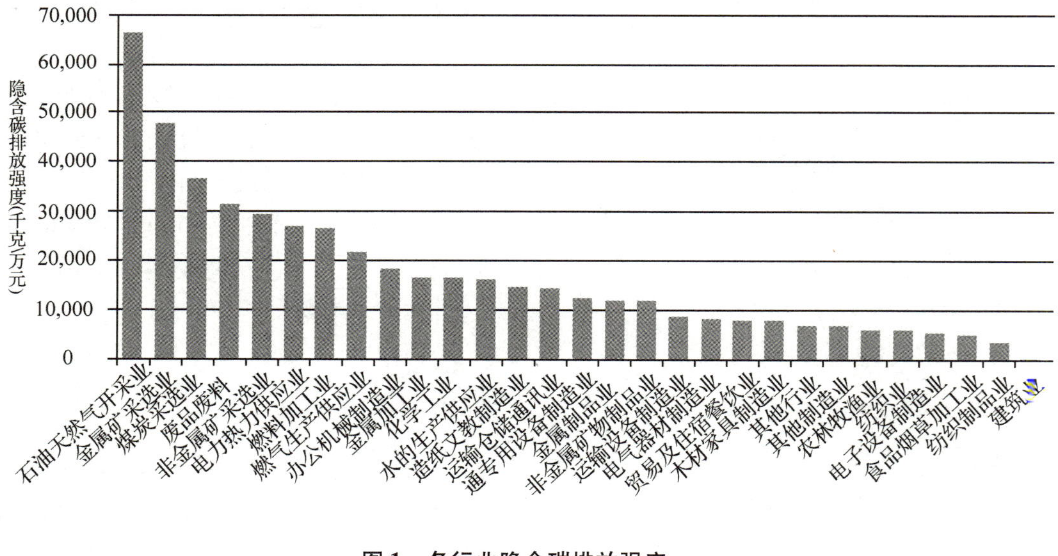

图 1　各行业隐含碳排放强度

Fig. 1　The embodied carbon emission intensity of various industries

将公式(2.7)和公式(2.8)代入相关数据，可以计算得到我国各行业隐含碳排放量，如图 3.2 所示。2007 年我国隐含碳排放总量达 96.20Gt，其中，国内使用隐含碳排放量为 69.03Gt，为满足国外需求的净出口隐含碳排放量为 27.18Gt，约占总量的 28.25%。在我国各行业隐含碳排放总量中，金属冶炼及压延加工业(10.31Gt)，化学工业(10.30Gt)，电力、热力的生产和供应业(8.51Gt)，其它行业(7.66Gt)是我国隐含碳排放总量最多的 4 个行业，分别占国家隐含碳排放总量的 10.71%、10.70%、8.85% 和 7.96%；若加上隐含碳排放总量大于 4Gt 的石油和天然气开采业，石油加工、炼焦及核燃料加工业，通用、专用设备制造业，交通运输、仓储及邮电通讯业这 4 个行业，则以上 8 个行业的隐含

碳排放量占我国隐含碳排放总量的比例达60.65%。

由这些数据及图表可以发现，我国隐含碳排放情况在行业间有较大差异，隐含碳排放主要集中于金属冶炼及压延加工业，化学工业，电力、热力的生产和供应业，其它行业。这些行业在隐含碳排放强度上同样居前几位，除其它行业外，其直接碳排放强度均处于各行业前列；而交通运输、仓储及邮电通讯业虽然隐含碳排放强度相对而言不高，但其直接碳排放强度却位于第4位，说明该行业对其它行业间接消耗相对较少，受生产技术影响程度也较小。

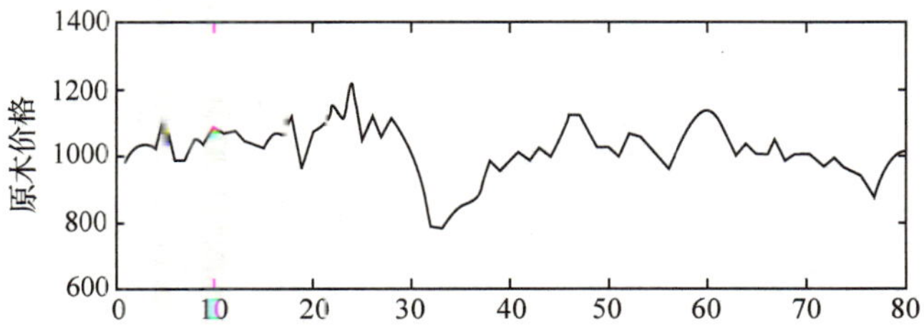

图2　2007年各行业隐含碳排放情况

Fig. 2　The embodied carbon emission condition of various industries in 2007

(二) 林产品行业的隐含碳排放

本文分析的林产品行业主要包括木材加工及家具制造业，造纸印刷及文教体育用品制造业。2007年我国木材加工及家具制造业的隐含碳排放量约为0.89Gt，占全国隐含碳排放量的0.92%，居第24位；造纸印刷及文教体育用品制造业的隐含碳排放量约为2.21Gt，占全国隐含碳排放量的2.30%，居第17位。林产品行业的隐含碳排放占我国隐含碳排放的比例达3.22%，居第12位，说明分散在家具和造纸业的隐含碳规模比较大；林产品行业净出口隐含碳排放占其行业隐含碳排放总量的28.25%。这两个行业扣除进口后的国内总产出分别占行业总产出的97.54%和94.45%，出口最终使用与国内最终使用的比例分别为13∶8和41∶2，说明林产品行业的总产出主要为国内产出，进口部分所占比例很小，而在其产品的最终使用里，出口部分所占比例远高于国内最终使用部分。可见，在林产品行业里，我国承担了过多的隐含碳排放。

木材加工及家具制造业的直接碳排放强度为100.20千克/万元，隐含碳排放强度为8 103.25千克/万元，约是直接碳排放强度的81倍；造纸印刷及文教体育用品制造业的直接碳排放强度为339.35千克/万元，隐含碳排放强度为14 791.02千克/万元，约是直接碳排放强度的44倍。进一步计算后得到，林产品行业的隐含碳排放强度约是直接碳排放强度的52倍，将我国各行业直接碳排放强度与该行业隐含碳排放强度的比例排序后，发现林产品行业的这一比例居第11位，与其它行业相比，这一比例比较高，但相对于其它国家而言，直接碳排放强度在隐含碳排放强度中的比例还是比较低，其间接消耗能源所产生的碳排放比重仍过高。造成这一问题的原因可能是我国在林产品的生产、加工过程中，由于生产方式及技术手段相对落后，加之消耗的能源仍以煤、柴油和燃料油为主，虽然直接碳排放强度不高，但将生产过程中的间接消耗考虑在内后，单位产值的隐含碳排放量就相对较高。因此，我国应提高林产品的生产技术水平，并加大清洁能源的使用，以降低林产品行业单位产值的隐含碳排放，从而达到碳减排的目的。

四、结论与讨论

对我国隐含碳的计量研究表明，2007年我国隐含碳排放量达96.20Gt，行业间的隐含碳排放量存在较大差异，超过60%的隐含碳排放主要来自8个部门。林产品行业的隐含碳排放量达3.10Gt，占我国隐含碳排放量的3.22%，居第12位；其中，木材加工及家具制造业和造纸印刷及文教体育用品制造业的隐含碳排放量分别为0.89Gt和2.21Gt。由于木材采运业的隐含碳排放包含在农林牧渔业中，这一部分不在本文的林产品行业隐含碳排放的计量中，从以上数据可以发现，林产品行业具有一定规模的隐含碳排放。林产品行业的净出口隐含碳排放在其行业隐含碳排放中占28.25%，可见净出口隐含碳所占的比例还是比较高的，在这一方面，我国承担了过多的隐含碳排放。为了降低林产品行业的隐含碳排放强度，从而实现碳减排的目的，我国可以从以下三个方面考虑。

一是调整外贸出口结构和产业结构。以制成品出口逐渐代替初级产品与中间产品的出口，利用扩大出口带动产业结构的调整。对林产品行业实施规模化经营，规范出口秩序，完善相应的机制，在提高劳动密集型产品的附加值和竞争力的同时，扩大技术密集型林产品的出口；同时，通过提高产业技术结构和改善产业管理结构，推动产业结构的升级。

二是提升生产管理和生产技术水平。积极向发达国家学习先进的生产管理和生产技术，优化林产品生产流程，提高生产效率和各项资源的利用率，减少生产过程中的生产材料、劳动力等资源浪费；同时，推动林产品生产技术的创新，提高林产品的生产效率和附加值，实现林产品向技术密集型和知识密集型的转型升级。

三是提高清洁能源的使用比例。据国际能源署统计，化石能源等非可再生能源仍在世界能源消费中占据主导地位。2008 年，美国、日本、德国、法国的清洁能源使用比例分别为 15.7%、17.7%、21.1%和 49.2%；2012 年，我国清洁能源的使用比例为 9.1%，虽然相对 2009 年的 8.9%有了一定的提高，但与发达国家仍存在巨大的差距。我国应该在控制和减少化石能源消费的基础上，逐步提高包括水能、核能、风能、太阳能等清洁能源在生产、加工过程中的使用比例，逐步替代传统能源，从根本上减少碳排放。

参考文献

[1]闫云凤，赵忠秀．中国对外贸易隐含碳的测度研究[J]．国际贸易问题，2012，1：131～142

[2]马春雷．新时期我国林产品对外贸易研究分析[J]．南方农村，2013(3)：59－68

[3] Odum H. T. Environmental Accounting：Energy and Environmental Decision Making[M]. New York：John&Wiley，US，1996

[4] Allan J. A. Vitual Water：a Long Term Solution for Water Short Middle Eastern Economics [M]. Leeds：University of Leeds Press，1997，24～29

[5]黄敏，伍世林．贸易中隐含碳问题溯源及其研究进展[J]．上海商学院学报，2010，11(2)：77～80

[6]齐晔，李惠民，徐明．中国进出口贸易中的隐含碳估算[J]．中国人口·资源与环境，2008，18(3)：8～13

[7] Shui Bin，Harriss Robert C.. The role of CO_2 embodiment in US-China trade[J]. Energy Policy，2006，34：4063～4069

[8]尹显萍，程茗．中美商品贸易中的内涵谈分析及其政策含义[J]．中国工业经济，2010，8：45～55

[9]宋莹．中国出口贸易隐含碳排放及影响因素的实证研究[D]．山东：山东理工大学，2012

[10]赵玉焕，刘月．基于投入产出法的中国出口产品隐含碳测算[J]．中国人口·资源与环境，2011，21(12)：8～14

[11]郭明辉，关鑫，李坚．中国木质林产品的碳储存与碳排放[J]．中国人口·资源与环境，2010，20(5)：19～21

[12]杨惠．中国木质林产品的碳量变化及其贸易影响研究[D]．江苏：南京林业大学，2012

[13]白伟荣．木制家具碳排放特征及碳减排策略研究[D]．北京：北京林业大学，2013

[14]魏本勇，方修琦，王媛．基于投入产出分析的中国国际贸易碳排放研究[J]．北京师范大学学报，2009，45(4)：413～419

林业贸易与产业竞争

基于EMD的进口原木价格波动分析及预测研究

陈文汇 李德杰 刘俊昌
（北京林业大学经济管理学院，北京，100083）

摘要：经验模态分解(EMD)是一种新的处理非线性、非平稳数据的信号处理方法。通过运用EMD方法对我国进口原木价格进行分解，得到具有不同特征尺度的5个本征模函数和1个剩余趋势项。每一个本征模函数代表着一个波动周期，其中波动周期以11个月和21个月为主。剩余趋势项呈下降趋势，但是下降幅度较小，表明未来一段时间我国进口原木价格将基本保持平稳状态。在此基础上进一步建立BP神经网络模型，对比分析基于EMD的BP预测模型和单纯BP预测模型，结果表明前者对进口原木价格预测精度更高，效果更好，有较好的预测推广能力。

关键词：经验模态分解；本征模函数；进口原木价格；BP神经网络；预测

The Fluctuation and Forecast Research of Imported Log Price Based on EMD Method

Chen Wenhui, Li Dejie, Liu Junchang
(School of Economics and Management, Beijing Forestry University, Beijing, 10083)

Abstract: The empirical mode decomposition (EMD) is a new signal processing method to deal with the non-linear and non-stationary data. By using the EMD method, we decompose the imported log prices into 5 intrinsic mode functions with different characteristic scales and 1 residual trend term. Each intrinsic mode function represents a fluctuation cycle and the main cycles are 11 months and 21 months. Residual trend term is on the decline, but the size is small, so the price in the future will remain basically stable state. The article further establish the BP neural network model, and comparative analysis the BP forecasting model based on EMD and the simple BP prediction model. The result shows that the former is better to forecast the imported log price.

Keywords: empirical mode decomposition; intrinsic mode function; imported log price; BP neural network; forecast

一、引 言

我国属于森林资源相对贫乏的国家之一。第七次全国森林资源普查(2004～2008)数据显示，我国森林面积19 545.22万公顷，列世界第5位，但人均森林面积0.145公顷，不足世界人均占有量的1/4。我国森林覆盖率20.36%，只有全球平均水平的2/3，排在世界第139位。森林蓄积137.21亿立方米，列世界第6位，人均森林蓄积10.151立方米，只有世界人均占有量的1/7。虽然我国森林资源总量较大，但是人均森林资源占有率相对较低。

随着经济的持续快速发展，我国对木材的需求不断增加，虽然国内木材供应量也逐年增加，但仍然不能满足国内需求，每年从国外进口的木材总量屡创新高。2002年我国进口原木2 433万立方米，2011年我国进口原木为4 233万立方米，几乎达到2002年的两倍。此外，我国木材贸易只依赖少数几个国家，进口市场以美国、加拿大、俄罗斯以及东南亚地区为主。进口木材价格的波动不仅关系到我国国有林场效益及林农的切身利益，而且影响着我国林业经济的发展。因此，研究我国进口木材价格的波动性具有十分重要的现实意义。

基金项目：中央高校基本科研业务费专项资金项目(编号：RW2013－06)；国家林业局局重点项目“典型国有林场森林资源经营管理模式及技术体系”(编号：2012－07)。

第一作者：陈文汇，男，湖北竹溪人，副教授，博士，主要研究方向：资源管理与统计，林业经济。Email：chenwenhui77@163.com；wenhui@bjfu.edu.cn；地址：北京市海淀区清华东路35号北京林业大学39号信箱，100083。

金普春[1,2]于1990年首次介绍了国外木材价格形成机制和木材市场的发展结构。随后国内学者杨方勋、张发河等[3,4]开始讨论我国木材市场价格管理和改革方向等相关问题。张福等[5]将预测问题引入木材价格研究中，讨论了木材价格率预测的步骤以及预测需要注意的一些问题。王怀波等[6]分析了宏观经济环境对木材价格的影响。钟兆全[7]通过对影响南平市木材价格的因素进行分析，认为影响价格的主要因素有亩蓄积、林地利用率、人均林业总产值和当地物价指数。胡国登[8]分析了木材市场价格变化对森林资源资产经营的影响。刘祖军[9]运用三次指数平滑模型和灰色系统理论模型分析了南平市19年小径材杉木木材价格变动趋势并作出预测。陈文汇等[10]通过分析木材市场供求因素，并对蛛网模型进行改进，建立了以木材价格调节为中心的木材供需动态模型。

目前，国内学者已经将经验模态分解方法和BP神经网络模型应用到诸多领域。秦宇[11]利用经验模态分解方法研究分析了上海股票市场价格趋势分解及周期性。王文波等[12]将经验模态分解与神经网络相结合对我国股票市场进行预测，结果具有较高精度。还有不少学者将经验模态分解方法和BP神经网络模型应用到价格理论研究和我国股票市场研究中[13,14]。但是将这两种方法结合起来进行相关研究的不多，特别是运用经验模态分解方法来分析我国进口木材市场波动规律，并基于分解结果建立BP神经网络预测模型的鲜有见到。通过这一研究为我国制定进口原木价格波动的应急管理机制提供借鉴与参考。

二、研究方法

(一)经验模态分解

经验模态分解(Empirical Mode Decomposition，EMD)是由Huang NE等[15]于1998年提出的一种处理非线性、非平稳数据的全新信号分析方法。1999年Huang NE等[16]又对其进行了改进。这种方法依据数据自身的时间尺度特征来进行信号分解，无须事先设定任何基函数。这也是与建立在先验性的谐波基函数上的傅里叶分解和建立在小波基函数上的小波分解最本质的区别。

经验模态分解方法可以将任意信号分解为若干个本征模函数(Intrinsic Modes Function，IMF)和一个剩余趋势项。本征模函数(IMF)必须满足以下两个条件：第一，从全局特性来看，过零点的个数和极值点的个数相等，或至多相差1个；第二，在某一个局部点处，上包络线(由局部极大值点形成)和下包络线(由局部极小值点形成)的均值必须为零。

由于实际分解的信号并不严格满足上述IMF条件，Huang NE等对经验模态分解提出以下假设：第一，任何复杂信号都是由简单的本征模函数组成；第二，各个本征模函数可以是线性的，也可以是非线性、非平稳的，各本征模函数的局部零点数和极值点数相同，并且上下包络关于时间轴局部对称；第三，在任何时候，一个信号都可以包含若干本征模函数，若各模态函数之间相互混叠，就可以形成复合信号。

经验模态分解方法步骤如下：

(1)找出原信号 $x(t)$ 中所有局部极大值并用三次样条函数连接成上包络 $e_{max}(t)$ 。同理，利用三次样条插值函数连接所有局部极小值构成下包络 $e_{min}(t)$ 。上下包络的均值作为原信号的均值包络 $m_1(t)$ ：

$$m_1(t) = \frac{e_{max}(t) + e_{min}(t)}{2} \tag{1}$$

(2)原信号减去均值包络的差值得到 $h_1(t)$ ：

$$h_1(t) = x(t) - m_1(t) \tag{2}$$

(3)如果 $h_1(t)$ 满足IMF的条件，那么 $h_1(t)$ 就是求得的第一个IMF分量；否则将 $h_1(t)$ 作为原始信号重复进行上述的步骤，直到第k次迭代后差值 $h_{1,k}(t)$ 成为一个IMF分量，记为

$$c_1(t) = imf_1(t) = h_{1,k}(t) \tag{3}$$

(4)用原信号减去 $c_1(t)$ ，得到一个去掉高频成分的新信号 $r_1(t)$ ：

$$r_1(t) = x(t) - c_1(t) \tag{4}$$

(5)对 $r_1(t)$ 重复上述过程，得到第二个IMF分量。如此反复进行，直到第 n 阶IMF分量 $c_n(t)$ 或其残余分量 $r_n(t)$ 小于预设值，或当残余分量 $r_n(t)$ 是单调函数或常数时，EMD分解过程终止。原信号最终分解为：

$$x(t) = \sum_{i=1}^{N} c_i(t) + r_N(t)\ ,\ i = 1,2,\cdots,N \tag{5}$$

式中 $r_N(t)$ 为趋势项，代表信号的平均趋势或均值。$x(t)$ 经过EMD分解后得到了 N 个频率由高到低的本征模函数(IMF)。

在实际情况中，上下包络的均值无法为零，通常当满足下面的式子时，就认为包络的均值满足

IMF的均值为零的条件：

$$\frac{\sum\left[h_{1,k-1}(t)-h_{1,k}(t)\right]^2}{\sum\left[h_{1,k-1}(t)\right]^2}\leqslant\varepsilon \qquad (6)$$

式中 ε 称为筛分门限，取值一般在0.2～0.3之间。

（二）BP神经网络

BP神经网络又称为误差反向传播（Back Propagation）神经网络，是一种多层的前向型神经网络。在BP神经网络中，信号是前向传播的，而误差是反向传播的，其中反向传播是指误差的调整过程是从最后的输出层依次向之前各层逐渐进行的。标准的BP神经网络采用梯度下降算法，网络权值沿着性能函数的梯度反向调整。

BP神经网络由输入层、隐层和输出层组成。其中隐层可以是一层，也可以是多层，前层至后层节点通过权值联接。BP神经网络的主要原理是：对于给定的学习样本，使网络的输入等于样本的输入，然后用网络的实际输出和学习样本输出之间的误差来修改权值，使网络的输出与样本的输出尽可能接近，也就是使网络输出层的误差平方和达到最小。

三、进口原木价格分解分析和预测

（一）数据选取及处理

本文选取我国进口原木价格作为研究对象，数据来自于中国海关总署网站（http://www.customs.gov.cn）公布的每月我国进口原木数量及金额（以美元计），两者相除得到进口原木平均价格。时间选取2006年8月到2013年3月，一共80个月。然后根据每月人民币兑美元汇率，将我国进口木材价格数据换算成人民币。最后根据国家统计局公布的每月我国居民消费价格指数，得到消除价格因素影响的我国进口木材价格（见图1）。

从图2可以看出，进口原木价格在2008年7月达到最高值，为1 217.16元/立方米，受国际金融危机影响，2009年4月进口原木价格跌到最低值，为777.54元/立方米，可见进口原木价格波动幅度较大。之后进口原木价格处于上升并且波动状态。进口原木价格描述性统计结果经整理后见表1。

表1 进口原木价格描述统计量

Tab. 1 the description statistics about imported log

	N	最小值	最大值	均值	标准差	偏度	峰度
进口木材价格	80	777.54	1217.16	1015.82	79.49	-0.70	1.32

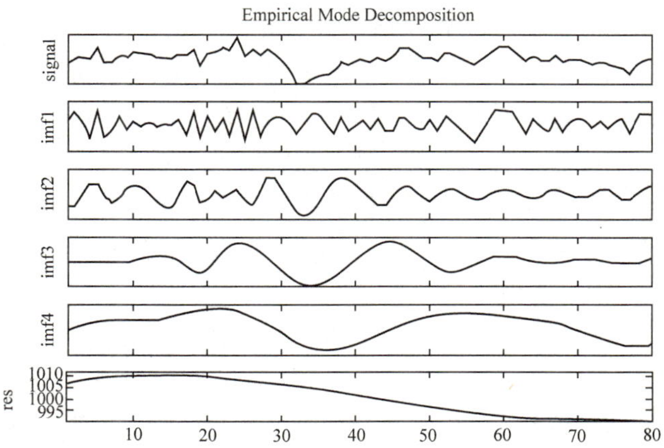

图1 进口原木价格（单位：元/立方米）

Fig. 1 imported log price change figure

（二）经验模态分解模型构建

运用MATLAB8.0软件对我国进口原木价格序列进行经验模态分解，结果如图2所示。从图3可以看出，木材指数序列被分解为4个不同特征尺度的IMF分量和一个剩余分量。各IMF分量按照频率由高到低的顺序排列。不同频率的IMF分量代表了不同因素对进口木材价格的影响：高频IMF分量代表了短期事件的影响；低频IMF分量反映了一段时间内重大事件的影响；剩余分量代表了进口木材价格在排除外界干扰后的长期发展趋势。剩余分量最大值为1011.29，最小值为990.36，仅相差20.93，可见剩余分量波动幅度非常小，尽管剩余分量呈下降趋势，未来一段时间我国进口木材价格将保持稳定状态。

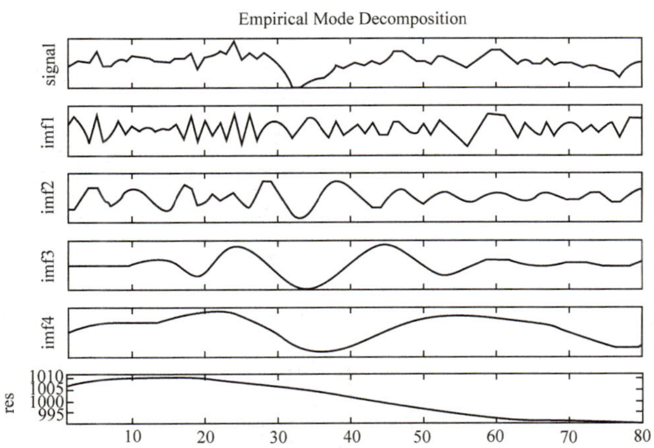

图2 进口木材价格分解

Fig. 2 the empirical mode decomposition figure about imported log price

进口木材价格序列经EMD方法分解后各分量的相关统计量如表2所示。表2中第二列为各IMF分量的平均周期，平均周期代表了每个分量平均的周期长度，反映了每个分量的波动周期性质。IMF1 分量到 IMF4 分量的平均周期分别为 3、6、11 和 21 个月，可以看成季度、半年、一年和两年。IMF1 分量为季度因素对进口木材价格的影响，IMF2 分量为半年因素（如气候和温度变化等）对进口木材价格的影响，IMF3 分量和 IMF4 分量为年度因素（如经济变化等）对进口木材价格的影响。

第三列为各分量与原序列的相关性检验，可以看出只有剩余分量与原序列的相关性不显著，其余各分量均在 1% 的显著性水平上与原序列显著相关。第四列表示各分量的最大振幅，振幅最大的是剩余分量，其振幅高达 1011.29，其余各 IMF 分量振幅均较小。第五列和第六列分别是各分量的方差和方差贡献率，方差贡献率表示各分量的波动率占整体波动率的百分比，用来衡量各分量的重要性。各 IMF 分量中方差贡献率最高的是 IMF4 分量和 IMF3 分量，分别达到 39.24% 和 25.5%，因此可以说明 IMF4 分量和 IMF3 分量为主 IMF 分量，其周期 21 个月和 11 个月分别为进口木材价格波动的主周期。另外 IMF2 分量和 IMF1 分量方差贡献率为 17.28% 和 16.75%，半年和季度波动周期对进口木材价格波动的影响也不容忽视。剩余分量虽然振幅大，但是由于波动较小，方差较低，方差贡献率仅为 1.23%。

表 2　进口原木分解后各分量相关统计

Tab. 2　the statistics of the decomposition variable on imported log price

IMF 分量	平均周期	Pearson 系数	最大振幅	方差	方差贡献率
IMF1	3	0.338**	63.17	862.73	15.75%
IMF2	6	0.447**	81.56	889.87	17.28%
IMF3	11	0.654**	90.38	1313.49	25.5%
IMF4	21	0.694**	77.16	2021.25	39.24%
RES.		0.167	1011.29	63.46	1.23%

注：** 表示 在 0.01 水平（双侧）上显著相关。

（三）基于 EMD 分解结果的 BP 神经网络预测

BP 神经网络预测分为两个部分：第一部分对上述 EMD 方法得到的各 IMF 分量和剩余分量分别建立 BP 神经网络模型，得到其各自的预测值，然后加总得到我国进口原木预测值；第二部分是直接根据进口原木价格序列建立 BP 神经网络模型，得到我国进口原木价格预测值，然后做对比分析。

选取前 75 个数据（2006 年 8 月至 2012 年 10 月）作为训练样本，后 5 个数据（2012 年 11 月至 2013 年 3 月）作为预测样本。由于研究数据较大，需要先对数据进行归一化处理。以连续四年的数据作为输入变量，第五年的数据作为输出变量，用训

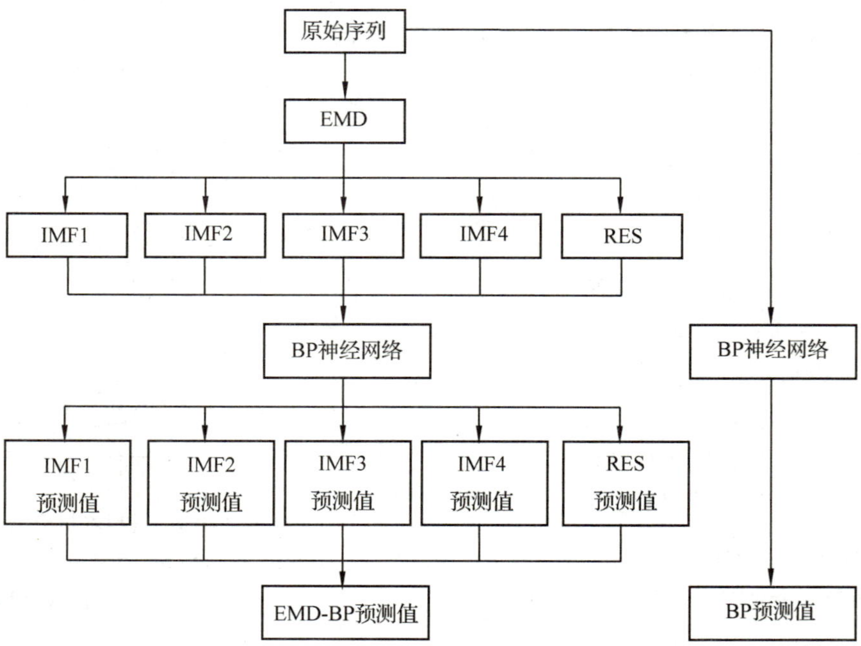

图 3　BP 神经网络预测模型流程

Fig. 3　the course of forecast model based on BP neural network

练样本来训练网络，完成仿真模拟的过程，用预测样本来验证模型的预测能力。

图4为基于EMD的BP神经网络模型与BP神经网络模型对进口原木价格的仿真预测结果。从图中可以看出两种模型对训练样本仿真模拟精度都比较高，但是对于预测样本预测精度稍有偏差，具体见表3。

表3给出了基于EMD的BP神经网络的预测和BP神经网络的预测比较。从表3可以看出，基于EMD的BP神经网络的预测值与实际值拟合较好，误差最小为0.08%，且误差均在5%以下；而BP神经网络的预测误差最小的为1.23%，最大误差达到23.67%。对比可知基于EMD的BP神经网络的预测精度明显高于单纯的BP神经网络的预测精度。

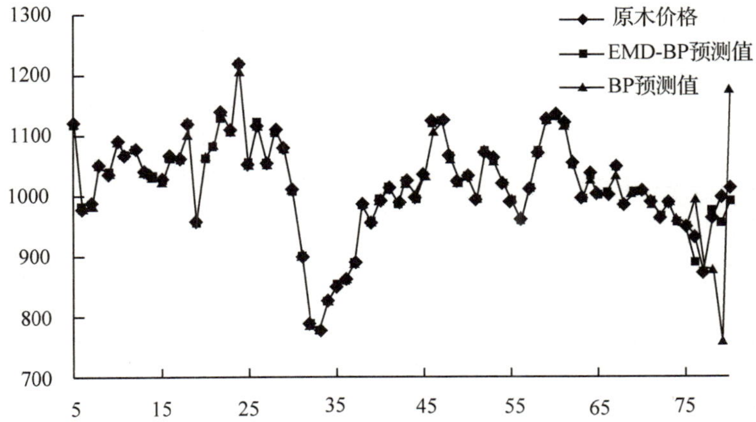

图4　仿真结果比较

Fig. 4　the comparison figure of simulation result about imported log price

表3　基于EMD的BP神经网络与BP神经网络预测误差的比较

Tab. 3　the error comparison figure between the BP neural network by used EMD method and the common BP neural network

时间	原木价格	EMD-BP预测值	误差	误差百分比	BP预测值	误差	误差百分比
2012年11月	930.48	888.74	41.74	4.49%	992.81	62.33	6.70%
2012年12月	871.53	872.21	0.68	0.08%	882.26	10.73	1.23%
2013年1月	961.93	975.28	13.35	1.39%	878.95	82.98	8.63%
2013年2月	995.56	953.23	42.33	4.25%	759.95	235.61	23.67%
2013年3月	1010.54	990.11	20.43	2.02%	1175.71	165.17	16.34%

注：表中误差为相对误差的绝对值。

五、结　论

本文应用经验模态分解方法和BP神经网络模型分析我国进口原木价格数据得到以下结论：

一是运用经验模态分解方法得到具有不同特征尺度的4个本征模函数和1个剩余趋势分量。这些本征模函数波动周期分别为3、6、11和21个月。IMF1分量为季度因素对进口木材价格波动的影响，IMF2分量为半年因素（如气候和温度变化等）对进口木材价格波动的影响，IMF3分量和IMF4分量为年度因素（如经济形势变化等）对进口木材价格的影响。其中IMF3分量和IMF4分量所占方差贡献率最高，进口木材价格波动以11个月和21个月的周期为主。IMF1分量和IMF2分量所占方差贡献率在15%以上，季度因素和半年因素对进口木材价格波动的影响也不容忽视。

二是剩余趋势分量代表了我国进口木材价格长期变化趋势。由剩余趋势分量呈下降趋势，但是下降幅度较小可以看出未来一段时间我国进口木材价格将处于平稳状态。

三是通过对比分析基于EMD分解结果建立的BP神经网络模型和单纯的BP神经网络模型结果，基于EMD的BP神经网络预测误差均在5%以内，最小达到0.08%，可以看出基于EMD的BP神经网络模型具有更高预测精度和更强的推广能力。

参考文献

[1]金普春. 木材价格形成机制和木材市场发展结构(上)[J]. 林业经济，1990(1)：52~55.

[2]金普春. 木材价格形成机制和木材市场发展结构(下)[J]. 林业经济，1990(2)：56~58.

[3]杨方勋，帅宗和. 深化木材价格改革 促进林业生产发展[J]. 中国物价，1990(7)：36~41.

[4]张发河. 当前木材价格管理问题及改革方向初探[J]. 林业经济问题，1991(2)：49~51，36.

[5]张福，侯忠和，金治，等. 木材价格率的预测[J]. 森林工程，1995(1)：31~34.

[6]王怀波，李德润. 浅析宏观经济环境对木材价格的影响[J]. 中国林业企业，2002(4)：22~23.

[7]钟兆全. 影响南平市木材价格主要因子的分析研究[J]. 华东森林经理，2005，03：34~36，39.

[8]胡国登. 木材市场价格变化对森林资源资产经营的影响分析[J]. 中南林业调查规划，2007，26(2)：18~22.

[9]刘祖军. 杉木小径材木材价格趋势分析预测[J]. 林业调查规划，2007，06：33~36.

[10]陈文汇，胡明形，刘俊昌. 中国木材价格波动的动态均衡模型及实证分析[J]. 统计与信息论坛，2010，01：58~62.

[11]秦宇. 应用经验模态分解的上海股票市场价格趋势分解及周期性分析[C]. 第十届中国管理科学学术年会论文集. 2008：219~225.

[12]王文波，费浦生，羿旭明，等. 基于EMD与神经网络的中国股票市场预测[J]. 系统工程理论与实践，2010，30(6)：1027~1033.

[13]杨云飞，鲍玉昆，胡忠义，等. 基于EMD和SVMs的原油价格预测方法[J]. 管理学报，2010，07(12)：1884~1889.

[14]李聪，杨德平，孙海涛，等. 基于EMD与BP神经网络的中国股票指数期货价格预测[J]. 青岛大学学报(自然科学版)，2012，25(2)：73~76，88.

[15]Huang N E, Shen Z, Long S R. The empirical mode decomposition and the Hilbert spectrum for nonlinear and non-stationary time series analysis [J]. Proc of the Royal Society of London, 1998, Vol. 454: 903~995.

[16]Huang N E, Shen Z, Long S R. A New View of Nonlinear Water Waves: The Hilbert Spectrum. Annual Review of Fluid Mechanics, 1999, Vol. 31: 417~457.

欧盟技术贸易壁垒对我国木质家具出口的影响

鲁莎莎　胡　峰　贺　超
（北京林业大学经济管理学院，北京，100083）

摘要：近年来西方发达国家对技术贸易壁垒的设置严重影响了我国林产品的对外贸易。本文运用贸易引力模型研究欧盟技术贸易壁垒对我国木质家具出口创汇的影响。实证分析表明，我国对欧盟木质家具出口额受到技术贸易壁垒、产品价格波动以及我国林产品总体供给能力的综合影响，其中技术贸易壁垒的设置阻碍了我国对欧盟木质家具出口，而价格上升和供给能力的增强促进了出口额的增长。在此基础上，提出中国木质家具贸易应对技术贸易壁垒的战略措施，为林产品出口贸易发展提供科学依据。

关键词：木质家具；技术贸易壁垒；引力模型；应对机制

The impact of the EU's technical barriers on China's wooden furniture exports

Lu Shasha, Hu Feng, He Chao
(School of Economics and Management, Beijing Forestry University, Beijing, 100083)

Abstract: In recent years, the technical trade barriers of the western developed countries seriously affected Chinese forest products trade. This paper takes Chinese wooden furniture exports to EU as the breakthrough point, using the trade gravity model to analyze the impact of technical trade barriers. Empirical analysis shows that there is a comprehensive effect of technical trade barriers, product price volatility as well as Chinese forest products supply capacity on Chinese wooden furniture exports to EU. The technical trade barriers hindered the growth of exports, while the rise in price and supply capacity promotes the increase of trade value. Finally, the paper put forward the strategic measures to deal with technical trade barriers on Chinese wooden furniture export, which may make a reference for the development of export trade of forest products.

Keywords: wooden furniture; technical barriers to trade; gravity model; coping mechanisms

近年来中国已经成为世界主要的木质林产品贸易国。2012 年，我国主要林产品贸易出口 586.9 亿美元，同比增长 6.7%；进口 619.5 亿美元，同比减少 5.1%。出口方面，木质家具仍占据我国林产品出口的首位。2012 年，我国木质家具全年累计出口 2.87 亿件，出口额 183.3 亿美元，出口额同比分别增长 7%。可见，木质家具贸易是林产品贸易中极为重要的部分，深入研究木质家具出口问题有助于了解整个林产品出口行业的情况。

欧盟是我国木质家具出口主要对象之一，近十年来对其出口额总体呈现快速增长趋势，但在我国木质家具贸易规模不断扩大的同时，其出口贸易环境也出现了恶化倾向。在经济全球化水平日益提高的情况下，贸易保护主义的形式也随之变化，其中技术贸易壁垒成为发达国家保护本国产业发展，限制他国出口的有效措施。宋维明和印中华认为伴随着林产品贸易规模的扩大，中国林产品贸易环境面临不断恶化的风险，金融危机、森林认证和雷斯法案构成了中国林产品贸易环境变化的主要因素[1]。丛磊等指出我国林产品出口贸易发展受到绿色贸易壁垒的严重制约，以绿色技术标准、卫生检验检疫制度和各种认证制度为主要形式的绿色贸易壁垒已经成为我国林产品出口的重要障碍[2]。张英豪等指出美国对我国木质家具的反倾销、美国的雷斯法案、美国加州的 CARB 法规、欧盟的《木材及木制品规例》和《新环保设计指令议案》成为广东木质家具出

基金项目：教育部农林经济管理特色专业建设点项目（TS2064）。
作者简介：鲁莎莎，博士，讲师，主要从事区域农业与农村发展、农林经济管理研究。电话：（010）62337196，E-mail：sasafly0505@163.com，地址：北京林业大学经济管理学院，100083。
通讯作者：贺超，博士，副教授，主要从事农林经济管理研究。E-mail：hechao@bjfu.edu.cn，地址：北京林业大学经济管理学院，100083。

口所面临的贸易壁垒[3]。印中华等认为短期内，木材法案的实施会造成市场准入障碍、影响国际林产品出口贸易，但长期看，木材法案可促进世界森林资源保护和推动全球生态环境改善、提高合法木材的国际竞争力，并优化木材产品国际贸易条件[4]。

本文在研究我国对欧盟木质家具出口现状的基础上进行实证分析，运用贸易引力模型具体探讨欧盟技术贸易壁垒的设置对其出口创汇的影响，进而提出我国木质家具贸易应对技术贸易壁垒的战略措施。不同于传统引力模型用贸易双边国家的GDP数据进行研究的方式，本文认为一国的GDP是国家总需求与总供给能力的综合反应，在占经济总量比重较小的产品的影响分析中并没有很好的解释能力。因此，本文尝试用贸易双边的单一产品市场规模代替贸易双边国家的GDP来研究木质家具的出口影响因素，即用中国、欧盟的各自木质家具进出口额作为相关影响因素进行研究，有助于将引力模型的形式更好地与林产品出口实际情况相结合，深入探讨不同因素对出口额的影响。

一、我国对欧盟木质家具出口现状与欧盟技术壁垒

(一)我国对欧盟木质家具出口现状

欧盟是我国木质家具出口主要对象之一。2010年我国木质家具对欧盟出口额为30.0亿美元，占我国对外出口木质家具总额的18.58%，且增长迅速。由表1给出的2001～2010年中国与欧盟木质家具贸易规模的数据可以看出，一方面我国木质家具对欧出口额呈明显上升趋势，其年均增长速度为37%；另一方面我国木质家具对欧出口额占木质家具出口总额的比值也在稳步增加，2010年我国木质家具对欧出口额为30.02亿美元，占中国木质家具出口总额的18.58%，欧盟市场对我国木质家具出口的重要性可见一斑。

在产品价格方面，2001～2010年我国对欧出口木质家具总额增长了近4倍，但2010年木质家具的出口单价甚至不及2001进口产品价格的2/3。这表明我国木质家具档次仍旧较低，多以来料加工贸易为主，产品附加值有待进一步提高[5]。

表1 2001～2010年中欧木质家具贸易情况

Tab. 1 The trade situation of wooden furniture between China and EU

年份	对欧出口额（千美元）	占总体比重（%）	对欧出口量（件）	出口单价（美元/件）	对欧进口额（千美元）	占总体比重（%）	对欧进口量（件）	进口单价（美元/件）
2001	173540.13	9.37	15785687	10.99	18556.6	64.96	270777	68.53
2002	249731.58	9.23	15941954	15.67	22703.7	58.78	254671	89.15
2003	394771.54	10.34	21048938	18.75	36433.1	60.06	393828	92.51
2004	669678.9	12.81	29409126	22.77	50580.4	69.57	525068	96.33
2005	987112.68	14.42	37072432	26.63	61554.2	70.58	550855	111.74
2006	1398418.3	15.92	45955183	30.43	77654.2	66.04	664125	116.93
2007	2086119.0	19.53	62492840	33.38	149152.1	67.68	1709245	87.26
2008	2348853.6	21.32	64313068	36.52	212303.9	68.06	2214652	95.86
2009	2385324.9	19.82	59053194	40.39	196375.5	65.97	2188765	89.72
2010	3002103.2	18.58	72762702	41.26	228343.2	58.9	2670991	85.48

注：数据来源2001～2010中国海关统计年鉴，中国海关统计总署发布于2002～2011。

(二)欧盟技术壁垒

欧盟技术贸易壁垒是在欧盟成员国内以技术法规、协议、标准和认证体系等形式出现，涉及的内容广泛，涵盖检疫、安全、卫生、环保、技术、产品质量和认证等诸多技术性指标体系，在国际贸易当中具体呈现为灵活多变、名目繁多的规定。由于其隐蔽性强、透明度低、监督预测困难等特点，已成为限制我国木质家具贸易发展的主要障碍之一。

欧盟尽职调查法案、安全性能、有害物质的含量、防火性能的要求和绿色壁垒等技术贸易壁垒都限制了中国木质家具对欧贸易（表 2）。

表 2　欧盟涉及我国木质家具的技术贸易壁垒条款
Tab. 2　The technical trade barriers of EU on China's wooden furniture exports

启动时间	技术贸易壁垒类型	涉及的相关产品
2002 年 1 月 15 号	欧盟一般产品安全指令	木质家具
2004 年 4 月 1 日	欧盟安全认证标志	人造板
2007 年 6 月 1 日	欧盟化学品注册、评估、许可和限制法规	木质家具
2009 年 4 月 1 日	欧盟木材及木质品规例和新环保设计指令议案	木质家具
2009 年 11 月 30 日	欧盟生态标签标准	所有林产品
2013 年 3 月 3 日	欧盟尽职调查法案	所有林产品

欧盟苛刻的林产品技术标准是顺应公众绿色环保的消费潮流对其公共采购政策进行调整的结果，但无疑这些标准的相继出台增加了林产品流通过程中的检测、评估和技术鉴定费用，其繁杂的手续和各种费用也大大削弱中国木质家具产品出口的成本优势。比如，受欧盟对家具进口实施技术壁垒的影响，我国家具对欧出口规模在 2008 年 12 月至 2009 年 2 月急剧萎缩，贸易额不足 10 亿美元，下降了 7.9%；2 月出口总值仅 11.9 亿美元，同比下降 28%，环比下降 51.2%，为 2006 年 3 月份以来月度新低[6]。虽然有同期金融危机下带来的需求冲击，但究其主要原因还是欧盟实施 REACH 法规的影响，以及欧洲越来越多的国家开始对我国木材产品提出森林认证（FSC）要求[7]。这些贸易保护政策的出台提高了我国木质家具对欧出口的门槛，给我国木质家具出口行业带来了严峻的考验。受其影响我国中小企业破产比重增加，出口产品结构转变，出口产品转入环境要求较低的国际市场或转为内销，成本上升，出口竞争力下降，利润空间缩小。

值得注意的是，从 2001 ~ 2010 年中国对欧盟的木质家具状况来看，尽管欧盟逐年出台针对我国木质家具的技术贸易壁垒，但出口额却呈现逐年增长的趋势（表 1 和表 2）。这表明虽然欧盟政府层面出台的技术贸易壁垒对我国出口具有负面影响，但在欧盟不断扩大的需求冲击和我国出口企业不断增强的供给冲击共同作用下，同时受汇率变化的影响，我国对欧盟木质家具出口额总体呈现不减反增的态势。

（三）欧盟技术壁垒的作用机制

中欧木质家具的双向贸易是建立在双方比较优势的基础上的：欧盟作为发达经济体拥有先进的技术和生产工艺，其对华出口产品主要以高价高质为特点，抢占了我国的中高端家具市场；中国作为发展中国家，缺乏先进的技术，但是依托廉价的劳动力资源和丰富的自然资源，以低价换取高销售量，在欧盟的中低端消费市场占据了一席之地。这种双边贸易实际上是一种互补贸易，贸易双边都共同分享了分工交换的收益，形成了一种静态均衡。而技术贸易壁垒的提出实际上是对这种均衡的冲击，欧盟通过制定壁垒条款，形成一种类似“质量准入”机制，强制规定对其出口的国家的产品生产技术和安全标准必须以欧盟现况为标准，这实际上是要求技术落后的经济体必须达到发达国家的水平。在这一过程中技术落后方为了继续出口，必须引入新技术、改变生产线、同时调整原先的资本与劳动力投入配置，其结果就是生产模式也与发达经济体趋同，而放弃原有的竞争优势，原有的互补经济的模式被打破，贸易的收益被发达国家独占。

二、欧盟技术贸易壁垒对我国木质家具出口的实证分析

（一）模型的理论依据

引力模型的思想和概念源自物理学中牛顿提出的万有引力定律：两物体之间的相互引力与两个物体的质量大小成正比，与两物体之间的距离成反比。早在 20 世纪 50 年代初，Isard 发现地理位置上越相近的国家之间贸易流动规模越大的规律[8]。而最早将引力模型用于研究国际贸易的 Tinbergen 和 Poyhonen，他们使用引力模型研究分析了双边贸易流量，并得出了相同的结果：两国双边贸易规模与他们的经济总量成正比，与两国之间的距离成反比[9,10]。最终推导出的贸易引力模型的基本形式为：

$$\ln F_{ij} = R_i + \alpha \ln M_i + \beta \ln M_j - \theta \ln D_{ij} + \varepsilon_{ij}$$

它代表的含义是，中国与欧盟的贸易量是在两个相对的力量“吸引力”和“排斥力”合力作用下确定的。“吸引力”是指贸易双方的经济总量，通常用总产出（GDP、GNP）、人口或是人均总产出等来描述。其中，出口国的经济总量反映了潜在的供给能力，

进口国的经济总量反映了潜在的需求能力。而“排斥力”代表贸易成本，在早期研究中用两个经济体之间的地理距离来描述。因此，模型中两国双边贸易流量规模与两国经济总量成正比，与空间距离成反比。

由于引力模型所需要的数据具有易获得、可信度高、公认性强等特点，贸易引力模型的应用逐渐广泛，成为研究国际贸易关系的有力实证工具。在后续的贸易引力模型扩展中，研究者依据各自研究的重点设置不同的解释变量，来分析这些因素的影响方向和影响大小，并对贸易潜力进行测算。

(二)模型的建立

本文以中国、欧盟为主要考察对象，选取中国对欧盟木质家具出口额作为因变量(Y_{ijt})，选取中国的木质家具出口额(X_{jt})与欧盟的木质家具进口额(X_{it})作为相关影响因素。2002 年欧盟针对木质家具进口颁布《欧盟一般产品安全指令》，大大提高了欧盟对进口入境的木质家具的卫生安全的要求标准，对我国木质产品出口产业造成巨大冲击。而 2007 年的欧盟《化学品注册、评估、许可和限制法规》虽涉及到木质家具，但主要限制对象为纺织品及服装产业，并且该法规从 2007 年 6 月 1 日正式生效到所有化学物质注册完毕仍有 11 年的时间，因此对我国木质家具对欧出口影响并不显著。此后在 2009 年欧盟出台的《欧盟木材及木质品规例和新环保设计指令议案》提高了对我国出口欧盟木质家具安全环保的要求，成为又一巨大阻碍。以此为基础设置两个虚拟变量 DV_1、DV_2，采用虚拟变量的研究方法来表示相关法规的实施，探究欧盟技术贸易壁垒对我国木质家具出口的影响。具体贸易引力模型为：

$$\ln Y_{ijt} = a_0 + b_0 \ln(X_{jt}) + b_1 \ln(X_{it}) - b_2 DV_1 + b_3 \ln P + b_4 DV_2$$

表 3 列出了该贸易引力模型中各变量的含义及其理论说明。

表 3 贸易引力模型中各变量的内涵

Tab. 3 The the oretical explanation of the variables in Gravity Model of international trade

变量	含义	符号	理论说明
Y_{ijt}	各年份中国对欧盟出口木质家具的贸易额		
X_{jt}	中国各年份木质家具出口总额	+	代表出口国中国的经济发展水平及对产品出口的供给能力
X_{it}	欧盟各年份木质家具进口总额	+	代表进口国欧盟的经济发展水平及对产品进口的需求能力
DV_1	采取虚拟变量，衡量 2002 年《欧盟一般产品安全指令》的颁布情况	–	严格繁琐的卫生安全指标形成技术贸易壁垒，对贸易造成负面影响
DV_2	采取虚拟变量，衡量 2009 年《欧盟木材及木质品规例和新环保设计指令议案》的颁布情况	–	环保设计标准的提高增加了出口企业的成本，形成技术贸易壁垒，对贸易造成负面影响
P	木质家具的平均出口价格	不确定	

(三)计量的结果与分析

由于受到中国对欧盟出口相关数据年限的限制，本文选取 1998－2010 年欧盟与中国木质家具贸易数据，数据来源于中国海关年鉴及联合国数据库 UN-COMTRADE。计算结果如下：

$$\ln Y_{ijt} = -7.69 + 1.0589\ln(X_{jt}) + 0.1646\ln(X_{it} - 0.2974 DV_1 + 0.5175\ln P - 0.1235 DV_2$$

表 4 列出了贸易引力模型测算结果，回归分析结果表明：

(1)调整后的 R^2 为 0.9989，证明模型的拟合度相当高，其中 t 值显示 $\ln x_{jt}$、DV_1、DV_2、$\ln p$ 在 5% 的显著性水平下通过显著检验，$\ln x_{it}$ 没有完全通过检验。

(2)我国木质家具出口总额(x_{jt})对我国向欧盟出口木质家具的贸易额影响效果显著为正，体现了我国木质家具供给能力与出口欧盟贸易额呈正相关。我国木质家具出口总额每增长 1%，对欧盟木质家具出口额就增长约 1.06%，这说明我国木质家具对欧盟的出口能力和潜力都很大，总体产品供给能力的提升有利我国木质家具出口欧盟贸易额的增长，与上述预期一致。

(3)欧盟木质家具进口总额(x_{it})对我国向欧盟出口木质家具的贸易额影响效果为正，呈正相关关系，平均我国进口额每增长 1%，对欧盟木质家具出口就增长 0.16%。但 $\ln x_{it}$ 的 t 值在 5% 的显著水平下没有通过检验，不完全符合中国木质家具消费市场与欧盟市场同步发展的预期，说明在模型中我国木质家具进口市场的发展程度，并不能较为直接地解释欧盟木质家具进口市场的发展水平，两者可能存在关联，但在现有模型下难以解释，故将其舍弃。

(4)《欧盟一般产品安全指令》以及《欧盟木材及木质品规例和新环保设计指令议案》的出台对我国木质家具出口存在十分明显的负面影响，证明了当欧盟出台新的安全环保标准后形成技术贸易壁垒，最终阻碍了我国木质家具对欧盟的出口。随着欧盟实施对进口木质家具及其原材料更为严格的检测标准后，环境因素成为我国木质家具生产和经营环节中的重要考虑因素，其必然会引起生产成本和出口成本的激增，造成出口量的下降，这也是我国对木质家具出口受到的实质性影响。

(5)在对欧盟木质家具出口的影响因素研究中，价格 p 对我国对欧盟出口额影响效果显著为正。单价 p 每增长 1%，对欧盟木质家具出口额就增长 0.52%，可见提高产品质量的同时提高平均价格有利于出口总额的增长。由于 Y(出口额) $= P \times Q$(出口量)，因此 Y 的百分比变动 $\approx P$ 的百分比变动 $+ Q$ 的百分比变动[11]。由单价 P 每增长 1%，对欧盟木质家具出口额就增长 0.52% 可知，Q 的百分比变动约为 −0.48%。我们引入需求弹性 e 来研究价格变动对出口量、出口总额的影响，由需求的价格弹性 $e_d = -(-0.48\% \div 1\%) = 0.48$ 可知，近十余年间木质家具价格每变动 1%，其出口量就减少 0.48%。当 $e_d < 1$ 时，表明出口量变化对价格欠敏感，为缺乏弹性，对于这类缺乏弹性的产品，提高销售价格会使出口商的销售收入增加。

表 4　贸易引力模型测算结果

Tab. 4　The calculation result of the Gravity Model of international trade

lny	*Coef.*	*Std. Err*	*T*	$P > \mid t \mid$	[95% *Conf. Interval*]
ln$p$	0.5174758	3.30	0.030	0.0827	0.0827531 0.9521986
ln x_{jt}	1.058923	0.0235013	45.06	0.000	0.9936727 1.124173
ln x_{it}	0.1646394	0.0598118	2.75	0.051	−0.0014247 0.3307036
dv_1	−0.2973875	0.0620986	−4.79	0.009	−0.4698008 −0.1249742
dv_2	−0.1235372	0.0422104	−2.93	0.043	−0.2407322 −0.0063423
cons	−7.691914	0.915603	−8.40	0.001	−10.23404 −5.149792

三、中国木质家具产业应对欧盟贸易壁垒的启示与对策

(一)引进先进技术，推动产业升级

由于技术贸易壁垒实质是质量技术准入限制，只有达到发达经济体要求的产品质量和安全的技术标准，才允许进入该国市场[12]。因此，我国木质家具生产企业的主要应对之策就是改进生产技术，提高产品质量和安全。从长远来看这也是促进产业升级的必由之路，相比自主研发的高成本，直接引进

先进技术更为可取，其相对较低的成本和快速投入生产，往往在短期内就可以极大地提高产品国际竞争力。

(二)建立信息收集、预警机制

对出口型企业来说，技术贸易壁垒的负面影响往往不在于长期的成本增加，而是短期内的质量技术准入限制造成的库存堆积。如果在当期生产之前就有准确的信息来源，企业便有足够的时间重新规划生产计划和产品路线，避免突然的打击，有效地规避风险。因此，在国家层面上建立起相关信息收集及预警机制是十分必要的。国家林业局和海关、外贸部门应承担起为木质家具出口产业收集信息，提供风险预测与评估的职能。

(三)由价格导向性出口转向市场导向型出口

从研究结果可以看出《欧盟一般产品安全指令》以及《欧盟木材及木制品规例和新环保设计指令议案》的出台对我国木质家具出口起负向作用，表明欧盟技术贸易壁垒阻碍了我国木质家具对欧盟的出口。随着地区经济的发展，欧盟成员国内民众的收入水平显著提高，高收入代表了更高的消费水平，绿色环保也随之成为一个主要的消费诉求。当多数消费者的偏好由低价转变为安全环保时，这种诉求在国家层面上就表现为技术贸易壁垒的设立。而我国林产品出口一贯以价格为导向、注重产品的短期销量的出口策略，难以迎合消费者对品质的追求，必将在竞争中处于相对劣势的地位。因此，我国的木质家具生产应以消费者的需求为导向，打破以低价为核心竞争力的思维，减少低端同质化产品的生产，努力使出口产品符合不断变化的市场需求。

参考文献

[1]宋维明，印中华．应对国际林产品贸易面临的新挑战[J]．世界林业研究，2010，23(5)：1~5.

[2]丛磊，李洋，朱江梅．中国林产品出口面临的绿色贸易壁垒[J]．东北林业大学学报，2013，41(7)：145~150.

[3]张英豪，程宝栋，赵桂梅．木质家具出口贸易现状、问题及对策分析——以广东省为例[J]．林业经济，2011，(11)：54~56.

[4]印中华，李剑泉，田禾，等．欧盟木材法案对林产品国际贸易的影响及中国应对策略[J]．农业现代化研究，2011，32(5)：537~541.

[5]彭越，田明华，王晓雪．欧盟尽职调查法案对我国木质家具贸易的影响及对策分析[J]．林产工业，2012，39(5)：12~16.

[6]联合国 COMTRADE 统计数据库，http：//unstats.un.orglunsdl comtrade/.

[7]战立强．FSC认证对我国林产品出口的影响与对策[J]．中国林业企业，2004(3)：25~27.

[8]IsardW. Location and Space-economy[M]. Cambridge：Technology Press of Massachusetts Institute of Technology and Wiley，1959.

[9]Tinbergen J. Shaping the World Economy：Suggestion for an International EconomicPolicy [M]. NewYork：Twentieth Century Furd，1962.

[10]Poyhonen P A. Tentative Model For the Flows of Trade Between Countries[J]. Economics and Finance archive，1963，90(1)：93~99.

[11]格里高利·曼昆．宏观经济学[M]．第七版．北京：中国人民大学出版社，2011：23~24.

[12]于波涛，杜宇霞．中国木质林产品出口贸易中的环境问题及对策分析[J]．林业经济问题，2013，33(1)：40~44.

中国木材进口风险分析与评价

程宝栋　刁　钢
（北京林业大学经济管理学院，北京，100083）

摘要： 随着中国经济和社会的快速发展，木材需求迅速增长。在国内木材供给有限的条件下，木材进口依存度不断提高，木材进口风险不断上升。本文在HHI和S-W指数的基础上，构建了木材进口风险指数。该指数涉及到中国木材进口来源国的风险状况、来源国的差异程度和资源可持续风险。分析结果说明，尽管2006年后中国木材来源国的集中度不断降低，但木材进口的总体风险却不断增加。

关键词： 木材进口；市场集中度；国家风险；系统风险；资源风险

Analysis and Evaluation on China's Timber Import Risk

Cheng Baodong, Diao Gang
(College of Economics and Management, Beijing Forestry University, Beijing, 100083)

Abstract: with rapid development of Chinese economy and society, timber demand grows fast. Due to the limitation of domestic supply, foreign reliance extent of timber import gradually rises and timber import risk gradually goes up correspondingly. Based on the index of HHI and S-W, this paper formulates the index of timber import risk. This index includes risk status, difference extent and resource sustainability of China's timber import sourcing countries. The analysis result shows that China's total risk of timber import gradually has been rising since 2006 although concentration extent of China's timber sourcing countries declined at the same period.

Keyword: Timber import; Market concentration; Country risk; Systematic risk; Resource risk

一、问题的提出

木材作为传统四大原材料之一，广泛应用于工业生产和国民生活之中，是保障国民经济发展的重要战略资源，木材能否充足供应对于经济和社会发展具有重要意义。同时，木材是一种生态、绿色、低碳型材料，在人们热爱自然、亲近自然、回归自然、崇尚绿色的新趋势下，木材呈现出了其它材料无法比拟的市场空间和独特优势。随着中国经济的快速发展，对木材需求呈现出逐年递增的态势。而反观木材供给，中国是一个森林资源稀缺型国家。据全国第七次森林资源清查显示，中国森林覆盖率只有全球平均水平的2/3，排在世界第139位；人均森林面积0.145公顷，不足世界人均占有量的1/4；人均森林蓄积10.15立方米，只有世界人均占有量的1/7[1]。从森林资源林龄结构来看，中国森林资源主要以中幼林为主；从森林资源材种来看，小径材多、大径材少；针叶材多、阔叶少；低质材多、珍贵材少。在中国木材供给能力有限的条件下，面对木材需求的刚性增长，中国木材供需矛盾日益突出。据国家林业局预测，“十二五”期间，中国商品木材的总需求量将达到3.5亿立方米，而国内商品材供应仅能维持2亿立方米左右，商品材供需缺口约为1.5亿立方米[1]。在国内木材供不应求的情况下，木材进口成为缓解中国木材供需矛盾的重要途径。2000年以来，在木材进口零关税的政策激励下，中国木材进口量呈现在快速增长的态势，进口木材占据中国木材总供给的比重逐渐升高，2002－2010年间，进口木材占中国木材总供给的35.1%～51.5%[2]。中国木材进口的快速扩张，引起了国际社会的强烈反映，一方面，部分国际组织纷纷作出了“中国木材黑洞说”、“中国输出生态危机”等不合

基金项目：国家自然科学基金（青年项目）“基于CAS与SD交互模型的中国木材供需预测研究”（编号：71203011）。

第一作者：程宝栋，男，山东泰安人，北京林业大学经济管理学院副教授、国贸系主任，主要研究方向：林产品市场与贸易。E-mail：baodongcheng@163.com，通讯地址：北京林业大学57号信箱，100083。

通讯作者：刁钢，男，河北沧州人，在读博士，主要研究方向：林产品市场与贸易；E-mail：diaogang82@sina.com。

理论断，将木材进口问题政治化；另一方面，出于保护环境和发展本国木材产业的考虑，部分森林资源丰裕型国家开始纷纷采取措施，限制木材出口。随着世界经济进入后金融危机时代，全球经济和贸易增速下滑，全球贸易保护主义将出现上升的趋势。在国际贸易保护主义不断增强的大背景下，可以预计，国际木材贸易保护将会面临进一步升级的压力。在这种趋势下，中国木材进口面临着很大的不确定性因素。基于此，研究木材进口风险问题，探索降低木材进口风险的途径，对于促进中国木材可持续进口，保障中国木材安全，具有重要的理论与现实意义。

目前，国内关于木材进口的研究，主要集中在木材进口的国内影响因素[3]、木材进口结构[4]、木材进口的合法性要求[5]、国际木材非法采伐[6]等方面，并未涉及到木材进口风险的研究，特别是定量研究。在关于进口风险研究方面，多采用简单指数的方法，如采用来源于垄断理论的 Herfindahl-Hirschman 指数(HHI)和来自生态学的 Shannon-Wiener 指数(S-W)来衡量原材料进口的风险。这类研究主要有：Neff(1997)研究了亚太地区的能源供给[7]，吴刚在2006年研究了中国的石油进口安全[8]，Hirschhausen 和 Neumann 在多样性指数基础上加入了长期的地区稳定和产能水平[9]，Sun Xiaolei 和 Tang Ling 在已有研究的基础上进一步加入了国家风险和系统风险[10]，Coq 和 Paltseva 在2009年构造了一个更复杂的欧洲能源进口安全指数[11]。

木材进口风险是指潜在的不确定因素对木材进口的影响。木材进口的不确定因素主要包括，进口来源国的政治、经济、贸易、森林资源和木材生产能力等。已有石油供给风险的研究大多基于 HHI 或 S-W 指数，如 Neff、Hirschhausen 和 Neumann、Coq 和 Paltseva 等石油供给安全的研究。这些研究在 HHI 或 S-W 指数的基础加入了国家政治风险因素、石油资源存储量与产量比、贸易因素，并且这些因素采用与多样性指数相乘的方式引入复杂指数中。建立在多样性指数基础上的复杂指数可以分析进口风险的整体分析变化，帮助决策者分析风险的来源及构成，是政策制定的重要依据。本文的木材进口风险指数与石油安全指数具有相同的形式，都是在多样性指数基础上构建的复杂指数。木材供给安全指数不仅考虑了政治、经济、贸易等风险的等基本的风险因素，还考虑了森林资源等长期因素。本文主要包括两个部分，第一部分根据木材进口的特构造中国木材进口风险指数，第二部分对中国木材的进口风险进行定量评价，并分析导致风险变化的因素。

二、中国木材进口风险指数的构造

(一) *HHI* 与 *S-W* 指数

HHI 指数和 *S-W* 指数是两种广泛用于测量进口多元化的指标。*HHI* 指数是一种测量市场集中度的综合指数[12]。在进口多样性的研究中，*HHI* 指数等于进口来源国的进口量与总进口量的比值平方和（见公式1），一般在计算中进口量较小的国家可以忽略。较大的 *HHI* 指数说明该种商品的进口国比较单一、集中程度较高。*S-W* 指数也是一种测量集中程度的指数，多用于研究物种多样性[13]。*S-W* 指数的区间为[0，2]，该指数越小说明该种商品进口来源越集中。方程1和2分别为 *HHI* 指数与 *S-W* 指数的计算公式，其中 x_i 为某种商品从 i 国的进口量，x 为总进口量。

$$HHI\text{ 指数：}\quad HHI = \sum_{i=1}^{n}\left(\frac{x_i}{x}\right)^2 \tag{1}$$

$$S\text{-}W\text{ 指数：}\quad SW = -\sum_{i=1}^{n} x_i \cdot \ln x_i \tag{2}$$

(二) 中国木材进口风险指数

对于中国木材进口风险状况，需要从多个角度去衡量，而不仅仅是进口集中度。木材进口受到诸多风险的影响，较为重要的风险因素有国家风险、进口国家集中程度、森林资源、市场价格、地理因素、森林保护政策等因素。本文的指数主要分析木材进口的国家风险、资源风险和系统风险。国家风险是一种客观存在的长期风险，木材来源国的政治、经济、社会等状况将直接影响到木材进口的稳定性。同时，出口国森林资源的可持续性关系到木材长期进口的稳定性。

木材来源国的国家风险直接影响中国木材进口风险，如果进口来源国的国家风险越大，则木材进口的总风险将增加。并且，这种影响随着该木材来源国在中国木材进口总量的比例和出口中国木材数量与该国总出口量比例的增加而增加。R^c 为中国木材进口的国家总风险，r_i 为木材出口国 i 的国家风险水平，s_i 是中国从国家 i 进口木材数量与进口总量的比，p_i 为国家 i 出口到中国的木材数量占与该国木材出口总量的比例。

木材进口国家风险：

$$R^c = \sum_{i=1} s_i \cdot r_i \cdot p_i \tag{3}$$

我们的指数还包含了中国进口木材来源国的差异性分析，即系统风险。如果木材进口来源国在政治、经济、社会等方面较为相似，导致进口国所面临的同质性风险增加。模型利用政府稳定状况、社会经济状况、投资情况、国家民主程度和官僚程度，共5个指标来衡量国家间的差异程度。方程4用欧氏距离描述了两个国家间差异程度，如果两个国家差异程度越大，d_{ij}就越小。方程中的y_i是由政府稳定状况、社会经济状况、投资情况、国家民主程度和官僚程度组成的5维列向量。方程5中的u_i是进口来源国i与其它进口来源国的总差异程度。中国木材进口的总系统风险见方程6。

木材进口来源国i与j的差异性：

$$d_{ij} = \frac{1}{\sqrt{\sum_{k=1} (y_{ik} - y_{jk})^2}} \tag{4}$$

木材进口来源国与其他来源国的总体差异性：

$$u_i = \sum_{j \neq i} d_{ij} \tag{5}$$

木材进口的系统风险：

$$R^s = \sum_{i=1} s_i \cdot u_i \cdot p_i \tag{6}$$

森林资源是一种可再生资源，木材进口的风险除了国家风险和国家间的差异度外，森林资源的可持续性直接影响到中国木材进口的安全。木材供给的资源风险用原木的总产量和森林蓄积量的比来衡量(见方程7)，其中f_i是中国木材进口量与出口国森林蓄积总量的比。木材进口的国家风险、系统风险和资源可持续风险的和构成了木材进口的总体风险(见方程8)。

木材进口资源风险：

$$R^f = \sum_{i=1} s_i \cdot f_i \tag{7}$$

中国木材进口风险：

$$R = \underbrace{\sum_{i=1} s_i \cdot r_i \cdot p_i}_{\text{国家风险}} + \underbrace{\sum_{i=1} s_i \cdot u_i \cdot p_i}_{\text{系统风险}} + \underbrace{\sum_{i=1} s_i \cdot f_i}_{\text{资源可持续风险}} \tag{8}$$

(三)数据说明

木材进口风险指数的计算利用了2000~2010年*HS*编码为4403的中国木材进口量和进口来源国木材出口总量数据，该数据来源于联合国商品贸易数据库(2012)。图1描述了主要国家向中国出口原木的数量，从图中可以发现俄罗斯出口木材的数量呈现下降的趋势，而其他国家向中国出口木材的数量呈上升趋势。主要国家向中国出口木材数量的变化趋势说明，中国向各个国家进口木材的数量更加均匀，进口的集中度下降。

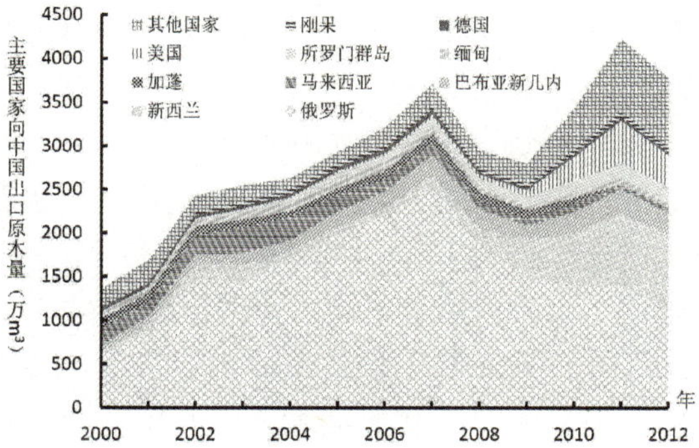

图1　主要国家向中国出口原木的数量

Fig. 1　the number of logs exported from major countries to China

国内外有许多风险评级机构对主权国家的风险进行评价，这些评价结果为跨国投资提供了依据。其中，知名度较高的有Standard & Poor、Moody和美国*PRS*集团下的国际风险指标数据(*ICRG*)。在我们的研究中，将利用*ICRG*指数作为计算中国木材进口风险的基础。*ICRG*指数涵括150多个国家20年的风险状况，既包括国家的整体风险，又包含国家的政治、经济、社会等风险要素。进口来源国原木产量源自联合国粮农组织林业数据库。森林蓄积量通过《世界森林状况》中的森林面积与单位面积蓄积量计算得出的。

表1　中国主要木材进口来源国

Tab. 1　Main source import countries of China's timber

	极低风险	低风险	中等风险	高风险
非洲		加蓬[a] 南非[a]	喀麦隆[a] 马达加斯加 莫桑比克[a] 坦桑尼亚 刚果[a]	几内亚 利比里亚 多哥
欧洲	比利时 丹麦 德国[a] 荷兰[a]	法国[a] 俄罗斯[a,b] 斯洛伐克[a]	罗马尼亚	
亚洲		马来西亚[a,b]	印度尼西亚[a,b] 越南[b]	朝鲜[b] 缅甸[a,b]
美洲	加拿大[a]	美国[a]	圭亚那	
大洋洲	澳大利亚[a]	新西兰[a]	巴布亚新几内亚[a]	

注：a：世界木材出口量前50名的国家；b：与中国接壤的国家。

本研究选取了2000~2010年，每年向中国出口木材量排名前20的国家作为指数计算的样本。因为ICRG指数没有统计赤道几内亚、所罗门群岛、老挝、中非共和国、圭亚那和柬埔寨，所以总共包括29个国家(见表1)。从表1可以发发现，我国每年进口木材的来源国主要集中在29个国家，这些国家对中国的木材出口总量平均占中国进口量的90%以上。从区域特征来看，我国木材进口来源国以非洲和欧洲最多，大洋洲和美洲最少，其中有6个国家与我国在陆上或海上接壤；从风险特征来看，具有中高风险的国家约占一半以上；从出口国的木材出口量来看，我国从世界木材出口排名前50名的国家中的17个国家进口木材，并且木材出口前十名的国家都是我国主要木材进口来源国。

三、中国木材进口风险评价

通过计算中国木材进口的*HHI*与*S-W*指数，分析中国木材进口的集中度。这两个指数的计算结果表明(如图2所示)，在2000年至2010年，中国木材进口集中度经历了一次先上升后下降的波动过程。在2005年，中国木材进口来源国的集中程度达到最高，而且呈现出下降的特点，但这并不说明中国木材进口风险的降低。*HHI*和*S-W*指数只反映了木材来源的多样性，多样性与风险降低并不等价。2005年后，*HHI*和*S-W*指数的下降趋势是由于俄罗斯对原木出口的限制措施引起的，俄罗斯为了发展国内木材加工业不断调高原木的出口关税。最终导致俄罗斯木材出口的减少，迫使中国扩大从其它国家进口原木。

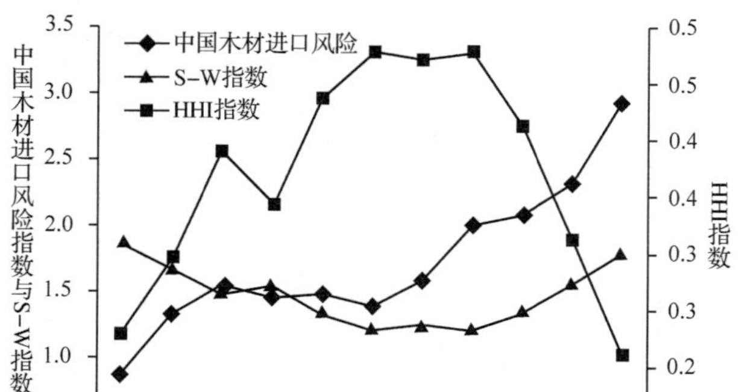

图2 中国木材进口的*HHI*、*S-W*及进口风险指数

Fig. 2 The *HHI*, *SW* and import risk index of China's timber import

*HHI*与*S-W*指数从进口集中度的角度反映了不同木材进口国的差异度，*HHI*指数假设所有的木材出口国具有相同的特征，进口来源的分散化使*HHI*指数下降。然而，木材的进口来源国有不同的政治、经济和社会特点，森林资源的禀赋也不相同。所以，仅仅用反映进口来源集中度指数并不能有效解释这些潜在国家的风险。因此，论文利用中国木材进口风险指数，进一步对中国木材进口风险进行了测算。图2描述了中国木材进口的国家风险、系统风险和资源可持续性风险。由图2可以看出，中国木材进口国家风险呈现出不断上升的态势，特别是2007年以后，这种上升幅度更加扩大。这主要是由于2007年以后，中国最大木材来源国俄罗斯提高了木材出口关税，导致中国转向其它国家进口木材。尽管木材进口来源国的集中度不断降低，但由于中国转向的木材进口国家多属于高风险国家，因此，木材进口来源国的多样性反而增加了中国木材进口的国家风险。

系统风险反映了中国木材进口来源国的差异程度，图3描述的木材进口系统风险也呈现出上升的趋势。中国木材进口来源国主要是一些发展中国家，而这些国家多是高风险国家。即使中国木材进口最大来源国俄罗斯也属于中等风险国家。而木材进口风险较低的国家主要是一些发达国家如加拿大、美国、荷兰、法国、丹麦、新西兰和德国。这些国家风险较低，政治、经济和社会状况比较稳定，木材贸易的风险较小。然而，这些国家劳动力成本较高，注重森林资源的保护和生态价值。发达国家对中国的木材出口总量始终都没有超过中国木材进口总量的10%，所以中国木材更多得依赖于风险较高的发展中国家。这些国家有很多的相似点，如政治法律制度不健全、政府官僚主义盛行、经济发展水平较低。俄罗斯对木材出口的限制导致中国从高风险国家进口更多的木材，导致木材主要来源国差异性降低，这增加了中国木材进口的系统风险。系统风险的增加使得中国在木材进口过程中面临的同质性风险增加，更容易受到木材来源国政治和社会环境变化的影响。

同样由图3可以看出，中国木材进口的资源可持续性风险在不断增加。这主要是由于世界森林面积的持续减少，导致中国木材来源国的森林资源的可持续供给能力下降，从而造成了资源可持续风险的增加。进口来源国森林资源可持续风险的增加，给中国木材进口带来了两方面的不利影响。一方面是木材进口的可持续性降低，另一方面是中国木材进口将面临更大的国际政治压力。

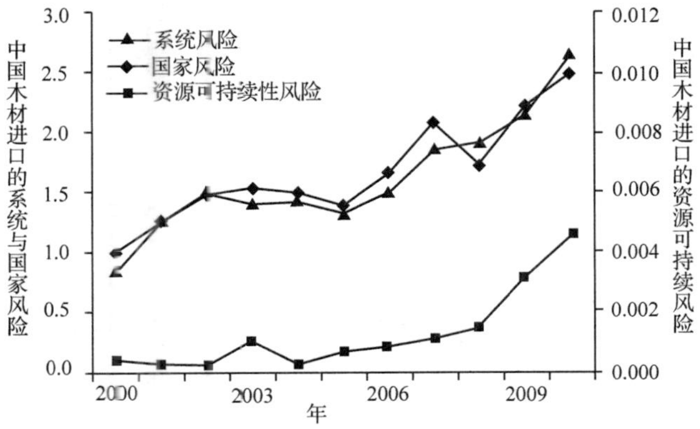

图 3　中国木材进口风险构成

Fig. 3　The constitute of China's timber import risk

四、结论与建议

本文通过集中度指数和木材进口风险指数评价了中国木材进口的风险状况。研究结果说明，简单的集中指数 *HHI* 和 *S-W* 不能有效、全面地识别木材进口的风险。在已有研究的基础上，我们构造了木材风险指数，分别评价了木材来源国的国家风险、国家间的系统风险和森林资源可持续风险。木材进口指数的计算结果说明，虽然中国在木材进口来源呈现出多样化的趋势，但是木材来源国的国家风险、系统风险和资源可持续风险都处于上升趋势。中国木材主要来源国多是风险较高的发展中国家，这引起中国木材进口的国家风险和系统风险的增加。世界森林资源的减少和中国需求的大幅增加导致资源的可持续风险也处于持续上升的状态。

根据木材进口风险评价的结果，通过以下途径可以降低中国木材进口风险。首先，应选择风险小、森林资源丰富且木材价格较低的国家作为木材的来源国，决策者应综合考虑各种风险因素和自身承受能力决定木材进口来源国。其次，政府积极加强与邻国在森林资源开发方面的合作，鼓励企业或个人参与邻国森林资源的开发和利用，积极开展森林可持续开发和利用。在森林资源开发过程中，不仅要开发森林资源，还要保护当地的生态环境。最后，政府应积极鼓励林业企业走出，中国林业企业走出去可以从简单的资源寻求开始，逐步实现产业的纵向一体化。

参考文献

[1] 程宝栋．我国木材安全分析与评价[J]．西北农林科学大学学报(社会科学版)，2011(5)：43～44.

[2] FAO 林业数据库，http：//faostat. fao. org/DesktopDefault. aspx? PageID = 626&lang = en#ancor.

[3] 张蕾，蔡志坚，牛利民．我国木材进口影响因素效应分析[J]．林业经济问题，2011(4)：321～322.

[4] 杨红强，聂影．我国木材供需矛盾与原木进口结构分析[J]．世界农业，2008(8)：53～54.

[5] 曾寅初，曾伟，秦光远．木材合法性贸易要求对我国木业企业的影响——基于江苏、浙江和山东木业企业的调查分析[J]．林业经济，2012(5)：39～40.

[6] 孙久灵，陆文明．国际木材非法采伐与相关贸易问题研究[J]．林业经济，2009(6)：76～77.

[7] Neff T. L., Improving energy security in Pacific Asia：Diversification and risk reduction for fossil and nuclear fuels [R]. The Pacific Asia regional energy security, 1997：32.

[8] 吴刚．石油安全的若干管理科学模型[D]．中国科学技术大学博士论文，2006：28.

[9] Jansen J. C., Arkel W. G., Boots M. G.. Designing indicators of long-term energy supply security [R]. Netherlands Environmental Assessment agency, 2004(4)：21～25

[10] Sun Xiaolei, Tang Ling, Li Jianping. Modeling on Oil-importing Risk under Risk Correlation [C]. Computational Sciences and Optimization, 2009 2 (4)：25～27.

[11] Coqa C. L., Elena Paltsevab. Measuring the security of external energy supply in the European Union [J]. Energy Policy, 2009(11)：1～34.

[12] Agiobenebo T. J.. Market Structure, Concentration Indices and Welfare Cost [R]. Department of economies, University of Port Harcourt, Nigeria & Department of economics, University of Botswana, Botswana. 2000：13～14.

[13] Bolle P. F. Security of Supply in Liberalised European Gas Markets [R]. United Nations Economic Commission for Europe, 2003：18～19.

中国松香国际竞争力分析

庞新生　孙文君
（北京林业大学经济管理学院，北京，100083）

摘要： 松香在中国林产化工产业中占有重要地位，是中国具有鲜明特色的出口型林产品。在分析中国松香的生产与贸易现状的基础上，论文运用贸易竞争力指数、显示性比较优势指数、显示性竞争优势指数以及国际市场占有率等竞争力测算方法分析了世界主要松香出口国 2003 年至 2011 年松香国际竞争力水平，并就中国松香产业国际竞争力水平的提升给出相应结论与建议。

关键词： 松香；国际竞争力；国际比较

Analysis on International Competitiveness of China's Rosin

Pang Xinsheng, Sun Wenjun
(School of Economics & Management, Beijing Forestry University, Beijing, 100083)

Abstract: Rosin plays an important role in Chinese forest chemical industry, and is the export-oriented forest products of China. Based on the analysis of production and trade development of China's rosin, this paper measures its international competitiveness by use of trade competiveness index, comparative advantage index, competitive advantage index and international market share. Lastly, this paper gets some conclusion and brings forward some suggestions.

Keywords: rosin; international competitiveness; international comparison

松香是重要林化产品，在生产和生活中广泛使用。松香是中国林产化工产业最重要的非木质林产品之一，也是中国具有鲜明特色的出口型林产品[1]。刘琳琳(2007)从国内生产和市场需求两个角度，结合钻石模型的六力要素，对中国松香行业的国际竞争优势进行剖析。王瑾、聂影(2007)对决定我国松香国际贸易竞争优势的基本因素和辅助因素进行了讨论。上述研究主要从影响因素角度讨论了中国松香行业的国际竞争力，缺乏对中国松香国际竞争力的国际比较。本文在讨论中国松香的生产与贸易现状基础上，考虑到数据的可获得性，采用贸易竞争力指数、显示性比较优势指数、显示性竞争优势指数以及国际市场占有率等竞争力测算方法分析了世界主要松香出口国 2003 年至 2011 年松香国际竞争力水平，以期客观分析中国松香产业的发展现状以及国际竞争力水平，对促进我国松香产业可持续发展具有现实意义。

一、中国松香的生产与贸易现状

(一)中国松香产量分析

根据中国海关统计年鉴的数据显示，从 2003 年到 2012 年十年间，中国松香产量快速增长。用报告期的产量减去报告期上一年的产量再比上报告期一年的产量得出 2004～2012 年各年中国松香产量环比增长率，从图 1 可以看出，2004 年到 2012 年之间，中国松香产量在 2006 年增长速度最快，增长速度达到 39.46%；2008 年与 2012 年增长率为负，负值均大于 10%，说明这两年中国松香产量下降较多；2008 年松香产量下降后马上反弹，其中 2010 年的松香产量有较大幅增长，增长率达 20.41%。

(二)中国松香贸易量分析

中国一直是世界主要松香出口国，出口额始终占据世界第一位。2003 到 2012 年期间中国松香贸易出口金额变化很大，从 2003 年到 2006 年略有增

基金项目：国家林业局重点项目“林产品国际竞争力评价技术研究与应用”(2014－01)。

第一作者：庞新生，博士，副教授。主要研究方向：应用统计。Email：pxinsheng@bjfu.edu.cn，北京林业大学经济管理学院统计系，100083。

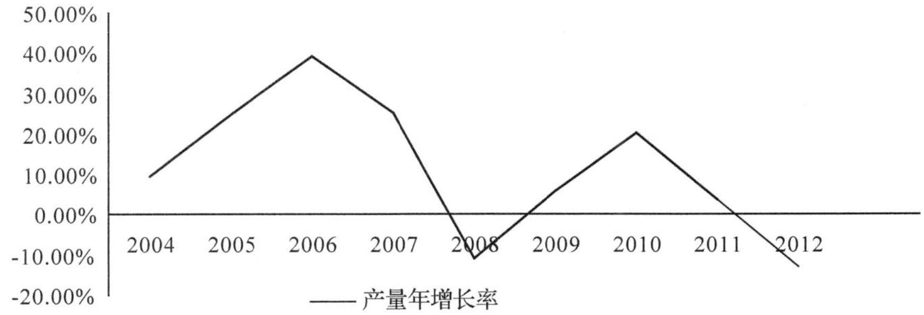

图1　2004～2012年中国松香产量环比增长率

Fig. 1　China's rosin production year-on-year growth rate from 2003 to 2012

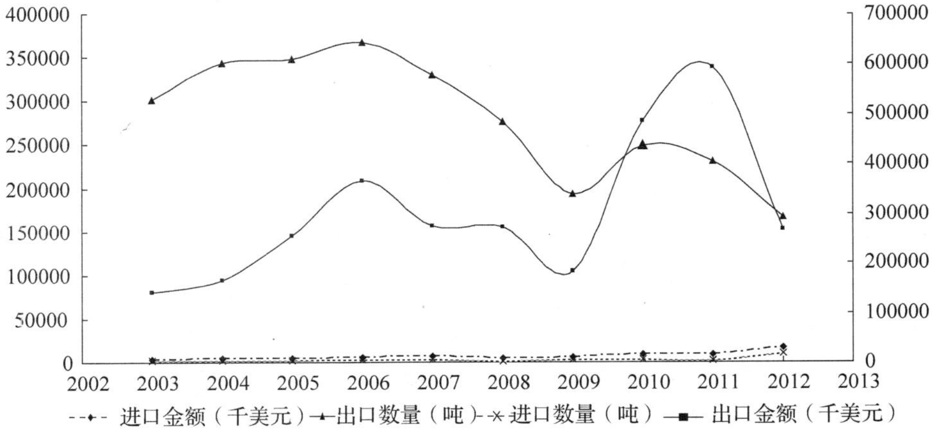

图2　2003～2012年中国松香进出口金额及进出口数量

Fig. 2　China's import and export amount and quantity of rosin from 2003 to 2012

数据来源：中华人民共和国海关统计年鉴(2003～2012)

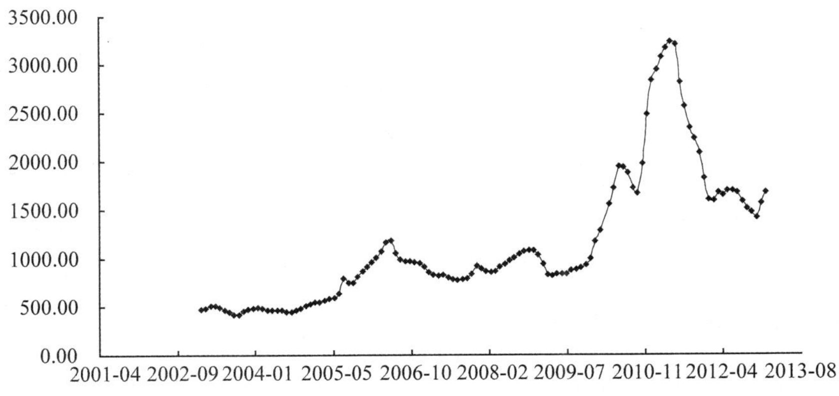

图3　2003～2012年中国松香及树脂酸出口平均价格

Fig. 3　China's export average price of rosin from 2003 to 2012

数据来源：Wind资讯

加，2006年到2009年略有回落，2010年开始大幅增加，持续到2011年，2012年大幅下降。与松香贸易出口金额相比，2003到2012年松香贸易进口金额变化不大，总体有所上升，2012年上升明显，达到17549千美元[2]，较2011年8577千美元[2]翻了一番，如图2所示。2003年到2012年中国松香贸易出口数量整体呈下降趋势，2003年为301173吨[2]，2012年为167784吨[2]，较2003年下降了一倍。与之相反，2003年到2012年中国松香贸易进口数量增长迅速，由2003年的1924吨[2]攀升至2012年的9918吨[2]，如图2所示。值得注意的是，图2中2003到2008的出口金额与数量与2009～2012的金额与数量变化幅度相反，主要原因是受出口价格变化影响显著，出口价格环比变动速度越超

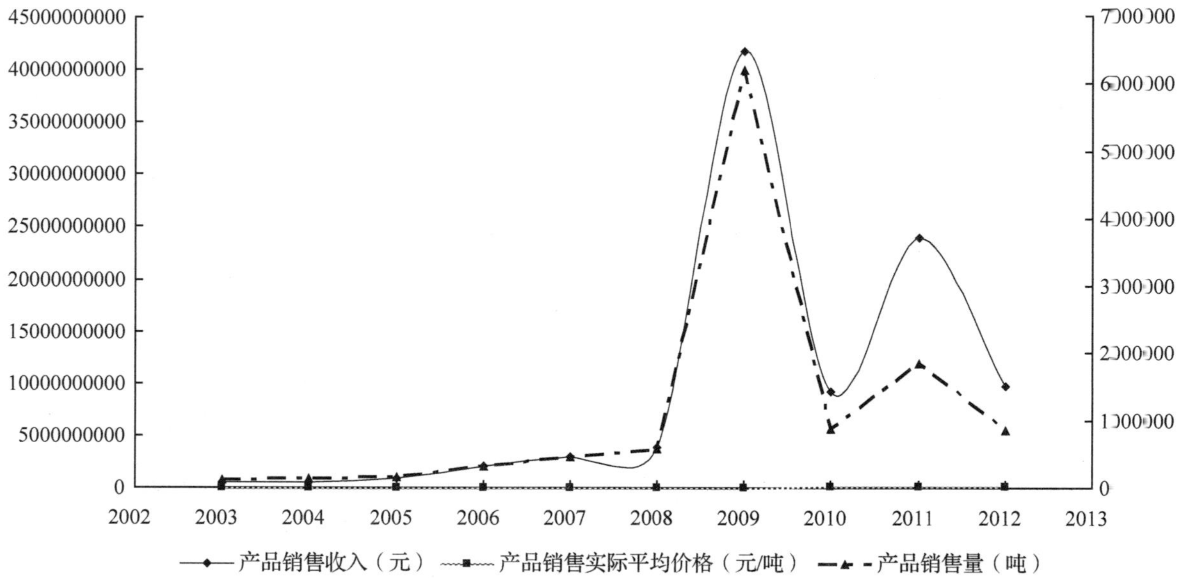

图4 2003～2011年中国松香产品销售收入、销售量和销售实际平均价格

Fig. 4 China's sales income, sales volume and sales actual average price of rosin products from 2003 to 2012

出口数量的环比变动速度，如图3所示。

(三)中国松香销售情况分析

由图4可以看出，中国2003年到2012年松香产品销售收入和销售量变化趋势一致，都是从2003年到2008年持续平缓上升，在2009年突然井喷，达到历年最高值，2010年大幅下降，2011年又有回升，2012年又下降到2010年的水平。统计数据显示，从2002年到2011年，中国松香产品销售价格总体上升，其中2009～2011年上升较快，2012年有所下降。需要注意的是，2009年中国松香销售量达到6202612吨[3]，大大超过当年产量1117030吨[3]，表现十分异常。这种情况可能是当年销售出大量库存造成的，也可能是统计时产生了较大误差而造成的。

二、中国松香国际竞争力的比较分析

在反映一国或地区的产品的国际竞争力时，人们往往会通过国际竞争力指标来加以论证与说明。本文选取了中国、印度、日本、韩国、比利时、德国、法国、荷兰、葡萄牙、西班牙和美国等世界主要松香生产国家的2003～2011年松香有关数据进行比较，由于印度、比利时和西班牙的数据缺失较多，因此仅运用贸易专业化系数、显示性比较优势指数、显示性竞争优势指数以及国际市场占有率这四个不同的国际竞争力测算方法对中国、日本、韩国、德国、法国、荷兰、葡萄牙、美国等松香生产大国进行比较分析。需要指出的，由于在计算显示性比较优势指数、显示性竞争优势指数以及国际市场占有率过程中，需要使用2003－2011年各年度世界松香进出口总额，该数据在国内海关及有关国际组织所提供的统计数据中均未提供，因此，采用联合国贸易数据中各年度各国松香和树脂酸的汇总数据[4]进行替代。

(一)贸易专业化系数

贸易专业化系数(TCI指数)又被称为“贸易竞争力指数”或“水平分工度指标”，它是某种产品的净出口额与该产品进出口总额的比例，用来反映某国该产品与世界其他国家的该产品相比较，是处于效率的竞争优势还是劣势，以及优劣的程度。

根据贸易专业化系数公式计算出各国2003～2011年松香贸易竞争力指数，其中葡萄牙2003年的数据和法国2011年的数据缺失，根据计算结果可以绘制各国2003～2011年松香贸易竞争力指数折线图，如图7所示。由图5可以看出，八个国家2003年到2011年松香贸易竞争力指数均大于0，是松香净出口国，其生产率高于世界总体水平。除美国外的七个国家2003年到2011年的贸易竞争力指数波动幅度较小，具有明显的贸易竞争优势；美国相对于其他七个国家，2003年到2011年的贸易竞争力指数较小且波动幅度较大，2003年到2006年逐年增加，2006年到2009年逐年减少，2010年增加并且首次超过日本，2011年又有所下降；总体上看，中国2003年到2011年松香贸易竞争力指数仅次于葡萄牙、荷兰和韩国，在世界上有较强的国际竞

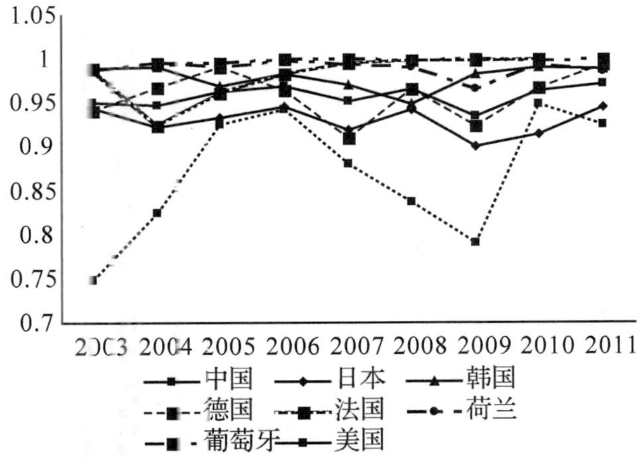

图5 2003～2011年松香贸易竞争力指数(TCI)的国际比较

Fig. 5 International comparison of rosin trade competitiveness index (TCI) from 2003 to 2011

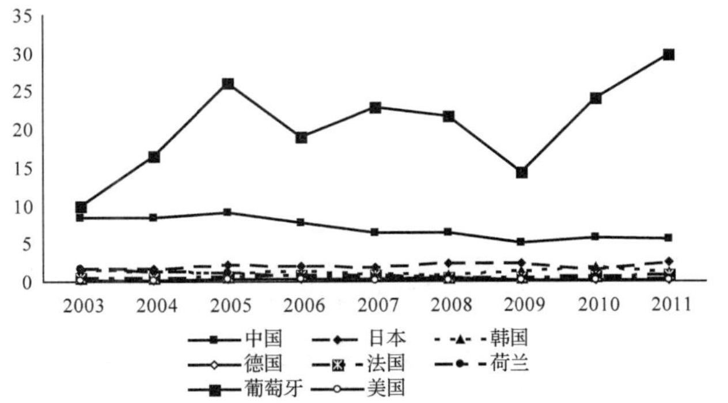

图6 2003～2011年松香显示性比较优势指数(RCA)的国际比较

Fig. 6 International comparison of rosin revealed comparative advantage index (RCA) from 2003 to 2010

争力。

（二）显示性比较优势指数

显示性比较优势指数(RCA指数)是一个国家某种产品占其出口总值的份额与世界该种产品占世界出口总值的份额的比率，它是衡量某国产品或产业在国际市场竞争力最具说服力的指标，可以准确地反映一个国家在进出口贸易中的比较优势，旨在定量地描述一个国家内各个产业相对出口的表现。

根据显示性比较优势指数公式计算各国2003～2011年松香显示性比较优势指数，图6显示了2003～2011年松香显示性比较优势指数的国际比较。由图6可以看出，从2003～2011年，在各国中，葡萄牙的松香显示性比较优势指数波动较大，但始终处于领先水平，中国的2003～2011年松香显示性比较优势指数仅次于葡萄牙，变动比较平缓，呈逐年下降趋势。这两个国家的松香显示性比较优势指数远远大于1，说明具有非常强的出口优势；日本和韩国2003～2011年松香显示性比较优势指数较小，但它们始终保持在大于1的水平，说明这两个国家松香出口额在本国出口总额中所占的比重超过全世界松香出口额占世界总出口额的比重，拥有较强的出口竞争优势；荷兰2003～2011年中，松香显示性比较优势指数逐年下降，从大于1下降为小于1的水平，这说明荷兰松香竞争优势逐年减弱，最近几年转变为显示比较劣势；美国、德国和法国从2003～2011年显示性比较优势指数小于1，说明这三个国家在松香的生产上具有显示比较劣势。

（三）显示性竞争优势指数

国际贸易显性竞争优势指数(CA)，最早由Vollrath(1992)[5]在研究了贸易竞争指数和显性比较优势指数的基础上提出来的。某国某产业国际贸易显性竞争优势是由某产业比较优势减去该产业进口的比较优势得到的。显示性比较优势指数只考虑一个产业的出口所占的相对比例，并没有考虑到进口的影响，而显性竞争优势指数则克服了显性比较优势指数只考虑出口因素，而没有考虑进口对产业的影响。

根据显示性竞争优势指数计算公式可以计算出各国2003～2011年显示竞争优势指数，其中葡萄牙2003年的数据和法国2011年的数据缺失。图7为各国2003～2011年松香显示竞争优势指数折线图，由图7可以看出，从2003～2011年，中国和其他七个国家显示竞争优势指数均大于0，比较优势大于进口商品显性比较优势，八个国家松香出口均具有较强的竞争力。其中，葡萄牙的显示竞争优势指数均远远大于其他国家，拥有较大的显示性竞争优势；中国显示竞争优势指数仅次于葡萄牙，显示性竞争优势也比较明显；剩下的六个国家显示竞争优势指数比较接近于0，具有显示性竞争优势，但是优势相对不明显。

（四）国际市场占有率

国际市场占有率(MS)是用一国某产品在一定时期内的出口额占世界各国该产品的同期出口总额的比重来表示。根据相关公式计算出各国2003～2011年松香国际市场占有率，并绘制各国2003～2011年松香国际市场占有率折线图，如图8所示。由图8可以看出，2003～2011年中国的松香国际市场占有率遥遥领先其他国家，基本保持在0.5以上，波动性较大但整体上比较稳定，竞争力非常强；其他国家松香国际市场占有率较小，其中日本和韩国松香

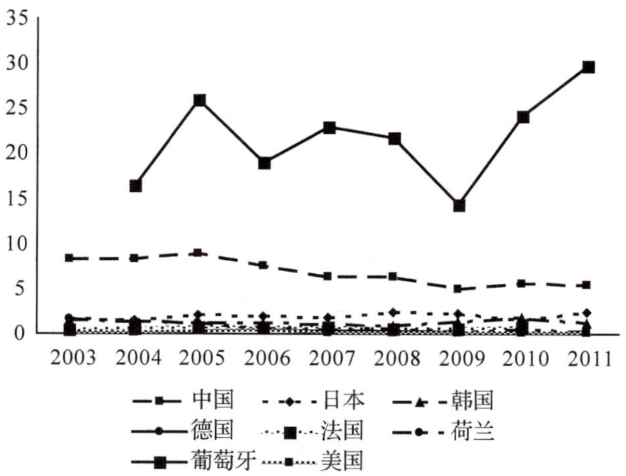

图7 2003～2011年松香显示竞争优势指数(CA)的国际比较
Fig. 7 International comparison of rosin Competitive Advantage(CA) from 2003 to 2010

国际市场占有率相对较大。

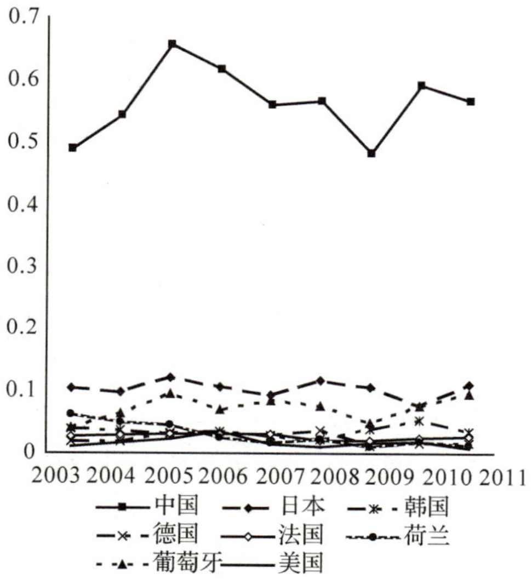

图8 各国2003～2011年松香国际市场占有率比较
Fig. 8 International comparison of rosin International Market Share(MS) from 2003 to 2011

用计算期的中国松香的国际市场占有率减去前期的中国松香的国际市场占有率，可以得出中国松香国际市场占有率差额变化，如图9所示。由图9可以看出，2004～2006年中国松香国际市场占有率持续增长，竞争力上升；2006年和2007年呈现负增长，竞争力下降；2008年有少量增长，2009年又呈负增长，2010年大幅增长，2011年又呈负增长。虽然中国松香国际市场占有率变动幅度较大，近几年常有下降情况，但是中国松香国际市场占有率还是远远超过其他国家，只要采用的措施得当，中国松香产业在国际市场还是有非常大的发展潜力。

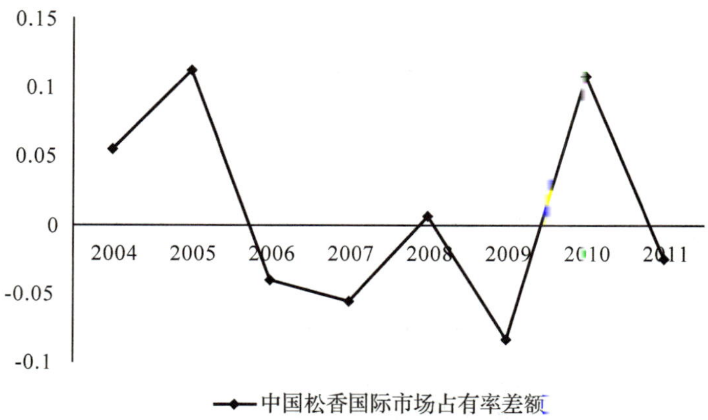

图9 2003～2011年松香国际市场占有率差额比较
Fig. 9 Difference of China's rosin International Market Share from 2003 to 2011

三、结论和建议

从上述分析可以看出，中国松香国际市场占有率位列世界第一，远超其他国家，显示性比较优势指数和显示竞争优势指数也较高，中国松香国际竞争力较强。究其根本，松香出口价格低是维持国际竞争力的主要原由，2003年进口1吨松香需要1858美元，出口1吨只需要464美元，进口单价是出口的四倍。经过近10年发展，松香进口价格没有显著变化，2012年进口1吨松香仍需要1769美元，而出口价格出现大幅上涨，2012年出口1吨达到1599美元，即便如此，进口单价仍高出口价格10%以上，中国松香行业的优势仍未摆脱低层次的竞争优势[6]。从中国松香的生产与贸易现状分析可以看出，2003～2011年中，中国松香销售量除了在2009年异常井喷以外，增长幅度并不大，但是中国松香产品销售实际平均价格却持续大幅走高，从而推升出口价格不断走高，从短期来看，这对林农可能是一件好事，但是从长远来看，这对走低成本路线的中国松香产业是不利的。为提升国内松香产业国际竞争力，推动林化产业的可持续发展，中国松香产业需要不断加强技术创新。技术创新是提升产业竞争力的基础，只有通过技术创新，提高松香深加工工艺，打造本土名牌产品。此外，我国松香产品出口的低成本、低价格是保证国际竞争力的重要保障，而松香产业是劳动密集型产业，随着人力成本的不断攀升、通货膨胀以及人民币不断升值，中国松香出口价格将会持续走高，不断提高生产效率，降低松香生产成本是保证中国松香国际竞争力的重要保障。

参考文献

[1]王瑾．提高中国松香产业国际竞争优势战略研究[D]．南京：南京林业大学，2006：1～5.

[2]中国海关统计年鉴(2003－2011)[M]．北京：中华人民共和国海关总署

[3]中国林业统计年鉴(2003－2012)[M]．北京：中国林业出版社．

[4] FAO 年鉴[EB/OL]. http：//data. un. org/Data. aspx? q = rosin&d = ComTrade&f = _ l1Code%3a39%3bcmdCode%3a380610

[5] 余少谦．国际贸易显性竞争优势指数实证研究[J]．商业时代 2007(31)：32～33.

[6] 刘琳琳．中国松香国际竞争力研究[D]．北京：北京林业大学，2007：6～15.

中美木质林产品贸易互补性与依存度分析

侯方淼　卜善雯
(北京林业大学经济管理学院，北京，100083)

摘要： 近些年来，中美木质林产品贸易发展迅速。从 2009 年起美国成为我国最大的木质林产品贸易进口国。2011 年两国木质林产品贸易额高达 178.7 亿美元。本文简述中美木质林产品概况，通过运用比较优势、产业内贸易指数和贸易互补性指数进行计算。对中美林产品贸易的互补性进行分析，得出结论：中国木质林产品在劳动密集型产品上具有比较优势，美国木质林产品在资本密集型产品上有比较优势；中美之间木质林产品贸易互补性整体较强，但不同的产品互补性有所差异。提出中国如何利用自身的比较优势，改善木质林产品贸易结构，改善贸易环境，进一步发展中美木质林产品贸易。

关键词： 中美贸易；木质林产品贸易；依存度；互补性

Analysis of Complementarities and Dependence on Sino-US Timber Products Trade

Hou Fangmiao, Bu Shanwen
(School of Management and Economics, Beijing Forestry University, Beijing, 100083)

Abstract: In recent years, there is a great increase in the development of forest product trade between China and USA. USA has become China's biggest trading partner since USA bypassing Malaysia in 2009. The value of Sino-US Timber Products Trade has reached 1.787 billion in 2011. Current international trade of forest product between China and USA is discussed in this article. By calculating the comparative advantage, G-L index and degree of trade complementarities of the forest product, the article analyses the dependence and complementarities. The conclusion is China has comparative advantage in labor-intensive products, while the United States have a comparative advantage on capital-intensive products. There is strong complementarities between China and the US but there is difference on complementarities between different product. The suggestion is China should take advantage of comparative advantage, improve wood forest products trade structure, improve the trade environment and further develop the Sino-wood forest products trade.

Keywords: Sino-US trade; timber forest products trade; competitive, complementarities

一、引　言

中国和美国都是世界林产品贸易大国，同时，近些年来中美木质林产品贸易发展迅速。从 2009 年起美国成为我国最大的木质林产品贸易进口国，2011 年两国木质林产品贸易额高达 178.7 亿美元。木材资源是木质林产品贸易发展的基础。美国有着丰富的森林资源，因而美国在原木、锯材等资源密集型的产品上有着较强的比较优势。相对于美国，中国的森林资源相对较为缺乏，中国出口原木等资源密集型产品很少，不具备优势。但中国作为一个木质林产品出口大国，对木材的需求是庞大的[1]。虽然美国不是中国最主要的木材进口国，但中国对美国原木、其他原材等资源密集型产品的依赖度还是比较大，且呈增长趋势。本文将从中美木质林产品贸易互补性与依存度进行分析。

在中美木质林产品贸易已经有许多研究，但研究大多集中在对贸易现状的分析和贸易壁垒等因素对贸易的影响。叶克林等(2009)中通过对中美两国林产工业的资源、市场、产业特征及大宗林产品的

基金项目：中央高校基本业务科研专项资金资助(RW2013－18)。

第一作者：侯方森，北京林业大学经济管理学院副教授，国际贸易系副主任，主要研究方向：国际贸易理论与实务、林产品国际贸易。E-mail：hellenwh@gmail.com。

海关统计数据分析，指出中美林产品贸易具有很强的互补性，我国将继续保持中低端最终林产品的价格竞争力，但出口增速将放缓或下降。同时，我国将继续增加美国初加工林产品的进口，中美林产品的贸易顺差将逐步缩小。戴永务等人(2011)采用UNcomtrade 数据库的中美木质林产品贸易数据，利用一系列贸易指数对 1992～2009 年中美木质林产品产业内贸易的水平和结构进行实证分析，认为中美木质林产品产业内贸易水平总体较低贸易方式仍以产业间贸易为主；中美木质林产品贸易的增长由产业间贸易和产业内贸易共同引发；产业内贸易方式以垂直型产业内贸易为主。刘庆博等(2012)在对运用 CMS 模型对 2002～2007 年和 2008～2009 年两个时期中国对美国出口木质林产品波动情况进行了实证分析，证明竞争力效应是拉动中国出口美国木质林产品增长的主要因素。

二、中美木质林产品贸易现状

2005 年以来，中国一直是美国林产品最大的出口国。从 2009 年起，美国超越马来西亚，成为中国林产品最大的进口国。中美之间的林产品贸易一直占据中国林产品贸易的重要地位[2]。从 1999 年起，中美林产品贸易从逆差转为顺差。中美木质林产品贸易一直处于增长趋势，虽然受到全球金融危机的影响，中美木质林产品贸易额有所下滑，但是 2009 年中美木质林产品贸易额仍高达 112.54 亿美元。2011 年中美木质林产品贸易额达到 178.7 亿美元，占中国木质林产品对外贸易总额的 29.59%。其中，2011 年中国对美国的木质林产品出口额达到 102.10 亿美元，占中国木质林产品出口额的 26.43%；中国从美国的木质林产品进口额达到 76.60 亿美元，占中国木质林产品进口额的 35.21%。在中美木质林产品结构上，中国对美国出口的木质林产品主要以木制家具、纸及纸浆、木制品和人造板为主；中国从美国进口的木质林产品主要以回收纸、纸浆、锯材、原木等为主。

中美之间贸易额总体上是处于增长的，只有在 2009 年因金融危机的影响，木质林产品贸易受到影响，出现明显的大幅度的降低。中美木质林产品贸易一直处于贸易顺差的状态，而且贸易顺差从 2002 年起逐年增加，直到 2007 年开始下降，随之出现小幅增长后，2011 年贸易顺差继续减少。具体见表 1。

表 1　2002～2011 年中国进、出口美国木质林产品贸易额(单位：亿美元)

Tab. 1　Import and export of forest product between China and USA from 2002 to 2011 Unit：100million US dollars

年份	中国进口美国林产品总额	中国出口美国林产品总额	贸易顺差
2002	14.590	24.352	9.762
2003	18.639	33.302	14.663
2004	22.511	47.404	24.893
2005	25.832	60.522	34.690
2006	28.367	78.450	50.083
2007	37.642	85.693	48.051
2008	45.587	82.902	37.314
2009	36.267	76.270	40.003
2010	54.693	96.340	41.646
2011	76.604	102.099	25.495

注：表中数据来自 UNcomtrade 网站整理得出。

从中美木质林产品贸易比重上看，在 2002～2011 年中国木质林产品贸易中，中美木质林产品贸易占中国木质林产品贸易平均 31.86%。中国进口美国木质林产品占中国进口世界木质林产品的平均比重为 25.69%，且进口比重逐年增加；中国出口美国木质林产品占中国出口世界林产品的平均比重为 37.73%，且出口比重逐年减少。

从中美木质林产品贸易结构上看，中国进口美国的木质林产品中比重最大的为回收纸，呈现在先上升后下降的额趋势，平均比重为 20.28%，其次是木浆，总体呈上升的趋势，平均比重为 18.31%，比重较多的木质林产品还有锯材、原木、单板，平均比重分别为 10.49%、5.24%、1.47%；中国出口美国的木质林产品比重最大的是木质家具，平均比重分别为 55.70%，其次是木制品，平均比重为 15.21%，比重较多的产品还有人造板和纸及纸板，平均比重分别为 10.17% 和 15.81%

细分中美木质林产品贸易结构，中国对美国进口的资源密集型产品以锯材为主，劳动密集型产品以单板和木制家具为主，资本技术密集型产品以回收纸为主；中国对美国出口的资源密集型产品以锯材为主，劳动密集型产品以木制家具为主，资本技术密集型产品以纸和纸板为主，其他产品比重比较小，表 2 和表 3。

表 2　2002～2011 年中国进口美国木质林产品比重

Tab. 2　The proportion of forest product between China and USA from 2002 to 2011

年份	原木	其他原材	锯材	单板	人造板	木制品	木浆	回收纸	纸及纸板	木制家具
2002	2. 49%	1. 00%	12. 02%	1. 76%	0. 44%	0. 24%	17. 50%	30. 91%	33. 48%	0. 16%
2003	2. 46%	0. 07%	10. 61%	2. 10%	0. 50%	0. 20%	14. 02%	41. 93%	27. 93%	0. 18%
2004	3. 32%	0. 14%	10. 27%	2. 01%	0. 24%	0. 30%	16. 84%	40. 88%	25. 73%	0. 27%
2005	3. 89%	0. 20%	10. 57%	2. 27%	0. 18%	0. 28%	15. 12%	44. 77%	22. 44%	0. 28%
2006	4. 35%	0. 09%	12. 45%	2. 06%	0. 15%	0. 18%	16. 33%	44. 80%	19. 23%	0. 37%
2007	3. 98%	0. 12%	9. 96%	1. 87%	0. 16%	0. 13%	18. 98%	47. 54%	16. 88%	0. 41%
2008	3. 23%	0. 02%	8. 20%	0. 75%	0. 21%	0. 09%	18. 00%	53. 89%	15. 11%	0. 50%
2009	4. 64%	0. 19%	8. 57%	0. 63%	0. 12%	0. 26%	24. 90%	43. 78%	16. 51%	0. 39%
2010	10. 61%	0. 07%	10. 11%	0. 64%	0. 08%	0. 18%	21. 21%	43. 14%	13. 32%	0. 65%
2011	13. 42%	0. 06%	12. 16%	0. 62%	0. 10%	0. 15%	20. 23%	40. 61%	12. 16%	0. 48%

注：表中数据通过 UNcomtrade 数据计算得出。

表 3　2002～2011 年中国出口美国木质林产品比重

Tab. 3　The proportion of forest product between China and USA from 2002 to 2011

年份	原木	其他原材	锯材	单板	人造板	木制品	木浆	回收纸	纸及纸板	木制家具
2002	0. 00%	0. 22%	0. 12%	1. 82%	3. 40%	23. 06%	0. 03%	0. 00%	14. 09%	57. 26%
2003	0. 00%	0. 14%	0. 10%	2. 00%	3. 85%	21. 08%	0. 03%	0. 00%	14. 39%	58. 42%
2004	0. 00%	0. 05%	0. 09%	2. 11%	9. 24%	19. 60%	0. 02%	0. 00%	13. 42%	55. 47%
2005	0. 00%	0. 03%	0. 17%	3. 21%	12. 02%	16. 06%	0. 03%	0. 00%	13. 66%	54. 82%
2006	0. 00%	0. 02%	0. 40%	3. 78%	13. 61%	15. 00%	0. 03%	0. 00%	13. 78%	53. 39%
2007	0. 00%	0. 00%	0. 35%	3. 69%	13. 53%	12. 81%	0. 08%	0. 00%	15. 15%	54. 38%
2008	0. 00%	0. 01%	0. 53%	3. 62%	12. 12%	10. 91%	0. 16%	0. 00%	17. 65%	55. 01%
2009	0. 00%	0. 01%	0. 41%	2. 67%	11. 42%	11. 04%	0. 07%	0. 00%	18. 27%	56. 11%
2010	0. 00%	0. 01%	0. 22%	2. 18%	11. 53%	11. 53%	0. 08%	0. 00%	16. 44%	58. 01%
2011	0. 00%	0. 02%	0. 20%	2. 07%	11. 05%	11. 03%	0. 19%	0. 00%	21. 26%	54. 18%

注：表中数据通过 UNcomtrade 数据计算得出。

三、中美木质林产品贸易互补性与依存度分析

（一）数据来源和分析方法

本文数据主要来在 FAO 官方网站、《中国统计年鉴》、《中国林业发展报告》、UNcomtrade 网站，使用的数据是 UNcomtrade 数据库，将木质林产品分为：原木（HS4403）、其他原木（HS4401，HS4402，HS4404，HS4405）、锯材（HS4406，HS4407）、单板（HS4408，HS4409）、人造板（HS4410，HS4411，HS4412，HS4413）、木制品（HS4414，HS4415，HS4416，HS4417，HS4418，HS4419，HS4420，HS4421）、木浆（除 HS4707 的 HS47）、回收纸（HS4707）、纸及纸板（HS48）、木制家具（HS940161，HS940169，HS940330，HS940340，HS940350，HS940360）。

（二）中美木质林产品贸易依存度分析

依存度反映一个国家（或地区）的出口对其贸易伙伴国（或地区）的依赖程度。计算公式为：

$$DFT = \frac{X_{ik}(M_{ik})}{V}$$

或

$$DFT = \frac{PX_{ik}(PM_{ik})}{V_p}$$

式中　$X_{ik}(M_{ik})$表示 i 国木质林产品出(进)口额，V 表示林产品生产总值，$PX_{ik}(PM_{ik})$表示木质林产品出(进)口总量，V_p表示木质林产品生产总量。衡量一国林产品对外贸易的依赖程度。对外依存度越大，表示木质林产品经济发展对外贸易依度程度越大，同时表明木质林产品对外贸易在该国林产品经济中所占的比重越大。从2002~2011年，中国木质林产品对世界的进口依存度在2003年之前是下降的，但从2003年起中国木质林产品对世界的依存度一直持续增长，进口依存度平均为41.79%，说明中国木质林产品在参与世界木质林产品的市场越来越密切[3]；中国对世界的出口依存度总体呈下降的趋势，出口依存度平均为29.98%。总体说，中国对世界木质林产品的进口依存度要大于出口依存度。而在中国对美国木质林产品进出口依存度中，在2002~2012年期间，中国对美国的进口依存度呈现先降低后上升的趋势，而中国对美国木质林产品的出口依存度处于持续下降趋势，进口依存度平均为5.25%，出口依存度平均为12.50%。具体见表4。

表4　2002~2011年中国木质林产品对外依存度　单位：%

Tab. 4　The degree of external dependence of China's forest product from 2002 to 2011 Unit：%

年份	中国对美国林产品进口依存度	中国对美国林产品出口依存度	中国对世界林产品进口依存度	中国对世界林产品出口依存度
2002	6.19%	18.17%	50.28%	36.14%
2003	5.86%	16.27%	43.54%	37.37%
2004	4.95%	13.68%	35.55%	38.48%
2005	4.35%	11.53%	37.26%	30.94%
2006	4.20%	11.78%	38.04%	30.97%
2007	5.02%	11.61%	40.55%	28.63%
2008	5.35%	11.29%	41.81%	27.00%
2009	5.31%	10.71%	43.65%	24.54%
2010	5.47%	10.19%	42.50%	23.98%
2011	5.79%	9.72%	44.75%	21.72%

注：表中数据根据 UNcomtrade 计算得出。

(三)中美木质林产品贸易互补性

将通过比较优势指数、产业内贸易指数等方面考察中美木质林产品贸易互补性。

1. 比较优势指数

$$RCA_{xik} = \frac{X_{ik}/X_i}{W_k/W}$$

式中，X_{ik}为 i 国 k 产品的出口贸易额，X_i表示 i 国全部商品的出口额，W_k为 k 产品的世界出口贸易额，W 为世界全部商品出口额。具体见表7。RCA 小于0.8，说明该产品出口的国际竞争力较弱；如果介于0.8至1.25之间，说明该产品国际竞争力中等；介于1.25至2.5之间，说明该产品国际竞争力较强；大于2.5，则说明该产品国际竞争力强。

整体来看，中国出口的木质林产品在世界市场上处于较弱的国际竞争力，但中国木质林产品的国际竞争力是逐年增长的。在2002~2011年期间，中国出口的木质林产品中，一直处于竞争力较弱的产品为原木、锯材、单板、木浆、回收纸、纸及纸板，木匠、回收纸和原木等的比较优势指数几乎为零，锯材和单板的比较优势呈波动增长；处于国际竞争力较强的产品为人造板和木制品，人造板的比较优势呈先上升后下降的趋势，木制品呈先下降后上升的趋势；处于国际竞争力强的产品为木制家具，木质家具的比较优势整体是上升的趋势。具体见表5。

表5　2002～2011年中国木质林产品比较优势指数

Tab. 5　The comparative advantage of China's forest product from 2002 to 2011

年份	原木	其他原材	锯材	单板	人造板	木制品	木浆	回收纸	纸及纸板	木制家具	合计
2002	0.0093	1.4449	0.1734	0.3448	0.8258	1.9121	0.0000	0.0001	0.0861	1.8479	0.5424
2003	0.0071	1.1276	0.1716	0.3236	0.6934	1.7648	0.0000	0.0002	0.0892	1.9636	0.5443
2004	0.0036	0.7436	0.1167	0.2584	1.2295	1.6696	0.0000	0.0001	0.0919	2.0491	0.5850
2005	0.0030	0.4732	0.1286	0.2297	1.7030	1.4732	0.0000	0.0000	0.1085	2.2016	0.6324
2006	0.0017	0.2974	0.1362	0.2487	2.1927	1.4475	0.0000	0.0000	0.1246	2.3202	0.6864
2007	0.0011	0.1265	0.1264	0.2463	2.4650	1.2095	0.0000	0.0000	0.1298	2.2569	0.6646
2008	0.0009	0.0898	0.1519	0.3158	2.4171	1.1058	0.0000	0.0000	0.1338	2.2075	0.6395
2009	0.0057	0.0726	0.1533	0.2817	2.3419	1.2029	0.0000	0.0001	0.4296	2.6283	0.8439
2010	0.0096	0.0696	0.1154	0.2915	1.6166	1.7854	0.0000	0.0001	0.4426	2.9443	0.8767
2011	0.0051	0.0639	0.1077	0.3435	1.7740	1.6606	0.0000	0.0005	0.5321	2.8159	0.8925

注：表中数据根据UNcomtrade计算得来。

总体来看，美国出口木质林产品的在世界市场的国际竞争力处于由弱慢慢增强的状态。在2002～2011年期间，美国出口的木质林产品中，处于国际竞争力较弱的产品有其他原材、锯材、人造板、木制品和木制家具，其他原材的比较优势指数整体是下降的，锯材、木制品和木制家具的比较优势指数整体是上升的，人造板的比较优势指数呈先下降后上升再下降的趋势；处于国际竞争力中等的产品有单板和纸及纸板，单板的比较优势总体是呈下降趋势，而纸及纸板的比较优势指数整体是上升的趋势；处于国际竞争力较强的为原木、木浆，原木的比较优势指数呈先下降后上升的趋势，木浆的比较优势指数整体以V字形上升；处于国际竞争力强的产品为回收纸，回收纸的比较优势指数波动性较大，且在2009年大幅度下降。具体见表6。

表6　2002～2011年美国木质林产品比较优势指数

Tab. 6　The comparative advantage of USA's forest product from 2002 to 2011

年份	原木	其他原材	锯材	单板	人造板	木制品	木浆	回收纸	纸及纸板	木制家具	合计
2002	1.7138	0.9786	0.7492	1.2223	0.4148	0.2987	1.6576	3.7463	0.9406	0.2633	0.8651
2003	1.9068	0.7633	0.7813	1.2785	0.3794	0.3129	1.6168	4.0660	0.9603	0.2682	0.8840
2004	2.0097	0.7471	0.7713	1.2349	0.3626	0.3018	1.7079	3.9460	0.9951	0.2768	0.8967
2005	1.8652	0.7816	0.8143	1.2495	0.3598	0.3121	1.9270	4.0546	1.0667	0.2970	0.9504
2006	1.7575	0.6752	0.8358	1.1295	0.3880	0.3152	1.8311	4.2590	1.0554	0.3135	0.9441
2007	1.6903	0.7887	0.7473	1.0677	0.4074	0.3261	1.8205	4.2861	1.0729	0.3314	0.9653
2008	1.8489	0.8309	0.7967	1.0348	0.4835	0.4010	1.9624	4.1409	1.1173	0.3818	1.0396
2009	1.9535	0.7553	0.8249	0.9811	0.4678	0.3928	2.1203	4.3383	1.0906	0.3454	1.0289
2010	2.1074	0.7053	0.9714	1.0223	0.3566	0.5626	1.9709	3.9588	1.1404	0.3540	1.0902
2011	2.1760	0.6356	1.0283	1.0068	0.3220	0.5177	2.0412	3.7599	1.1034	0.3651	1.0855

注：表中数据根据UNcomtrade计算得来。

2. 产业内贸易指数

采用 Grubel 和 Lloyd 共同提出的产业内贸易指数来衡量中美木质林产品贸易的产业内贸易水平[4]，其公式如下：

$$G-L=1-\frac{|X_{ijk}-M_{ijk}|}{X_{ijk}+M_{ijk}}$$

式中，X_{ijk}为 i 国出口到 j 国 k 类产品的贸易额，M_{ijk}为 i 国进口到 j 国 k 类产品的贸易额。$G-L$ 指数的取值范围介于 0～1 之间，$G-L$ 指数越接近 0，表示两国间以产业间贸易为主；$G-L$ 指数越接近 1，表示两国间以产业内贸易为主。

从 2002～2011 年中美木质林产品 $G-L$ 指数计算可以看出，中美木质林产品总体上的产业内贸易指数较低，说明中美木质林产品仍以产业间贸易为主，但不同的木质林产品存在一定的差异性，其他原材和纸及纸板是以贸易内为主，单板由原来的产业内贸易为主变为产业间贸易，其他产品主要以产业间贸易为主。具体见表 7。

表 7　2002～2011 年中美木质林产品产业内贸易指数

Tab. 7　Degree of $G-L$ between China and USA from 2002 to 2011

年份	原木	其他原材	锯材	单板	人造板	木制品	木浆	回收纸	纸及纸板	木制家具	总计
2002	0.0000	0.5439	0.0329	0.7348	0.1435	0.0126	0.0053	0.0000	0.8253	0.0032	0.230152
2003	0.0000	1.5799	0.0327	0.7410	0.1349	0.0103	0.0083	0.0000	0.9585	0.0035	0.346917
2004	0.0000	0.8027	0.0378	0.6215	0.0241	0.0146	0.0049	0.0000	0.9530	0.0046	0.246308
2005	0.0000	0.5549	0.0713	0.4638	0.0126	0.0148	0.0088	0.0000	0.8241	0.0043	0.195455
2006	0.0000	0.8555	0.1642	0.3289	0.0079	0.0087	0.0089	0.0000	0.6708	0.0049	0.204976
2007	0.0000	0.1566	0.1471	0.3638	0.0102	0.0087	0.0185	0.0000	0.6571	0.0065	0.136852
2008	0.0000	0.8857	0.2110	0.2033	0.0189	0.0094	0.0312	0.0000	0.6402	0.0100	0.200962
2009	0.0000	0.2560	0.1816	0.2025	0.0099	0.0223	0.0115	0.0000	0.6012	0.0067	0.129162
2010	0.0000	0.4812	0.0731	0.2841	0.0081	0.0175	0.0139	0.0000	0.6301	0.0126	0.152066
2011	0.0000	0.5210	0.0432	0.3689	0.0141	0.0207	0.0244	0.0000	0.6005	0.0132	0.160594

注：表中数据根据 UNcomtrade 数据计算得来。

3. 贸易互补性指数

通过计算中美木质林产品的比较优势，得出中美木质林产品的竞争性差异，利用比较优势指数来计算出中美木质林产品贸易的互补性。贸易互补性指数的计算公式为：

$$C_{ijk}=RCA_{xik}\times RCA_{mjk}$$

式中，RCA_{xik}是指上面提到的用出口衡量的比较优势指数，RCA_{mjk}指用进口衡量的比较劣势指数。如果国家 j 在产品 k 上的比较优势明显，国家 i 在产品 k 上的比较劣势明显，则在产品的贸易上两国呈互补性。$C_{ijk}>1$，表明两国互补性强，且 $Cijk$ 越大，互补性越强；相反，$C_{ijk}<1$ 表明两国贸易互补性弱，且 C_{ijk}越小，互补性越不明显。互补性指数越大说明两国间的贸易以产业间贸易为主，反之，则以产业内贸易为主[5]。

在 2002～2011 年中美木质林产品贸易中，木质林产品整体的互补性较强，且处于逐渐增强的趋势，中美木质林产品贸易以产业间贸易为主。具体来看，中美的大多数木质林产品都处于较弱的互补性，林产品贸易互补性较强的产品主要集中在人造板、木制品和木制家具等劳动密集型产品[7]。具体见表 8。

表 8　2002～2011 年中美木质林产品贸易互补性指数

Tab. 8　Degree of trade complementarities between China and USA from 2002 to 2011

年份	原木	其他原材	锯材	单板	人造板	木制品	木浆	回收纸	纸及纸板	木制家具	合计
2002	0.0019	0.3869	0.3005	0.5305	1.3995	2.2850	0.0000	0.0000	0.0698	3.6487	5.6132
2003	0.0014	0.3825	0.2697	0.4842	1.4531	2.0618	0.0000	0.0000	0.0716	4.1718	5.8390
2004	0.0007	0.2631	0.2259	0.4767	2.9889	1.9733	0.0000	0.0000	0.0768	4.4126	6.9661
2005	0.0007	0.1585	0.2499	0.4203	4.0227	1.7516	0.0000	0.0000	0.0925	4.8922	7.5659
2006	0.0004	0.1001	0.2356	0.4432	4.5037	1.6761	0.0000	0.0000	0.1074	5.0974	7.7466
2007	0.0002	0.0359	0.1721	0.3555	3.9564	1.2860	0.0000	0.0000	0.1068	4.6591	6.5190
2008	0.0001	0.0210	0.1754	0.3853	3.1683	1.1212	0.0000	0.0000	0.1109	4.2400	5.6628
2009	0.0006	0.0174	0.1455	0.3352	3.3652	1.1621	0.0000	0.0000	0.3508	4.8569	7.1159
2010	0.0009	0.0142	0.1132	0.3650	1.5212	2.3799	0.0000	0.0000	0.3439	5.8218	7.4952
2011	0.0004	0.0106	0.0995	0.4221	1.4577	2.0022	0.0000	0.0001	0.3973	5.2417	7.1612

注：表中数据根据 UNcomtrade 数据计算得来。

四、结论及政策建议

(一)结　论

中美木质林产品的贸易规模不断扩大，产业间贸易和产业内贸易共同存于中美木质林产品的贸易。但两国之间的贸易方式仍然以产业间贸易为主，而产业内贸易仍然处于较低水平，贸易结构上呈现出较强的互补性。尽管总体上两国木质林产品之间的产业内水平较低，但不同的木质林产品存在一定的差异性，其他原材和纸及纸板是以贸易内为主，单板由原来的产业内贸易为主变为产业间贸易，其他产品主要以产业间贸易为主。我国木质林产品对外贸易仍然是传统型产业间贸易以劳动力资源为基础的比较优势参与国际木质林产品市场的分工和贸易。较低的林业产业的技术水平和较弱的市场操控能力是当前中国林产品的发展受到的限制，从长远来看这些因素都将使中国木质林产品市场无法持续地立足于世界林产品市场，中国木质林产品的规模和技术都亟待提高。

在中国进口美国木质林产品贸易中，资本技术密集型产品比重最大，平均占 81.82%，其他资源密集型产品和劳动密集型产品分别占 15.93% 和 2.26%；而中国出口美国木质林产品贸易中，劳动密集型产品比重最大，平均占 83.81%，其他资本技术密集型产品和资源密集型产品分别占 15.88% 和 0.31%。中国的劳动密集型木质林产品在美国林产品市场仍具有一定的竞争力，但这种竞争力仍然依靠传统的低价优势，科技含量和附加值高的产品在中国对美国的木质林产品出口中的比重不高。同时，中国对美国原木、其他原材等资源密集型产品的依赖度较大。

(二)政策建议

1. 优化产业结构，提高国际竞争力

第一，中国应充分利用与美国在木质林产品生产和需求上的互补性，继续加强以传统比较优势为基础的产业间贸易[8]。互补性是由中美两国之间不同的资源禀赋决定的，中国的森林资源相对较为缺乏，而美国却有着丰富的森林资源，因而美国在原木、锯材等资源密集型的产品上有着较强的比较优势。充分利用互补性不仅满足中国对森林资源上的需求，同时会解决一部分国内就业问题。第二，要加快促进中美之间木质林产品产业内贸易的发展，尤其是中美木质林产品水平型产业内贸易的发展。中国在一些木质林产品的垂直差异上超越了美国，但由于缺乏水平差异，因而在中美木质林产品贸易上仍然处于不利的地位。因此要积极调整对美国木质林产品市场的策略，通过技术、设计、品牌的附加值，提高产品的水平差别化。第三，为了使中国的木质林产品贸易能够稳定、持续地发展，要不断提高中国木质林产品的加工工艺和技术含量并进一步开发新产品，提高产品质量和差异化水平来促进木质林产品出口竞争力提高；同时优化木质林产品的出口结构，减少对资源密集型产品的进口，加快木质林产品从劳动密集型产品向技术密集型产品的转变，提高劳动密集型产品中的技术含量，增加木质林产品的附加值。这就需要中国在发展木质林产品时发展自己的品牌，不断鼓励对创新的要求。

2. 推进我国出口市场的多元化，降低对美依存度

中国对美国的木质林产品市场依赖较大，使得中国的木质林产品市场易受美国市场的影响，出口风险加大。而且由于大量的木质林产品的出口而形成的出口垄断效应导致我国在美国木质林产品市场上的定价失去了主动权。为应对此影响，中国应逐渐实现木质林产品市场多元化以降低该影响，减少因对美国木质林产品市场的依赖性高造成的市场不稳定。一方面，中国可以利用自身的技术和资本上的优势，加大与非洲的森林资源丰富但缺乏资金和技术的国家的林产品加工贸易的合作。另一方面，随着国内市场需求的不断增加，如果继续保持国际市场的份额，就需要加快国内林业产业的升级。要加大力度发展人工林，提高国内木材的供给能力。这样可以从长期降低中国木质林产品贸易的集中度，降低贸易的风险。

参考文献

[1]宋维明，侯方森．中国林产品对外贸易政策研究[M]．北京：中国林业出版社，2012：39～42.

[2] 叶克林，熊满珍．中美林产品贸易特点及发展趋势[N]．木材工业，2009，01.

[3] 戴永务，刘燕娜．中美木质林产品产业内贸易的实证研究——基于1992～2009年的进出口贸易数据[N]．技术经济，2011，06.

[4] A QU INO A. Intra-industry trade and inter-industry specialization as concurrent source of international trade in manufactures [J]. Weltwirtschafilihes Archiv，1978(2)：175～196.

[5] BR LHART M. Marginal intra-industry trade：measurement and relevance for the pattern of industrial adjustment[J]. Weltwirtschaftliches Archiv，1994(3)：600～613.

[6] 刘庆博，刘俊昌，陈文汇．中国对美国木质林产品出口波动分析[N]．世界林业研究，2012，10.

[7] FAO. 2011 Global Forest Products Facts and Figures[DB/OL]. http：//www. fao. org/forestry/statistics.

[8] 魏旸艳．中国主要木质林产品贸易研究[D]．北京：中国林业科学研究院，2009.

[9] Peterson. E. W. Agricultural comparative advantage and government policy interventions. Journal of Agricultural Economics [J]. 2006，(51)：371～387.

我国锯材进口影响因素的实证研究

徐 凯 王雪梅
（北京林业大学经济管理学院，北京，100083）

摘要：文章就我国锯材进口的影响因素进行实证分析，结合柯布-道格拉斯函数建立模型，在 Eviews 6.0 的环境下对于各影响因素进行回归，并对回归结果进行了各项检验和调整。研究结果表明：在 1994～2011 年之间，国内影响锯材生产及贸易的政策、人民币实际汇率、我国家具及其零部件出口额以及我国锯材产量对我国锯材进口总额有着较大影响，成为此期间影响我国锯材进口的主要因素。

关键词：锯材进口，影响因素，柯布-道格拉斯模型，协整检验

The Empirical Analysis of Influencing Factors onChina's Sawn Timber Imports Market

Xu Kai, Wang Xuemei
(College of Economic and Management, Beijing Forestry University, Beijing 100083)

Abstract: This paper focused on the analysis of influencing factors on import market of sawn timber, processed the data with the deployment of Cobb – Douglas production function model; conducted regression, verification and adjustment in terms of relevant influencing factors on the Eviews 6.0 platform. The key takeaway is that the total value of sawn timber imports is significantly influenced by relevant regulatory changes, the RMB real exchange rate, the total value of furniture and parts exports and domestic production of sawn timber, which are projected to be the core factors from 1994 to 2011.

Keywords: Sawn Timber Imports, Influencing Factor, Cobb-Douglas Function, Cointegration Test

一、研究背景

按照联合国粮农组织（FAO）对世界林产品统计的定义[1]，锯材（sawn timber）指将未刨光、刨光、开槽、带舌等工艺处理的木材经纵长向锯解或经造型切割（如：加工成板材、横梁、托梁、椽子、小块木料、板条、枕木等）而成的各种成型产品。锯材主要用于高档家具制造，室内装修门窗制造，木线条加工、扶手制造以及家庭楼梯板等。

近年来，国际木材市场上锯材制造业发展速度很快，特别是由于世界性原木资源日渐减少和紧张许多木材生产和出口国已经开始禁止或限制原木出口，因此各国政府林业部门普遍都对锯材制造业加强了重视和管理，增加生产和出口锯材量，以求有效的增加木材附加值。事实上现在世界上一些发达国家如美国、英国和法国等，普遍以进口锯材为主，原木进口比例已经越来越低了。

在我国木材资源紧缺的背景下，尽管木材原木的进口仍然是我国木材进口中所占比重最大的部分，但是紧随其后的锯材，不论是从进口数量还是进口额上看，增长率都远远高于原木。而且随着各国对于自身木材资源保护的不断加强，锯材有可能逐渐取代原木成为我国最主要的木材进口品种。扩大锯材的进口，不仅能够有益于我国木材资源保护及开发，也能在相关下游产业的国际贸易中取得较大的优势，进一步扩大我国在国际市场上的影响力和竞争力[2]。

目前对于我国锯材进口影响因素的研究还比较少，现有对于锯材进口的研究大多只停留在理论层面，本文在对锯材进口因素理论层面的分析上，加入实证研究，通过建立经济模型计算出不同因素对于我国锯材进口总额的影响程度大小，使得研究的结论和建议更具针对性和实际指导意义。

第一作者：徐凯，男，北京人，北京林业大学经济管理学院国际贸易系学生，主要研究方向：国际贸易理论与政策。通讯地址：北京林业大学39信箱（100083）。

通讯作者：王雪梅，女，黑龙江省伊春市人，北京林业大学经济管理学院国际贸易系副教授，管理学博士。主要研究方向 国际贸易理论与政策。电子邮箱：bjwangxm0105@sohu.com。

二、影响我国锯材进口的因素

锯材属于资源约束型的产品，本文从锯材的供给与需求两个方面入手，结合国际贸易环境以及相关的法律法规，认为影响我国锯材进口的主要因素有以下几个方面：

（一）国内供给因素

对于我国锯材市场而言，锯材的进口量与我国自身的锯材产量可近似看作是替代品。所谓替代品，也就是那些同现有产品具有相同功能的产品。在其他条件保持不变的前提下，我国锯材产量的增加，会在一定程度上为我国家具等行业提供更多的资源，从而减少我国对于锯材需求的空缺，从而减少我们的锯材进口量。

（二）国内需求因素

从锯材的用途上看，国内锯材消耗的主要行业为建筑及装修、人造板及家具制造、造纸、煤炭、化工、铁道及文化用品等。进入21世纪后，中国的城市化进程进一步加速，伴随着基础设施建设投资力度的不断加大和城市住房制度的进一步深化，房地产、装修行业发展迅速，成为我们进口锯材的主要去向和用途[3]。此外，我国家具业的快速发展对锯材提出大量需求。

鉴于以上分析，本文选取我国GDP总量以及我国家具材料的年消费额作为国内需求因素的指标。随着我国GDP的增加，居民可支配收入也相应增加，分配在各项消费支出上的数额也会增加，从而带动相关林产品的消费[4]。同理，在其他条件不变的情况下，我们家具材料每年的消费额增加，也就意味着我国国内市场上对于锯材的需求增加，为了达到均衡状态，就要增加我国的锯材进口量，以满足随着经济发展日益增加的锯材消费水平。

（三）国外需求因素

由于中国的劳动力以及资源成本优势，木质材料的加工产品成为我国出口的重要组成部分。因此，本文选取我国家具出口量作为国外需求因素的衡量指标。以木材为主要原材料的木质家具占出口家具产品的主导地位。因此，我国家具产品的出口状况对于我国锯材的进口有着很重要的影响[5]。在其他条件不变的情况下，如果国外对于我国家具产品的需求量增加，则意味着我国家具产品的出口量将会上升，因此作为制造家具及其零件主要原材料之一的锯材的需求也就会跟着上升，这样也就会进一步的加大我国国内市场对于锯材需求的缺口，从而增加我国锯材的进口量。

（四）贸易环境

我国锯材的进口不仅会受到国内和国际市场供给和需求变化的影响，还会受到全球瞬息万变的贸易环境的影响，其中最具有代表性的是汇率以及我国贸易、环境及产业政策等政策变量。

当一国本币升值时，会提高本国产品相对价格，降低国外产品的相对价格，从而使得本国从国外进口产品的相对价格相对降低，这样进口就会受到鼓励。在我国经济与世界经济联系程度日益紧密的背景下，我国锯材进口主要以美元结算，因此本文选用人民币对于美元的实际汇率作为参考标准。当美元兑人民币汇率下降时，进口商品的相对价格下降，也就会在一定程度上鼓励我国锯材的进口，增加锯材的进口量。

除了汇率之外，我国国内的政策变化以及国际相关法律法规的制定也对我国锯材进口市场起到了一定的影响。就我国来看，1999年中央做出了实施包括天然林资源保护工程、“三北”和长江中下游地区等重点防护林建设工程、退耕还林工程等林业六大工程的重大决策。通过我国锯材产量的变化可以明确的看出，实施该工程后，我国锯材的产量从1999年的1585.94万m^3迅速下降到2000年的634.44万m^3。因此相关政策的调整对我国锯材的进口也存在着很大的影响。随着我国对于自身木材资源保护力度的不断加强，如果不能在木材的种植以及利用的技术上实现突破，我国对于进口锯材的依赖性将不断加强。

三、模型及数据处理

国内外研究进口贸易的影响因素研究的文献大多以汇率作为切入点，主要是研究汇率的变动对于出口贸易的影响，然后辅助加入其它的相关因素。而关于模型方程的选择上，大多采用柯布-道格拉斯函数。

（一）计量模型的构建

根据上述分析，本文从国内供给、国内需求、国际需求以及贸易因素四个方面分别选取了以下变量进行实证研究：

表1　参数名称

Tab. 1　Influencing Variables

变量类型	变量名	表示符号	单位
被解释变量	我国锯材进口额	*WI*	万美元
解释变量	每100美元兑人民币的实际汇率	*REER*	元
	我国国内生产总值	*GDP*	亿元
	我国国内锯材产量	*WP*	万立方米
	我国家具及其零部件出口额	*FE*	万美元
	我国家具材料消费额	*FC*	万元
	政策变量	*P*	-

将最终的进口影响因素分析模型设定为：

$$\ln WI = \alpha_0 + \alpha_1 \ln REEP + \alpha_2 \ln GDP + \alpha_3 \ln WP + \alpha_4 \ln FE + \alpha_5 \ln FC + \alpha_6 P$$

(二)数据处理

1. 样本的确定

本文选取了1994～2011年年度数据作为研究的样本数据。在数据的搜集方面，我国锯材的进口额、我国国内生产总值GDP以及家具及其零件出口额均来自中华人民共和国国家统计年鉴；我国锯材产量的数据来自于中国林业统计年鉴。在国家政策方面，1999年是中国林业发展的一个分水岭，针对长期以来天然林资源过度消耗而引起的生态环境恶化的现实，中央做出了实施包括天然林资源保护工程、“三北”和长江中下游地区等重点防护林建设工程、退耕还林工程等林业六大工程的重大决策。因此1999年以前政策变量全部取值为0，而在1999～2011年期间，政策变量赋值为1。人民币的实际汇率以及全国家具材料消费额，由于没有直接数据，本文做了相关的处理。

名义汇率是指在社会经济生活中被直接公布、使用的表示两国货币之间比价关系的汇率，而实际汇率是用两国价格水平对名义汇率进行调整后的汇率。因此，本文选用实际汇率，不仅考虑了所有双边名义汇率的相对变动情况，而且还剔除了通货膨胀对于货币本身价值变动的影响，能够综合反映本国货币的对外价值和相对购买力。其中我国人民币名义汇率的数据来源于中国人民共和国国家统计年鉴，而中国和美国的CPI数据来源自国际货币基金组织官方数据库。由于中国和美国在各自CPI的计算上所选择的基期不一致，本文对于中国和美国的CPI分别做了指数化处理，然后计算出了我国人民币的实际汇率。

在我国家具材料消费额方面，本文分别搜集了我国城镇居民每人全年消费家具材料额以及我国总人口的数据，数据来源均在于中华人民共和国国家统计年鉴，它们的乘积即为我国家具材料消费额。

2. 指数化处理

由于不同的变量的单位不一致，为了统一口径，将选取的数据进行无量纲化处理，转换成没有单位的数字。

3. 对数化处理

由于数据的自然对数变换不改变原来的协整关系，并且能使得原方程线性化。因此对于指数化后的数据进行对数化处理。同时，为了便于统计分析，本文将取自然对数后的数据分别扩大10倍。

四、模型回归结果检验及修正

本文首先对于各个变量进行了平稳性的检验，检验结果表明原序列都是非平稳序列，而经过差分后的序列都呈现出平稳性，因此可能存在着协整关系。于是使用Johansen协整检验进行进一步研究，结果表明各变量之间确实存在着协整关系，即存在长期稳定的关系。最后，利用最小二乘法对挑选出的因素进行回归，得到初步的回归方程。我国锯材进口的影响因素模型为：

$$\ln WI = 245.313 - 4.179 \ln REEP - 0.418 \ln WP + 0.597 \ln FE - 0.320 \ln FC + 8.540 P$$

模型估计结果表明，在假定其他变量不变的情况下，人民币实际汇率每上升1%，我国锯材进口额就下降4.179%；我国锯材产量每上升1%，我国锯材进口额就下降0.418%；我国家具出口量每上升1%，我国锯材进口额就上升0.597%；我国国内家具材料消费额每上升1%，我国锯材进口额就下降0.319%；而我国的相关政策对于我国锯材进口额变动的弹性值为8.540。

除了我国国内家具材料消费额以外，其他变量均与理论分析和经验判断一致。在对初步模型进行经济学检验时发现变量“我国家具材料消费额”与经济学理论分析不相符，怀疑可能存在违反古典假定的情况。因此分别对原有的拟合模型进行统计检验、自相关检验、异方差检验和多重共线性检验。原有的模型通过了统计检验、自相关检验和异方差检验，但解释变量之间存在着多重共线性。因此通过逐步回归法消除解释变量之间的多重共线性，剔除了我国家具材料消费额，对剩下的四个解释变量进行回归分析，得到最终修正后的回归模型。

修正之后的回归结果为：

$$\ln WI = 147.724 - 2.450\ \ln REEP - 0.350\ \ln WP +$$
$$(3.9684)\ (-3.3796)\qquad (-2.4400)$$
$$0.613\ \ln FE\ +\ 7.407\ P \qquad (6.10)$$
$$(6.2397)\qquad (3.0550)$$
$$R^2 = 0.978882\quad \overline{R}^2 = 0.972384\quad F = 150.6437$$

五、结论与建议

我国锯材产量远不能满足经济增长所带来的对锯材的大量需求。为了填补我国锯材的这一供需缺口，从国内方面看，我们需要增加人工林的种植面积，同时积极的发展新的科学技术提高我国锯材的利用率。而从国际方面看，我们不仅应该随时掌握国际上最新法律法规的内容，同时也要时刻关注汇率等影响国际贸易的因素变化，控制锯材进口的成本。然而在短期内，国内人工林面积和林木种植技术较难有很大突破，仅仅依靠国内锯材供给来满足经济发展对锯材的需求难以实现。因此，在锯材资源丰富的国家没有完全禁止出口时，锯材进口仍是缓解我国锯材供需矛盾的重要途径。

(一)继续加大人工林的种植

随着国家对于天然森林资源保护力度的不断加强，人工林成为了很好的替代资源。新西兰仅用占森林面积18%的人工林，实现了其国内98%的木材供给。2002年我国开始实施的速生林基地建设工程，预计到2015年可以提供1.4亿~1.5亿 m^3 木材，再加上现有森林资源的采伐的合理利用，我国国内锯材供需矛盾基本可以得到解决。然而，虽然我国人工林的增长速度迅速，但是仍然存在生产力低下、树种结构单一、实际锯材供应能力不强等诸多问题，因此，在提高我国人工林种植面积的同时，也要加强对于其的管理和利用，及时调整人工林经营管理模式，加大对于科学技术开发力度的投资，培育出更加优良的树种。

(二)提高林产品质量

随着人民币的不断升值，我国林产品在国际上的市场受到了一定的影响而萎缩，目前我国林产品在已经具备一定的价格优势，因此应对措施的其中之一就是要进一步提高林产品质量，使之达到价高质优的要求，这样才能在一定程度上缓解我国锯材进口的压力，分担锯材进口成本可能上升的部分。在现有的锯材进口中，不仅有一部分用来加工成林产品满足国内市场的需求，更有一部分加工成家具及其零部件出口到国外市场。然而近几年来，锯材深加工产品中的竞争更加激烈，贸易摩擦不断增加，非关税贸易壁垒也越来越多。我国锯材的利用率相对低下，并且深加工技术相对落后，导致我国在国际竞争中处于不利地位[6]。因此这就要求我们在现有的加工结构下，开发新的加工产品，使之具有更高的产品附加值和较低的产品替代性，在新一轮的国际竞争中占得先机。

(三)提高锯材利用率

锯材在生产和加工过程中会产生大量的剩余物，但是放眼国际市场，一些发达国家的木材综合利用率已经达到了80%~90%，而中国这类发展中国家的木材综合利用率仅为50%~60%，远远低于发达国家的利用水平。据相关数据表明，如果木材综合利用率提高1个百分点，全国每年可节省木材40万 m^3。这个严峻的现实告诉我们我国锯材的生产和使用技术急需提高。

此外，技术的落后还导致我国造林树种的良种使用率仅为20%，而美国为95%，新西兰为100%。因此，开展锯材的综合利用，全面提高锯材利用率，充分利用废弃的锯材，生产出更多的刨花板、纤维板、木片等成品或半成品，不仅能够在短期内缓解我国其他林产品的进口依赖，降低我国林产品总的进口成本，同时也是缓解我国长期锯材供需缺口的良好途径。

(四)警惕锯材进口壁垒

在经济全球化的今天，森林资源的稀缺性、森林对人类生存环境的重要意义，越来越受到国际社会的重视。联合国粮农组织、国际性、区域性森林组织、以及各主权国家等都加大了对森林资源的保护力度。环保方面国际公约、法规渐趋完善，社会公众的全球环保意识逐步加强。继巴厘岛气候变化会议后，为防止滥伐林木和森林退化，国际社会倡议并采取了一系列行动，加强对环境的保护力度。

2009年4月，欧洲议会通过了欧盟木材及木制品规例和新环保设计指令议案两项法规。新木材法要求木材生产加工销售链条上的所有厂商，须向欧盟提交木材来源地、国家及森林、木材体积和重量、原木供应商的名称地址等证明木材来源合法性基本资料，非法木材及木制品将受到严厉处罚。2009年中期，美国实施雷斯法案，随后对该法案做了修正，增加了非法采伐和非法植物贸易条款。

上述法律法规对我国的锯材进口企业提出了更高的要求，国内锯材贸易企业在木制品原辅材料的选择上应保证来源合法，实行负责任采购，还要积极地向经过森林管理委员会认证的可持续木材靠拢，杜绝参与非法木材和非法木制品交易。也可以通过在主要原木出口国家投资建厂进行生产，充分利用当地的原料资源，满足我国进口锯材的需要，进而也有利于相关深加工产品的生产和出口。

参考文献

[1]魏旸艳，陆文明，郎书平．中国木材进口影响因素分析[J]．世界林业研究，2009(2)：78～80.

[2]徐漫萍，郑虹，方崇荣．我国胶合板行业现状及产品质量分析[J]．浙江林业科技，2006，26(6)：65～68.

[3]田园，程宝栋，宋维明．中国木材市场供给结构分析[J]．森林工程，2005，5：4.

[4]唐帅，宋维明．我国原木进口价格波动及影响因素的实证研究[J]．价格月刊，2013(2)：16～19.

[5]唐帅，宋维明．我国原木进口现状及面临的形势分析[J]．林业经济，2012(5)：34～38.

[6]陈水合．我国木材加工业生产和进出口形势分析——对木材加工产品的回顾与展望[J]．国际木业，2013(1)：26～29.

林业企业与绩效评价

林业企业无形资产业绩相关性研究

——来自沪深上市公司的实证检验

曾榈珈　张卫民　陈丽荣
（北京林业大学经济管理学院，北京，100083）

摘要：知识经济时代，科学技术的飞速发展，无形资产在企业价值创造中发挥了越来越重要的作用。我国林业企业的无形资产是否也对企业业绩起到了积极的推动作用？本文选取 2007 - 2012 年深沪两市的林业上市公司为样本，对林业企业无形资产与企业业绩的相关性进行了实证分析，结果显示，林业企业无形资产对企业业绩的相关性并不明显，而总资产规模与经营业绩的相关性明显，表明我国林业企业目前仍处于规模发展阶段。

关键词：林业企业；无形资产；企业业绩；实证分析

A Study on the Intangible Assets and Company Performance Of Chinese Forestry Company

——Take the Forestry Companies in Shanghai and Shenzhen Stock Exchange as An Example

Zeng Lvjia, Zhang Weimin, Chen Lirong
(College of Economics and Management, Beijing Forestry University, Beijing, 100083)

Abstract: In Information Age, with the development of technology, intangible assets play a more and more important part in a company. So, we want to know if intangible assets play an important role in the forestry company too. The paper analyzed the relationship between intangible assets and company performance of listed forestry company during 2007 and 2010. The empirical analysis found that the relevance of intangible assets and company's business performance is not obvious.

Keywords: forestry company; intangible assets; company performance; empirical test

企业经营的经营过程就是将其拥有的经济资源，转化为自身的研究开发能力、生产能力、服务能力、营销能力等，进而实现价值增加的过程。企业运用的经济资源，包括有形资源（如厂房、设备、原材料、劳动力等）和无形资源（如生产技术、管理技术、商标、品牌等）。在工业经济时代，受规模经济效应理论的影响，实物资产是企业的主要资源，是企业价值创造的主要源泉；随着二十一世纪的到来，人类社会进入了知识经济时代，知识经济和信息技术飞速发展，经济活动中的科技含量逐渐增加，科学技术成为经济增长的核心资源，无形资产逐渐成为企业持续竞争优势的动力与源泉[1]。

林业及其相关产业是以森林资源为主要经营对象的产业，林业的可持续发展对我国经济、社会和生态环境的可持续发展具有重要的保障和推动作用。林业企业作为林业经济发展的核心，对于我国林业产业结构调整，促进林业可持续发展，提升我国林业国际竞争力，加快实现我国林业现代化都具有非常重要的意义。然而近年来，我国林业企业在不断发展的同时，受森林资源供给能力所限，原材料成本不断上升，加之国际经济形势低迷等因素的影响，消费需求下降，造成林业企业经营业业绩不佳。林业企业要实现可持续发展，必须从适应知识经济要求和市场环境变化的角度出发，调整自身发展战略，

第一作者：曾榈珈，北京林业大学经济管理学院硕士研究生。研究方向：会计理论与实务。Email：zenglizi1990@126. com。
通讯作者：张卫民，北京林业大学经济管理学院教授。研究方向：林业财务会计，资产评估。电话：010 - 62338012；Email：zwm@bjfu. edu. cn。地址：北京林业大学经济管理学院（邮编：100083）。
第三作者：陈丽荣，北京林业大学经济管理学院副教授。研究方向：税务会计。Email：chenlirong2010@sina. com。

开展一系列的创新，特别是技术创新[2]。企业创新的一个重要方面体现在对无形资产的投入上，大量的无形资产研究表明，一个企业拥有无形资产的多少，代表企业经济技术实力和竞争能力的强弱，有些无形资产如专有技术、商标、客户名单等，作用巨大，是有形资产不能代替的，能使企业在国内外进行市场竞争占有巨大的优势。因此，本文希望通过研究林业企业无形资产与企业业绩的相关性，来探讨能提高企业竞争能力的无形资产，是否也对我国林业企业的发展也起到了积极的推动作用，从而为我国林业企业重视对无形资产的投资，提高企业的科技创新能力和竞争能力提供借鉴。

一、文献回顾

关于企业无形资产的研究包括理论研究和实证研究两个方面。理论研究主要有无形资产创造企业价值的动因分析理论，无形资产的作用和评价指标，无形资产的分类及相互关系，无形资产的会计确认、计量和披露等；实证研究则主要集中在无形资产的价值相关性和无形资产的企业业绩相关性分析方面。

大量理论研究表明，无形资产对企业价值创造有重要作用。产业结构理论认为企业的竞争优势来自于行业结构和市场定位，即企业所选择的成本领先、差别化和集中战略；企业资源理论认为企业的竞争优势来源于企业拥有或能支配的稀缺资源；企业能力理论认为配置和利用资源的能力才是带给企业竞争优势的因素；企业关系理论认为企业与供应商、客户以及合作伙伴良好的关系构成了企业的竞争优势；这些理论从不同的方面考察企业竞争优势的来源，但无论是企业选择的战略，异质资源的识别与获取，核心能力的构筑还是良好社会关系的建立，都在一定程度上体现为无形资产的培养与利用。

无形资产价值相关性是是企业无形资产实证研究的一个重要领域，一般通过研究无形资产及会计信息披露水平与以股价为基础的市场变量之间的相关关系来检验无形资产及其会计信息的价值。Lev&Zarowin(1999)采用盈余-回报模型对美国上市公司的研究以及Goodwin(2003)以澳大利亚上市公司1975~2002期间的数据为样本的研究都证明了无形资产投资影响了会计盈余价值[3,4]。薛云奎、王志台(2001)选取1995~1999年沪市上市公司作为研究样本，采用股价模型研究发现，无形资产对股票定价的影响显著，而有形资产对股票定价影响不显著，且上市公司披露的无形资产信息具有显著的价值相关性[5]。王化成、卢闯(2004)对沪、深两市的上市公司1998~2002年的数据进行了研究，他们的研究也表明，无形资产与股票价格显著相关。无形资产比重能够显著的提高会计盈余的价值相关性[6]。

无形资产的业绩相关性研究是企业无形资产实证研究的另一个重要方面，通常是以主营业务利润、主营业务利润率、净利润、净资产收益率等作为企业业绩的标准，构建回归模型，来探索无形资产对企业业绩产生的作用。

2001年Gu和Lev对公司专利收入进行价值相关性分析，不仅证实了专利收入具有价值相关性，而且说明专利收入较其他收益项目更为持久[7]。Gupta和Neeraj(2008)以美国企业为样本的实证研究，再一次证明无形资产与企业的经营业绩呈显著正相关关系[8]。薛云奎、王志台(2001)选取1995~1999年间沪市上市公司的数据进行研究发现，相比固定资产，无形资产对企业主营业务利润的正面作用持续期更长[5]。此后，王化成、卢闯(2004)以1998~2002年沪、深两市的上市公司的表现为样本，研究了无形资产对企业未来业绩的影响，发现无形资产可以持续地改善企业的盈利质量，无形资产对企业业绩有显著的影响[6]。

国内学者还对不同行业中无形资产的比重以及无形资产与企业业绩的相关性进行了研究。徐瑜(2009)以沪深证券市场2006~2008年医药生物制品行业上市公司为样本的实证研究表明，无形资产对企业经营业绩影响显著，但是要小于固定资产对企业的影响；不同类别的无形资产对企业经营业绩的影响也存在差异[9]。刘振宇(2011)选取沪市2006~2009年21家农林牧渔类企业，以息税前利润作为衡量企业盈利能力的指标，对农林牧渔类上市公司无形资产与盈利能力相关性进行研究，结果证明无形资产与企业盈利能力不相关[10]。司占峰(2012)对2007~2012年我国深沪市出版传媒企业进行研究，发现我国出版传媒企业的无形资产企业无形资产规模与经营绩效存在着显著的正相关关系，而且单位无形资产对经营绩效的贡献明显大于固定资产[11]。

国内外学者关于企业无形资产与业绩(或经营绩效)的实证研究大部分都得出无形资产与企业盈利的增加之间存在显著的正相关关系的结论，但不同行业，不同类别的无形资产对企业业绩的作用并不是完全相同的。由于目前还没有专门针对林业行业的无形资产与企业价值和业绩相关性的实证研究，因此，本文选择沪深证券市场的林业上市公司为样本，探讨我国林业企业无形资产对企业业绩的影响问题。

二、研究设计

(一)研究理论与假设

根据价值链观点，企业的价值创造和竞争优势取决于其价值链的异质性和漂移性，而价值链的异质性主要来自企业创新活动所导致的不可模仿性和核心能力。工业经济向知识经济的变迁又使得企业价值链的重心由实物资产漂移到无形资产(葛家澍，杜兴强，2004)[12]，而无形资产，尤其专利技术，专有技术和商誉，能够创造出对手难以模仿的竞争优势，使得企业的竞争优势得以确立和长期维持。同时，法律保护的存在也有助于提高拥有这些无形资产的企业的进入壁垒，进而使得企业存在一定的垄断地位。而且随着专利技术，专有技术和商誉数量和含金量的提高，企业行业和产品的垄断地位也将越稳固。从产业经济学看，垄断地位的攫取有助于保证企业获得超额的经济利润，垄断地位越稳固，超额利润越具有持续性。按照经济学理论，资产构成的改善有助于改善企业的盈利质量，无形资产比重愈高，企业生产经营过程的技术含量愈高，盈利质量自然也愈高。

此外，不同类别的无形资产的本质和特性各不相同，对企业业绩产生的作用的也有差别。薛云奎、王志台(2001)也证明了各种不同的无形资产对于企业业绩的影响是不同的[5]。在无形资产分类中，专利及专有技术属于企业自主研究的新技术，能够为企业提供独特的竞争优势，能对企业的业绩增长提供显著的正向作用。因此，本文提出以下两个假设。

假设1：在林业上市公司中，无形资产对于企业业绩有显著的正向作用。

假设2：在林业上市公司中，不同类别的无形资产对于企业业绩的作用不一样；专利及非专利技术这类技术类无形资产对于企业业绩有显著的正向作用。

(二)样本和数据来源

根据《国民经济行业分类标准》(GB T4754—2011)，可以把林业企业可以划分为三大类：森林资源培育业、林产加工业以及森林资源服务业[13]。我国上市公司的行业分类标准是按照证监会颁布的《上市公司行业分类指引》，对应的属于林业企业的上市公司包括：划归为农林牧渔业大类的编号为A03(林业)和划归为制造业大类的编号分别为C20(木材加工业)、C21(家具制造业)的上市公司，以及C22(造纸及印刷行业)中的木浆造纸公司。

由于新会计准则于2006年颁布，并于2007年开始执行。因此，本文选取了林业上市公司2007～2012年的数据，剔除缺失无形资产信息的公司，最后，选取了20林业上市公司作为样本企业，20家林业上市公司分别为：森林资源培育业：福建金森；林产品加工业：林产品加工业可以细分为家具、木材制造业和造纸、印刷制造业；家具、木材制造业有德尔家居、科冕木业、升达林业、威华股份、喜临门、丰林集团、宜华木业、国栋建设、景谷林业、吉林森工、兔宝宝、大亚科技、永安林业、中福实业，共14家上市公司；造纸、印刷制造业有美利纸业、太阳纸业、青山纸业、福建南纸、岳阳林纸，共5上市公司。

本文数据信息来源于国泰安数据库，利用spss19.0进行实证分析。

(三)变量及解释

表1　变量定义

Gra. 1　The definition of variables

变量名称	变量符号	变量定义
企业业绩	$OP_{t,i}$	本年营业利润率
固定资产	$PPE_{t,i}$	年末固定资产占总资产比重
无形资产	$INTAN_{t,i}$	年末无形资产占总资产比重
土地使用权	$INTANA_{t,i}$	年末土地使用权占无形资产账面价值比重
软件	$INTANB_{t,i}$	年末软件占无形资产账面价值比重
专利及专有技术	$INTANC_{t,i}$	年末专利及专有技术占无形资产账面价值比重
企业资本结构	$CS_{t,i}$	资产负债率
企业规模	$LNA_{t,i}$	年末总资产的自然对数

1. 因变量

企业业绩的评价指标通常有净资产收益率、利润总额等，对于净资产收益率指标，它能很好的说明企业的总体盈利情况，但是并不能准确反映受无形资产影响的企业主要经营活动所产生的利润。同样，利润总额也是衡量企业经营业绩的重要指标，而企业利润总额不仅包括企业日常的经营活动，而且通常包括偶发性的及购买股票与债券的投资经营活动等，因此，将利润总额作为衡量反映无形资产影响的经营业绩指标也不够理想。营业利润率是企业主要经营活动成果的体现，而企业会计报表中的无形资产主要影响企业的经营活动成果，因此，本文选取营业利润率作为衡量企业业绩的指标。

2. 自变量

PPE 为年末固定资产占总资产的比重，固定资产包括企业厂房、设备等，是维持企业正常运营所必须的资产，其所包含的经济利益能够流入企业，因此，固定资产对企业经营业绩具有重要的贡献。

INTAN 为年末无形资产占总资产的比重，是指企业为生产商品或者提供劳务、出租给他人、或为管理目的而持有的、没有实物形态的非货币长期资产；现有的关于无形资产研究的文献表明无形资产对企业经营业绩有显著的正相关性，对企业营业利润具有一定的影响。

INTANA、B、C 分别代表年末土地使用权、软件、专利及专有技术占无形资产账面价值的比重。商标由于有效样本量不足，在实证研究中予以剔除。

3. 控制变量

CS 为资产负债率，用来控制资本结构对经营业绩的影响。

LNA 为年末总资产的自然对数，不同的企业规模对企业业绩产生的作用不一样。因此，选用总资产的自然对数来控制企业规模对经营业绩的影响。

a_0为常数项，a_l、a_2、a_3、a_4为回归系数；t 表示年度；i 表示样本公司；$\varepsilon_{t,I}$ 为干扰项，满足 $\varepsilon_{t,i} = 0$。

(四) 研究模型

在参考薛云奎和王志台(2001)在研究沪市上市公司无形资产对企业经营活动所产生的作用时采用的模型方法基础上，建立了以下两个模型，用模型(1)用来检验假设1；用模型(2)来检验假设2。

$$op_{t,i} = a_0 + a_1 PPE_{t,i} + a_2 INTAN_{t,i} + a_3 CS_{t,i} + a_4 LNA_{t,i} + \varepsilon_{t,i} \quad (1)$$

回答问题3

$$op_{t,i} = a_0 + a_1 PPE_{t,i} + a_2 INTAN_{t,i} + a_3 INTAN_{t,i} + a_4 INTAN_{t,i} + a_5 CS_{t,i} + a_6 LNA_{t,i} + \varepsilon_{t,i} \quad (2)$$

三、实证检验

(一) 变量的描述性统计分析

表 2 描述性分析

Gra. 2 Descriptive analysis

	N	极小值	极大值	均值	标准差
资产总计	103	1.76565071E8	1.76339509E10	4.4410835655E9	4.531E9
固定资产净额	103	708930.52000	9.910439600E9	1.8974786475E9	2.380E9
无形资产净额	103	0.00	915734809	1.86E8	2.[illegible]91E8
无形资产占总资产比	103	0.00	0.13	0.0447	0.03071
固定资产占总资产比	103	0.00	0.65	0.3452	0.15489
营业利润率	103	-56.529055	0.289446	-0.54694236	5.5720281
资产负债率	103	0.076897	1.810657	0.53427029	0.2[illegible]026396
土地使用权占比	103	0.00	86.34	1.7617	8.54617
专利及专有技术占比	103	0.00	0.21	0.0125	0.03361
软件占比	103	0.00	1.00	0.0285	0.14091
有效的 N (列表状态)	103				

从均值来看，无形资产占总资产比重为4%，固定资产占总资产比重为35%，两者相差达9倍。而且，无形资产的极大值和极小值相差很大，在样本公司中，无形资产的分布极不均匀。从无形资产

的类别来看，土地使用权占无形资产的比重最大；而专利及专有技术以及软件占无形资产的比重分别为1%和2.85%，远远低于土地使用权的比重。

(二) 无形资产规模与企业业绩的相关性分析

本文以20家林业上市公司2007～2012年的面板数据为样本进行线性回归分析，为了保证方程的准确性，需要对各变量的独立性和线性关系进行检验。从表3可知，调整的R方为0.475，表明方程的拟合度较好；从F统计量的值分析，F在0.01的水平上显著，这表明模型的整体线性关系比较显著；从$D\text{-}W$检验的结果看，$D\text{-}W$统计量为1.455，接近于2，表明残差与自变量是独立的，模型中的各自变量并不存在一阶序列相关，自变量均能较好的解释因变量，它保证了模型回归效果的有效性，使本部分的实证研究结论更具有可靠性。

表3　模型汇总

Gra. 3　Model summary

	R	R方	调整R方	标准 估计的误差	Durbin-Watson	F	Sig.
1	0.704a	0.496	0.475	4.037507446	1.455	24.067	0.000[a]

为了排除多重共线性的干扰，本文进行了共线性检验，如表4所示，结果表明，容差均大于0.1且VIF均小于2，所以方程并不存在共线性问题。从T检验来看，在显著性水平为0.01的情况下，资产负债率和总资产的Sig值为0.00和0.06，说明资产负债率和总资产与林业企业的营业利润率有显著的相关性。资产负债率的B系数为－16.648，说明林业企业的资本结构对营业利润率起到了抑制作用。总资产自然对数的B系数为1.474，说明林业企业的规模对营业利润率起到了正向的促进作用，企业的总资产规模越大，企业的营业利润率越高。

无形资产和固定资产对营业利润率的影响系数分别为13.281和4.390，虽然系数为正，但是二者的Sig值均没通过显著性水平为0.01的T检验。

表4　回归系数

Gra. 4　Regression coeffients

模型		非标准化系数		标准系数	t	Sig.	共线性统计量	
		B	标准 误差	试用版			容差	VIF
1	(常量)	－25.857	10.728		－2.410	0.018		
	资产负债率	－16.648	1.934	－0.628	－8.610	0.000	0.967	1.034
	无形资产占总资产比	13.281	13.248	0.073	1.002	0.319	0.965	1.036
	固定资产占总资产比	4.390	3.289	0.122	1.335	0.185	0.616	1.624
	总资产的自然对数	1.474	0.519	0.258	2.839	0.006	0.621	1.610

以上的结果表明，无形资产的规模与林业企业的业绩之间并不存在显著的相关性，因此，假设1不成立。在林业企业中，无形资产占总资产的比重很低，为4%，而总资产对企业业绩有显著的正相关性，因此，对于无形资产投入不足很可能是导致结果不成立的一个重要原因。此外，不同类别的无形资产对于企业业绩可能会产生不同的影响，所以，需要对林业企业无形资产的构成与企业业绩的相关性进行分析。

(三)不同类别无形资产与企业业绩的相关性分析

不同类别的无形资产具有不同的属性，它们对企业业绩所起的作用也各不相同，在样本企业中，软件、专利及专有技术和土地所有权是无形资产的主要组成部分。因此，本文在模型(1)的基础上，将林业企业无形资产细分为软件、专利及专有技术和土地所有权，并以这三类无形资产金额占无形资产总金额的比例为替代变量进行回归分析。

表5 模型汇总

Gra. 5 Model summary

模型	*R*	*R* 方	调整 *R* 方	标准 估计的误差	Durbin – Watson	*F*	Sig.
1	0.685[a]	0.469	0.441	4.184705218	1.531	16.965	0.000[a]

从表5可知，方程调整的R方为0.484，表明方程的拟合度较好；从F统计量的值分析，F在0.01的水平上显著，这表明模型的整体线性关系比较显著；从D-W检验的结果看，D-W统计量为1.574，接近于2，表明残差与自变量是独立的，模型中的各自变量并不存在一阶序列相关，自变量均能较好的解释因变量，因此，本文的线性方程是有效的。

表6 回归系数

Gra. 6 Regression coeffients

模型		非标准化系数		标准系数	*t*	Sig.	共线性统计量	
		B	标准 误差	试用版			容差	VIF
1	（常量）	5.099	1.414		3.607	0.000		
	资产负债率	-17.530	2.009	-0.657	-8.726	0.000	0.975	1.025
	固定资产占总资产比	9.900	2.699	0.275	3.668	0.000	0.983	1.018
	软件占比	2.545	3.009	0.063	0.846	0.400	0.983	1.017
	专利及专有技术占比	6.230	12.521	0.037	0.498	0.620	0.996	1.004
	土地所有权占比	0.063	0.050	0.096	1.281	0.203	0.986	1.014

从表6可知，各变量的容差均大于0.1且*VIF*均小于2，方程不存在共线性问题。在*T*检验中，资产负债率和总资产的Sig值为0.00和0.03，通过了显著性水平为0.01的*T*检验。固定资产的Sig值为0.250，没有通过显著性水平为0.01的*T*检验。

专利及专有技术的回归系数为10.210，远远大于其他因变量的回归系数，但的是其Sig值为0.401，没有通过显著性水平为0.01的*T*检验。同样，软件和土地使用权也都没有通过*T*检验，它们的Sig分别为.290和.138。它们的回归系数各不相同，专利及专有技术的回归系数最大，土地使用权的回归系数最小。这说明不同类别的无形资产产生的作用是不一样的。但是，三者与林业企业的主营利润率的相关性并不明显。因此，假设2也不成立。

四、研究结论

本文以20家林业上市公司2007～2012年的数据为样本，对林业企业无形资产与企业业绩相关性进行了实证研究，结果表明：在林业上市公司中，无形资产与企业业绩的相关性并不显著；林业企业的业绩与总资产规模成正比，与资产负债率成反比；说明现阶段，我国林业企业还处于规模发展阶段，资本和资源仍是企业发展的主要驱动力，无形资产对企业经营业绩的作用不明显。

在林业上市公司中，无形资产并没有发挥预期的作用，原因之一是林业企业对于无形资产的总量不足，无形资产占总资产的比重不到5%。关宏慧对于交通运输企业2003～2008年的无形资产进行了实证研究表明，在交运行业中，无形资产占总资产的比重高达60%，无形资产的投入，尤其是公路经营权和收费权等特许经营权推动了企业业绩的增长[14]。除了总量不足外，林业企业无形资产的结构也不尽合理，无形资产组成以土地使用权为主，技术类无形资产所占的比重不足4%（专利及专有技术为2.85%，软件为1%）。所选的样本企业主要业务是木材产品的加工利用和原材料生产，包括森林培育、木材和人造板生产、家具制造和制浆造纸。林业企业的无形资产中，除了林地使用权能够增加企业的森林资源的生产能力，从而提高企业的业绩外，其他土地使用权对于企业的核心业务影响不大，也不能有效提高企业的营业利润率。技术类无形资产如专利及专有技术能够提高企业核心竞争能力，但这类无形资产所占比重过低，还没有成为企业业绩的重要影响因素。

无形资产的投入不仅需要大量的资金，而且具有一定的风险，实证表明，企业的现金流对无形资产投入有显著影响，现金流越充足的企业对无形资产投入越多[15]。我国林业企业正处于规模发展阶段，企业投资主要集中在加工生产能力的扩大、基础设施建设和增加森林资源的储备方面，这些方面的投资需要占用大量的资金，造成企业现金流的不足，影响了对无形资产的投入。此外，从无形资产的形成途径分析，企业无形资产的形成途径有两种，一种是通过外购形成无形资产，另一种是通过自主研发形成无形资产。根据20家林业上市公司六年的数据，企业无形资产主要由外购形成，虽然大部分林业上市公司都投入了一定数量的研发费用，但是由此形成的无形资产却很少。在20家林业上市公司中，只有升达林业和吉林森工两家公司的研发费用资本化为开发支出，其余18家公司研发费用的资本化程度均为0，这说明林业上市公司能形成无形资产的研发活动少，自主研发总体质量不高。

基于以上分析，我国林业企业应加大对无形资产的投资力度，特别是加强对那些能够提高企业核心竞争力的技术类无形资产的投资力度，并采取措施提高研发活动的质量和效果，努力增强企业的技术水平和创新能力，从而提高企业的竞争力，实现企业的全面、协调、可持续的发展。

参考文献

[1]张旭．无形资产对企业价值贡献评价研究[D]．天津：天津财经大学，2008.

[2]庄莉．中国林业企业可持续发展问题研究[D]．哈尔滨：东北林业大学，2013.

[3]Lev，B.，R，Zarowin. The boundaries of financial reporting and how to extend them [J]. Journal of Accounting Research，1999，37：353～385.

[4]Goodwin . Supervisor's value of intangible assets associated with the earnings[J]. Accounting And Finance，2003，(42)：195～224.

[5]薛云奎，王志台．无形资产信息披露及其价值相关性研究—来自上海股市的经验证据[J]．会计研究，2001(11)：40～47.

[6]王化成，卢闯．企业无形资产与未来业绩相关性研究—基于中国资本市场的经验证据[C]．第三届实证会计国际研讨会工作论文，2004.

[7]Gu. F.，B. Lev. Markets in Intangibles：Patent Licensing[J]. New York University Unpublished working Paper，2001.

[8]Gupta，Neeraj. Do stock prices reflect the value of intangible investments in customer assets[J]. Dissertation Abstracts International Section A：Humanities and Social Sciences，2008，(68)：4808.

[9]徐瑜．我国上市公司无形资产与经营业绩相关性研究－以医药生物制品行业为例[D]．南京：江苏大学，2009.

[10]刘振宇，魏凤．农林牧渔上市公司无形资产与盈利能力相关性分析[J]．安徽农业科学，2011，(22)：13841～13842，13867.

[11]司占峰．我国出版传媒企业无形资产确认、计量及其绩效相关性研究[D]．北京：北京交通大学，2012.

[12]葛家澍，杜兴强．无形资产的相关问题：综述与探讨(上)[J]．财会通讯，2004(9)：10－2.

[13]张卫民，隋爽．我国林业企业社会责任问题探讨[J]．林业经济，2012(7)：85～90.

[14]关宏慧．上市公司无形资产与业绩相关性研究[D]．合肥：中国科学技术大学，2011.

[15]孙莹．中国创业板上市公司创新绩效及影响因素研究[J]．华东经济管理，2013(9)：59～63.

组织学习的视角：吸收能力、环境动荡性与林业企业绩效
——基于中国林业企业的经验

刘雯雯　樊路青
（北京林业大学经济管理学院，北京，100083）

摘要：组织学习作为一种提升企业绩效的重要战略要素，受到管理学界的广泛关注。中国林业处于发展变革的关键时期，对我国林业企业的发展环境与竞争能力进行研究十分必要。回顾国内外学者的研究，本文以中国林业企业为样本展开实证分析，结果显示：林业企业的吸收能力通过组织学习体现，组织学习三个过程之间存在互补关系，并且通过吸收能力将先验技术和市场知识转化为现实的经营成果，继而积极地提升企业创新绩效和组织绩效；环境动荡性对组织学习的效果还有积极的调节作用。建议林业企业培养先进的企业文化，科学统筹组织学习，提高科技成果转化效率，积极应对外界环境的变化。

关键词：组织学习；吸收能力；环境动荡性；互补效应；企业绩效

From Organizational Learning Perspective: Absorptive Capacity, Environmental Turbulence and Forestry Firm Performance
——Based on Empirical Evidence from Chinese Forestry Firms

Liu Wenwen, Fan Luqing
(School of Economics and Management, Beijing Forestry University, Beijing, 100083)

Abstract: Organizational learning, as one of the key elements to improve firm performance, has been more concerned in the management academia. Chinese forestry is in the critical period of change and it is necessary to conduct a research on development environment and competitive capacity of forestry firm. Based on the foreign and domestic studies, the article takes the Chinese public companies from the forestry industry as the sample and conducts the empirical analysis. The results reveal the fact that the absorptive capacity can be reflected by the organizational learning, that the three processes of organizational learning are of complementarity and that the firms transform the prior technological and market knowledge into the operating results and increase their performance significantly; environmental turbulence has the moderate effect on the result of organizational learning. Therefore, the paper suggests that the forestry firms cultivate advanced corporate culture, plan the organizational learning as a whole, improve the efficiency of the transformation of scientific achievements and positively react to the outside environment.

Keywords: organizational learning; absorptive capacity; environmental turbulence; complementarity; performance

中国林业企业处于行业变革的关键时期。除去所属产业的特性，支持企业长期发展的因素很大程度上取决于企业的战略[1]。在当代开放的环境中，企业更加依赖外部知识来培养创新能力（innovation）和提升绩效成果（performance）[2]。但由于企业间的知识流动不畅，企业的竞争优势越来越依赖自身的吸收能力（absorptive capacity）[3]。基于组织学习理论，Lane 等学者认为吸收能力存在于“三种组织学习”之中，并将吸收能力定义为“企业在探索性学习（exploratory learning）、转化性学习（transformative

---

基金项目：① 国家社科基金重大项目（11&ZD042）；② 北京林业大学青年科技启动基金，项目名称：基于动态能力视角的林业企业战略转型研究（BLX2010017）；③ 中央高校基本科研业务费专项资金资助，项目名称：基于林业产业可持续发展机理的林业企业战略转型研究（TD2012-11）；④北京林业大学大学生创新创业训练计划（X1310022060）。

第一作者：刘雯雯，山东济南人，管理学博士，北京林业大学经济管理学院，讲师。研究方向：战略管理，发展与变革，组织理论，林业企业。Email：wenwensummer@163. com。

通讯作者：樊路青，河南郑州人，管理学本科。北京林业大学经济管理学院。研究方向：企业管理。Email：fanluqing@gmail. com。

learning）和挖掘性学习（exploitative learning）的三个连续过程中，利用外部知识的能力”[4]。林业企业的组织学习的效果与自身吸收能力有密切关系，如果企业学习氛围良好，能够充分消化获取的外部知识，有效地转化为企业绩效，那么企业将会获得更多的竞争优势。另外，环境对于企业发展的影响是无形的[5]，目前我国林业企业发展环境的不确定性加剧，企业组织学习的效果不仅与自身吸收能力有关，还受到环境动荡性（environmental turbulence）的影响。因此，在研究企业吸收能力与绩效的关系时，有必要考虑环境动荡性的调节作用。

一、理论背景和提出假设

回顾国内外相关文献，通过实证的方式解释三种组织学习间的互补作用的研究较少，而同时研究环境动荡性的文献更为罕见。本文通过实证建模的方式深入研究吸收能力与企业绩效、三种组织学习间的互补作用和环境动荡性对企业绩效的调节作用。

（一）三种组织学习过程

在变化的环境中，企业的持续竞争优势源于动态能力。杨长峰认为我国许多林业企业对提升企业学习能力投入不足，发展眼光不够长远[6]。Eisenhardt & Martin 认为人们很难观察动态能力，但是我们可以通过组织学习过程间接地的研究企业的动态能力[7]。Lane 等学者将吸收能力划分为“三种组织学习”，即“企业通过探索性学习（exploratory learning）、转化性学习（transformative learning）和挖掘性学习（exploitative learning）探索性学习是获取外部知识，它与潜在（potential）吸收能力相对应；它分为“识别（recognize）外部知识”和“消化（assimilate）该知识”两个阶段。挖掘性学习是指应用已获取的知识，它与现实（realized）吸收能力相对应[8]，它分为“转化（transmute）已消化的知识”和“应用（apply）该知识”两个阶段；转化性学习是指在一段时期内保持知识，是连接探索性学习和挖掘性学习的“桥梁”[9]，它分为“保持（maintain）已消化的知识”和“激活（reactivate）该知识”两个阶段。Cohen 指出先验知识决定企业的吸收能力，而在三种学习中，不同的先验知识对于每种学习的吸收能力影响不同[10]。Song 将先验知识分为两类：技术知识和市场知识[11]。技术知识指的是企业通过其吸收能力实际开发、转化和利用的知识[12]；市场知识是企业应用和转让技术知识的机会[13]。Lane 认为企业在获取外部知识过程中，三种组织学习扮演着不同的角色，在探索性学习过程中，企业具备了足够的市场知识，从而将外部购买的技术知识转化为实际应用，即技术知识对于探索性学习十分重要；相反的是，市场知识对于挖掘性学习是主要的，因为在这阶段企业已经消化了技术知识，需要运用技术的外部机会；对于转化性学习而言，由于知识的保持是建立在技术和市场知识的基础之上，因此这两种知识是同等重要的[14]。由此可见，市场知识为企业提供了获取技术知识的契机，二者互为补充，统一于组织学习的吸收能力之中。朱朝晖基于 March 提出的观点[15]，以中国大中型企业为对象进行实证分析，认为探索性学习和挖掘性学习对创新绩效都有显著的积极作用；而探索性学习和挖掘性学习之间存在一定的相互依赖性和互补性，持久的创新需要平衡探索性学习和挖掘性学习[16]。

（二）吸收能力

Cohen & Levinthal 认为企业先验知识（prior knowledge）决定企业吸收能力的水平。当拥有足够的吸收能力，企业不仅能把握更多机会，而且通过内部和外部渠道利用和学习知识的能力也越强。企业的研发活动不仅局限于企业自身方面知识，还为发现、评价和利用外部知识提供机会[17]。Zahra & George 将吸收能力分为潜在（potential）吸收能力和现实（realized）吸收能力，并将这种潜在能力定义为“外部知识获得与消化的能力”，现实能力定义为“内部知识转化和利用的能力”。周文光认为创新绩效、R&D 资本存量和吸收能力的增长率受到 R&D 资本存量的现值比率与上期创新绩效对当期创新绩效的总贡献率的制约[18]。秦剑对在华跨国公司研究后认为，企业的吸收能力创新绩效有明显的驱动效应[19]。因此，林业企业长期技术落后，如果提高技术吸收能力，则有助于企业可以提升企业创新绩效。具备组织学习能力的企业，往往既具备吸收能力，还会利用企业间的战略合作关系，获取外部支持[20]。

（三）环境动荡性的调节作用

企业处于一定的环境之中，企业吸收能力是否能将外部知识转化为现实的创新与绩效，还取决于环境的变化，不同的环境需要不同水平的吸收能力。多数研究动态能力的文献将环境动荡性划分为技术（technology）动荡性和市场（market）动荡性[21]：技术动荡性指的是技术革新的速度[22]；市场动荡性是企业所处的市场环境的不确定性[23]。Eisenhardt 等认为，动荡环境下企业更加需要探索性学习，探索性学习帮助企业顺应环境的变化，开发新产品以迎合新兴市场；而在相对稳定的环境中，企业不必展开太多的探索性学习，因为企业可以利用已有的技术和市场获取利润。林萍以福建省企业为研究对象，指出动态能力对绩效有积极的提升作用，环境动荡性在其中发挥显著的调节作用，环境动荡性越高，动态能力对组织绩效的作用越大[24]。王永贵等验证了不同类型的环境动荡性在战略柔性与企业竞争绩效之间的关系中的调节效应，认为中国企业应该更加防范对市场动荡性带来的风险[25]。随着木材需求量上涨、森林资源供需矛盾的加深，我国森林资源的稀缺性日益凸显，这严重地制约了林业企业的可持续发展。当前，林业企业面临的技术革新与市场竞争日新月异，有必要讲环境动荡性纳入研究变量之中。根据上述理论基础，本文提出如下假设：

假设1. 技术和市场的动荡性对探索性学习过程中的吸收能力有积极地调节作用，吸收能力越强，创新和组织绩效越高。

假设2. 技术和市场的动荡性对转化性学习过程中的吸收能力有积极地调节作用，吸收能力越强，创新和组织绩效越高。

假设3. 技术和市场的动荡性对挖掘性学习过程中的吸收能力有积极地调节作用，吸收能力越强，创新和组织绩效越高。

(四)组织学习过程的互补效应

由于内部资源的约束，组织学习的不同过程存在矛盾(trade-off)。比如，当探索性学习占用较多资源时，其他两种学习得到的资源减少[26]。但是有学者的研究表明，三种组织学习是可以共存的[27]。另外，Lane 等认为三种组织学习过程存在互补效应(complementarity)：一种学习在影响创新绩效和组织绩效的过程中，往往会依赖于另一种学习。Harrison 等人指出三种组织学习是相互独立，互相支持的[28]。企业同时展开这三种学习获得的收益要高于孤立地实践三种学习获得的收益之和[29]，比如企业集中利用已吸收的知识展开挖掘性学习，做出了许多技术创新，但是由于挖掘性学习有限，无法将创新应用于生产实践。因此，林业企业必须权衡三种组织学习，从而才能提高自身吸收能力，最终提高创新绩效和组织绩效。另外，企业组织学习与绩效还受到环境动荡性的影响。高动荡环境中，企业更加依赖外部获取知识，此时吸收能力对创新绩效和组织绩效影响就越深刻。因此，组织学习间的互补作用在高动荡环境总对企业绩效有积极影响。为此，本文提出如下假设：

假设4. 探索性学习、转化性学习和挖掘性学习间的互补效应对吸收能力有积极地调节作用，吸收能力越强，创新和组织绩效越高。

假设5. 技术和市场的动荡性对吸收能力有积极地调节作用，吸收能力越强，创新和组织绩效越高。

二、实证研究过程

(一)样本与数据获取

根据文献回顾[30][31]，本文研究数据收集采用问卷调查和深度访谈相结合的方法，进行大规模调查问卷的时间为2013年2月中旬至2013年6月下旬，对北京、福建、广东、四川等7个省份的168家林业企业进行大规模问卷调查。设计问卷之后，笔者对数位企业管理的专家进行访谈，并对问卷结构、表述等方面进行修改。课题组组织咨询专家进行了预调查，发放问卷30份，有效回收27份，在调查和访谈过程中对问卷机构和条目设置进行修改。最终问卷分为25个条目，分别测量组织学习过程中的6个子阶段——识别、消化、保持、激活、转化和应用。在具体测量时，本文采用LIKERT 7级量表，其中“1”表示非常不同意，“4”表示中性，“7”表示非常同意。最终我们向每家企业发放一份问卷，共计发放了180份问卷，有效问卷168份，有效回收率93.3%。

(二)变量概念与测量

1. 被解释变量 — 创新和组织绩效

本文将企业绩效分为创新绩效和组织绩效。笔者采用以前学者的测量条目[32]，通过发放问卷的形式获得企业创新绩效的结果。创新绩效的题目共3个，它们是“总体来说企业新产品研发符合我们的目标”、“新产品研发的表现远远超过我们的竞争对手”、“从盈利的角度看，我们的新产品研发是成功的”。类似地，笔者借鉴学者Reinartz等测量组织绩效的题目[33]，采用问卷形式获取组织绩效的结果。组织绩效的题目共4个，它们是“实现主要经营目标”、“市场份额稳定”、“企业成长性良好”、“当前盈利能力良好”。

2. 解释变量 — 组织学习过程

结合国外成熟量表[34,35]，课题组对量表条目进行修改后形成一份包含25个条目的问卷，用于测量三种组织学习，并采用因子分析(factor analysis)对问卷结果提取6个因子，分别于三种组织学习相对应，结合前文所述分别命名为“识别”、“消化”、“保持”、“激活”、“转化”和“应用”。因子分析结果见表1。这6个因子作为后文研究中的潜变量(latent variable)。三种组织学习作为回归分析中的解释变量。

3. 调节变量—环境动荡性

笔者采用学者 Dyer & Song，的测量条目，通过发放问卷的形式获得企业创新绩效的结果。创新绩效的题目共5个，它们是“公司技术更新换代很快”、“技术升级对于企业不重要”(反向打分)、“很难预测未来五年技术发展趋势”、“技术升级带来了更多市场机遇”、“技术上的突破带来了大量新产品”。类似地，笔者借鉴学者 Reinartz 等测量组织绩效的题目，采用问卷形式获取组织绩效的结果。组织绩效的题目共3个，它们是“新顾客相比于老顾客的需求发生变化”、“企业客户的偏好变化迅速”、“企业客户群体相对稳定(反向打分)”。

4. 控制变量

(1)企业规模(firm size)。企业绩效受到公司规模的影响，因此本文样本企业2012年营业外收入取对数，用于衡量企业规模，单位亿人民币元。

(2)研发强度(R&D intensity)。企业研发投入是形成吸收能力的主要源泉[36]，因此本文采用研发费用占年度营业收入的百分比测量研发强度。

(3)行业特征(industry characteristic)。本文为了体现研究对象行业特征，依据国家林业局相关分类标准，笔者将168家林业企业分为3类，设计3个哑变量(dummy variable)，即若企业属于森林的培育与采伐，则 $D_1=1$，反之 $D_1=0$；若企业属于非木材林产品的培育与采集，则 $D_2=1$，反之 $D_2=0$；若企业属于林业生产辅助服务，则 $D_2=1$，反之 $D_2=0$。

(4)技术多元化水平(technological diversification)。回顾相关文献[37]，为了衡量先验技术知识，本文采用问卷形式获取技术多元化水平的数据，问卷条目3个：“我们的技术管理涵盖过个技术领域”、“公司每个业务单元重要技术都是不同的”、“公司广泛应用各种不同领域的技术”。

(5)产品多元化水平(product diversification)。市场知识的广度可以通过产品多元化水平测量[38]，为了衡量先验市场知识，本文采用问卷形式获取产品多元化水平的数据，问卷条目2个：“公司产品种类繁多”、“公司业务涉及不同行业”。

(6)国际多元化水平(international diversification)。考虑到企业海外子公司的情况，本文采用问卷形式获取国际多元化水平的数据，问卷条目2个：“公司在海外设立大量分支机构”、“国际业务对公司发展至关重要”。

(三)实证结果

笔者将168份问卷随机平均分成两部分，第一部分84份用于探索性因子分析(exploratory factor analysis)，第二部分84份用于概念的验证性因子分析(confirmatory factor analysis)，全样本168份用于组织学习过程互补效应和直接效应模型的建立。

1. 探索性因子分析：第一半样本数据

为了消除变量间量纲差异的影响，在相关分析和回归分析之前对原始数据进行标准化(standardization)。为测量组织学习过程，本文采用因子分析提取组织学习过程的主成分。Cronbach's Alpha 系数均大于0.7，说明量表具有较高信度，各因子的KMO值均大于0.8，说明变量间的相关性较强，因此可以进行探索性因子分析。与前文对应，我们将6个因子分别命名为识别、消化，保持、激活、转化和应用，测量组织学习过程，并且在后文验证性因子分析中作为潜变量。探索性因子分析结果表1所示。

表1　问卷项目转轴后的因子矩阵

Gra. 1　Rotated Component Matrix of Questionnaire items

条目	平均值	标准差	因子						Cronbach's Alpha 系数
			识别	消化	保持	激活	转化	应用	
1	5.52	2.82	0.865	0.315	0.118	0.112	0.194	-0.125	0.95
2	5.23	1.65	0.845	0.258	0.321	0.231	0.145	-0.298	
3	3.43	2.01	0.834	0.121	0.041	0.134	0.012	0.106	

（续）

条目	平均值	标准差	因子						Cronbach's Alpha 系数
			识别	消化	保持	激活	转化	应用	
4	5.90	1.95	0.745	0.044	0.143	-0.343	0.234	0.045	
5	5.67	3.96	0.704	0.341	0.112	0.265	0.210	0.201	
6	4.40	4.93	0.223	0.623	0.131	-0.076	0.204	0.122	0.82
7	6.67	3.80	0.225	0.564	0.243	0.163	0.125	0.034	
8	4.56	2.94	0.353	0.532	0.124	0.219	-0.298	0.112	
9	5.44	2.95	0.329	0.508	0.013	0.034	0.106	0.031	
10	5.07	4.69	0.319	0.238	0.835	0.046	0.185	0.322	0.75
11	4.89	3.60	0.122	0.083	0.763	0.345	0.267	0.036	
12	6.97	4.23	0.310	0.017	0.737	0.153	0.211	0.125	
13	5.57	3.22	0.130	0.208	0.724	0.023	0.023	0.203	
14	5.24	1.15	0.431	0.289	0.191	0.978	0.191	0.192	0.84
15	5.55	2.09	0.312	0.235	-0.213	0.833	0.086	0.056	
16	4.81	1.80	0.136	0.290	-0.298	0.831	0.034	0.091	
17	6.73	1.73	0.125	0.106	0.116	0.724	0.124	0.214	
18	5.99	1.88	0.298	0.334	0.012	0.190	0.843	0.235	0.74
19	6.45	2.02	0.106	0.207	0.241	0.152	0.735	0.021	
20	4.29	1.61	0.481	0.194	0.120	0.034	0.701	0.124	
21	5.92	1.87	0.302	0.145	0.056	0.023	0.634	0.453	
22	5.97	3.31	0.126	0.312	0.191	-0.208	0.035	0.853	0.79
23	6.45	4.81	0.122	0.234	0.034	-0.201	0.198	0.723	
24	4.03	1.77	0.201	0.254	0.212	-0.125	0.423	0.623	
25	6.03	1.91	0.135	0.263	0.121	-0.298	0.045	0.620	

进而我们进行了描述统计和相关系数分析：吸收能力、组织学习过程的6个要素、三种组织学习过程和环境动荡性等变量之间的相关性较高，这说明这些变量直接可能存在相互影响与作用的关系，我们有必要对数据进行分析。产品多元化和市场多元化与企业绩效和三种组织学习相关系数较高，验证了先验市场知识与技术知识对企业经营与组织学习的作用。三种组织学习的相关性也很高，说明讨论三种组织学习之间的互补效应是有必要的。但是吸收能力与研发强度相关性较小，与组织学习等要素相关性较大，说明如果企业培养吸收能力，就需要通过组织学习掌握市场和技术知识，利用市场机遇和技术优势。

2. 验证性因子分析：第二半样本数据

利用余下的第二半样本数据进行验证性因子分析，结果显示每个测量潜变量的因子结构都能较好地拟合样本数据，其结果见表3。上述指标表明各个概念潜变量(latent variable)的验证性因子分析的各项指标均符合基本分析要求，这说明进行结构方程模型的讨论是可行的[40]。

表2 各潜变量的验证性因子分析结果

Gra. 2 Confirmatory Factor Analysis of Latent Variables

潜变量	x^2	GFI	RMSEA	CFI	TLI
识别	67.22	0.96	0.003	0.97	0.95
消化	89.53	0.94	0.015	0.95	0.94
保持	45.77	0.97	0.024	0.96	0.96
激活	76.43	0.98	0.021	0.98	0.98
转化	90.68	0.97	0.006	0.97	0.96
应用	86.74	0.98	0.012	0.98	0.97

3. SEM模型检验

本文采用AMOS17.0软件中建立两个SEM路径——组织学习过程互补效应模型和组织学习过程

直接效应模型，互补效应模型得到了如下检验结果：$x^2/df = 2.741$，$CFI = 0.932$，$NFI = 0.985$，$RMSEA = 0.032$，直接效应模型的是：$x^2/fd = 10.535$，$CFI = 0.722$，$NFI = 0.680$，$RMSEA = 0.043$。据此，路径模型如图 1 和图 2 所示。从图 1 可以看出，三种组织学习包含的 6 个阶段对三种组织学习有显著的影响作用，三种组织学习同时对吸收能力有显著的贡献，这说明三种组织学习是可以共存的，他们之间有互补关系。由图 2 可知，三种组织学习对企业创新绩效和组织绩效有直接但不显著的影响，这说明企业的吸收能力可以通过组织学习过程反映出来，而组织学习的效果也与企业吸收能力密切相关；三种组织学习之间显著的系数说明了三者可能存在互补关系。

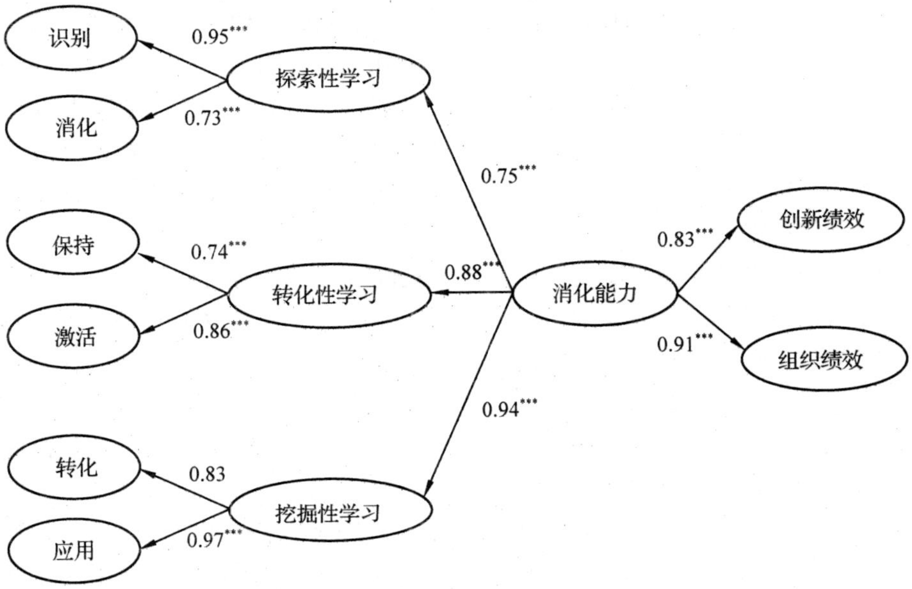

注：+ p > 0.10，* p < 0.05，** p < 0.01，*** p < 0.001。下表同。

图 1　组织学习过程互补效应模型

Fig. 1　Complementary Effect of Organizational Learning

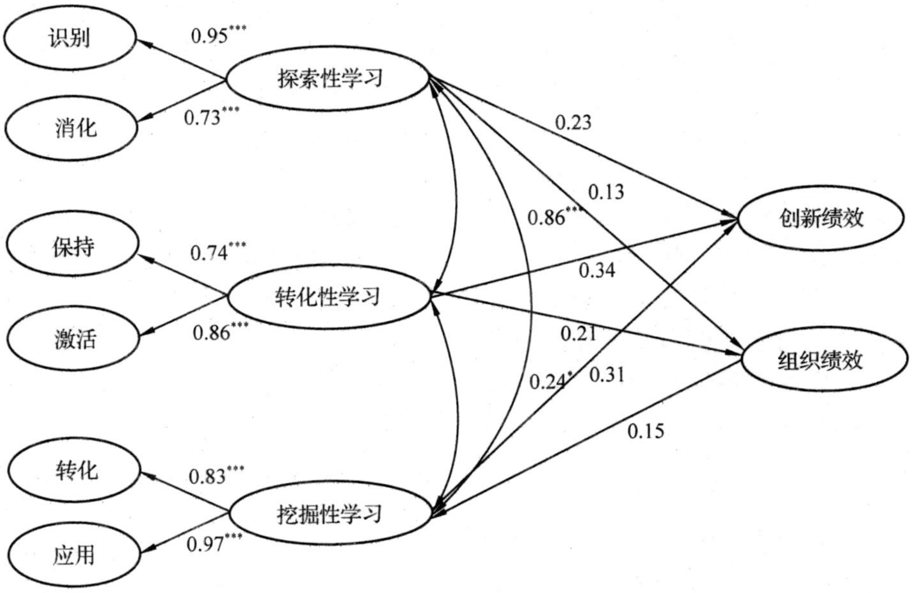

图 2　组织学习过程直接效应模型

Fig. 2　Direct Effect of Organizational Learning

为验证三者学习的互补效应和环境动荡性的调节作用，本文采用多元线性回归的方法，分别将创新绩效和组织绩效作为解释变量，进行实证分析，分别建立了两组回归模型本文采用方差膨胀因子(VIF)检验多重共线性(collinearity)，根据计算结果，各变量的VIF值均未超过2.54，因此说明不存在多重共线性。由回归结果我们可以得出以下结论(括号中第一个数字是创新绩效模型中的回归系数，第二个是组织绩效中的系数)：

(1)若模型仅包括控制变量、市场动荡性和环境动荡性，而模型2中引入三种组织学习，结果表明探索性学习(0.278***/0.538***)、转化性学习(0.968**/0.168**)和挖掘性学习(0.647/0.347)对企业的创新绩效和组织绩效有不同程度的正向且显著影响。假设1、假设2和假设3得证。

(2)若基于上述模型加入了三种组织学习的交叉项(interaction)作为解释变量，研究组织学习之间的互补效应。从实证结果中可知，考虑到探索性学习与转化性学习(0.257*/0.126)，探索性学习与挖掘性学习(0.186/1.012*)、转化型学习与挖掘性学习(0.168/0.261*)、探索性学习和转化性学习和挖掘性学习(0.247/0.947**)之间的互补作用的情况下，三种组织学习对于企业的创新绩效和组织绩效也有有不同程度的正向且显著影响。这一点验证了前文互补效应模型的结果。模型A11和B11引入吸收能力(0.535***/0.544***)作为解释变量。结果显示企业的吸收能力对创新绩效和组织绩效有正向且显著的影响，这一点验证了前文直接效应模型的结果。假设4得证。

(3)若基于上述条件下继续加入环境动荡性(1.973/0.175)和技术动荡性(2.175**/0.068**)两个调节变量，形成二次交叉项，从中可以看出三种组织学习和吸收能力对企业绩效有不同程度的显著影响，虽然环境动荡性对企业创新绩效和组织绩效没有显著影响，但是它对三种组织学习和吸收能力有正向且显著的调节作用，即通过组织学习中的吸收能力间接地影响企业绩效。假设5得证。

三、建议与启示

本文以168家林业企业为样本，考虑环境动荡性的因素，研究了企业组织学习过程中的吸收能力与创新绩效和组织绩效的关系。实证结果表明，企业的吸收能力通过组织学习体现，组织学习过程分成探索性学习、转化性学习和挖掘性学习三个部分，它们之间存在互补关系，并且通过吸收能力将学习的知识转化为现实的经营成果，继而积极地提升企业创新绩效和组织绩效；而且环境动荡性对组织学习过程的效果有积极的调节作用，在市场和技术环境变化剧烈时，企业吸收能力越强，组织学习越有效，创新和组织绩效越高。

企业的吸收能力关乎组织学习的效率和效果。尤其是在环境动荡时，较高的吸收能力有助于企业缩短引进、吸收、到实际应用需要的过程[4]。林业企业相比于其他工业行业发展较为落后，从业人员文化水平不高，技术设备陈旧，地区水平差异明显。我们必须科学统筹组织学习的三个过程，充分利用之间客观存在的互补效应，在实际工作中合理规划；企业应该建立有效的研发投入机制，建设学习型组织，培育崇尚学习和创新的先进文化，形成鼓励创新的良好机制[42]。林业企业承担着我国经济发展和生态文明建设的生产任务，积极提高林业企业绩效意义重大。

中国的林业企业发展历史较长，但是却在较短的时间内经历了深刻的技术变革的市场改革，面临着环境更多的不稳定性和复杂性，企业对动荡环境下的有效的组织学习提出了更加严峻的挑战和更迫切的要求. 所以，通过组织学习形成动态能力，不断适应环境变化，才是保持持久竞争优势的源泉，才能在行业竞争中获胜[43]。本文研究数据为横截面数据，忽视了历史数据的参照和比较。今后可以尝试采用面板模型，以分析组织学习、吸收能力与绩效的关系。

参考文献：

[1] 张海姣，曹芳萍. 林业企业战略环境管理研究[J]. 安徽农业科学，2012，40(8)：4955～4957.

[2] Zollo M, Reuer J J, Singh H. Interorganizational routines and performance in strategic alliances[J]. Organization Science, 2002, 13(6): 701～713.

[3] Cohen W M, Levinthal D A. Absorptive capacity: a new perspective on learning and innovation[J]. Administrative science quarterly, 1990, 35: 128～152.

[4] Lane P J, Koka B R, Pathak S. The reification of absorptive capacity: a critical review and rejuvenation of the construct[J]. Academy of management review, 2006, 31(4): 833～863.

[5] Jansen J J P, Van Den Bosch F A J, Volberda H W. Exploratory innovation, exploitative innovation, and performance: Effects of organizational antecedents and environmental moderators[J]. Management

science, 2006, 52(11): 1661 ~ 1674.

[6] 杨长峰. 浅谈林业企业核心能力培植[J]. 中国林业企业, 2003(5): 6 ~ 8.

[7] Eisenhardt K M, Martin J A. Dynamic capabilities: what are they? [J]. Strategic management journal, 2000, 21(10 - 11): 1105 ~ 1121.

[8] Zahra S A, George G. Absorptive capacity: A review, reconceptualization and extension[J]. Academy of management review, 2002, 27(2): 185 ~ 203.

[9] Garud R, Nayyar P R. Transformative capacity: Continual structuring by intertemporal technology transfer[J]. Strategic management journal, 1994, 15(5): 365 ~ 385.

[10] Jansen J J P, Van Den Bosch F A J, Volberda H W. Exploratory innovation, exploitative innovation, and performance: Effects of organizational antecedents and environmental moderators[J]. Management science, 2006, 52(11): 1661 ~ 1674.

[11] Song M, Droge C, Hanvanich S, et al. Marketing and technology resource complementarity: an analysis of their interaction effect in two environmental contexts[J]. Strategic Management Journal, 2005, 26(3): 259 ~ 276.

[12] Tsai W. Knowledge transfer in intraorganizational networks: Effects of network position and absorptive capacity on business unit innovation and performance[J]. Academy of management journal, 2001, 44(5): 996 ~ 1004.

[13] Teece D J. Explicating dynamic capabilities: the nature and microfoundations of (sustainable) enterprise performance[J]. Strategic management journal, 2007, 28(13): 1319 ~ 1350.

[14] Argote L, McEvily B, Reagans R. Managing knowledge in organizations: An integrative framework and review of emerging themes[J]. Management science, 2003, 49(4): 571 ~ 582.

[15] March J G. Continuity and change in theories of organizational action [J]. Administrative Science Quarterly. 1996, 41(2): 278 ~ 287.

[16] 朱朝晖. 探索性学习，挖掘性学习和创新绩效[J]. 科学学研究, 2008, 26(4): 860 ~ 867.

[17] Helfat C E. Firm - specificity in corporate applied R&D[J]. Organization Science, 1994, 5(2): 173 ~ 184.

[18] 周文光, 黄瑞华. 创新绩效，R&D 资本存量与吸收能力的增长路径[J]. 科研管理, 2012, 33(011): 24 ~ 31.

[19] 秦剑. 吸收能力，知识转移与跨国公司的突破性创新绩效[J]. 财经科学, 2012 (11): 84 ~ 93.

[20] Rothaermel F T, Hill C W L. Technological discontinuities and complementary assets: A longitudinal study of industry and firm performance[J]. Organization Science, 2005, 16(1): 52 ~ 70.

[21] Droge C, Calantone R, Harmancioglu N. New product success: is it really controllable by managers in highly turbulent environments? [J]. Journal of Product Innovation Management, 2008, 25(3): 272 ~ 286.

[22] Lichtenthaler U, Ernst H. Developing reputation to overcome the imperfections in the markets for knowledge[J]. Research Policy, 2007, 36(1): 37 ~ 55.

[23] Milliken, FJ Three types of perceived uncertainty about the environment: state, effect and response uncertainty. Academy of Management Review, , 1987, 12(1): 133 ~ 143.

[24] 林萍. 组织动态能力与绩效关系的实证研究：环境动荡性的调节作用[J]. 上海大学学报：社会科学版, 2009, 16(6): 66 ~ 77.

[25] 王永贵, 邢金刚, 李元. 战略柔性与竞争绩效：环境动荡性的调节效应[J]. 管理科学学报, 2004, 7(6): 70 ~ 78.

[26] Gupta A K, Smith K G, Shalley C E. The interplay between exploration and exploitation[J]. Academy of Management Journal, 2006, 49(4): 693 ~ 706.

[27] Katila R, Ahuja G. Something old, something new: A longitudinal study of search behavior and new product introduction[J]. Academy of management journal, 2002, 45(6): 1183 ~ 1194.

[28] Harrison J S, Hitt M A, Hoskisson R E, et al. Resource complementarity in business combinations: Extending the logic to organizational alliances[J]. Journal of Management, 2001, 27(6): 679 ~ 690.

[29] Milgrom P, Roberts J. Complementarities and fit strategy, structure, and organizational change in manufacturing[J]. Journal of accounting and economics, 1995, 19(2): 179 ~ 208.

[30] Lubatkin M H, Simsek Z, Ling Y, et al. Ambidexterity and performance in small - to medium - sized firms: The pivotal role of top management team behavioral integration[J]. Journal of management, 2006, 32(5): 646 ~ 672.

[31] 张方华. 资源获取与技术创新绩效关系的实证研究[J]. 科学学研究, 2006, 24(4): 635 ~ 640.

[32] Dyer B, Song X M. The Impact of Strategy on Conflict: A Cross - National Comparative Study of US and Japanese firms[J]. Journal of International Business Studies, 1997, 28(3): 467 ~ 493.

[33] Reinartz W, Krafft M, Hoyer W D. The Customer Relationship Management Process: Its Measurement and Impact on Performance[J]. Journal of Marketing Research, 2004, 41(3): 293 ~ 305.

[34] Smith K G, Collins C J, Clark K D. Existing knowledge, knowledge creation capability, and the rate of new product introduction in high - technology firms[J]. Academy of Management Journal, 2005, 48(2): 346 ~ 357.

[35] Jansen J J P, Van Den Bosch F A J, Volberda H W. Managing potential and realized absorptive capacity: how do organizational antecedents matter? [J]. Academy of Management Journal, 2005, 48(6): 999 ~ 1015.

[36] Cohen W M, Levinthal D A. Innovation and learning: the two faces of R & D[J]. The Economic Journal, 1989, 99(397): 569 ~ 596.

[37] Lord M D, Ranft A L. Organizational Learning About New International Markets: Exploring the Internal Transfer of Local Market Knowledge[J]. Journal of International Business Studies, 2000, 31(4): 573 ~ 589.

[38] Cesaroni F. Technological outsourcing and product diversification: do markets for technology affect firms′ strategies? [J]. Research Policy, 2004, 33(10): 1547 ~ 1564.

[39] Inkpen A C, Dinur A. Knowledge management processes and international joint ventures[J]. Organization Science, 1998, 9(4):

454 ~ 468.

[40] Kelloway K. LISREL for Structural Equation Modeling; A Researcher's Guide[M]. Thousand Oaks; Sage Publications, 1998.

[41] 傅利平，张出兰. 基于企业技术能力及知识演化的技术引进消化吸收再创新过程机理研究[J]. 现代管理科学，2009，5：32 ~ 34.

[42] 刘常勇，谢洪明. 企业知识吸收能力的主要影响因素[J]. 科学学研究，2003，21(3)：307 ~ 310.

[43] 汪应洛，李垣，刘益. 企业柔性战略——跨世纪战略管理研究与实践的前沿[J]. 管理科学学报，1998，1(1)：22 ~ 25.

基于 DEA 的天水麦积区花牛苹果企业经营绩效评价

尤旭青　孙文祥
(北京林业大学经济管理学院，北京，100083)

摘要：本文选取 2012 年天水市麦积区 25 家花牛苹果企业为样本进行实证研究，对当地花牛苹果企业进行绩效评价。文章运用数据包络分析法，从综合效率、纯技术效率、规模效率三个方面分别分析绩效。结果表明，当地大部分果品企业处于非 DEA 有效、规模报酬递增状态，企业规模和管理技术水平都亟待改善。在此基础上，本文进一步应用投影测度分析得出非 DEA 有效企业的投入产出目标改进值，从而为改善企业绩效提出建议。

关键词：花牛苹果企业；经营绩效；评价；数据包络分析(DEA)

Business Performance Evaluation of Huaniu Apple Enterprise in Tianshui Maiji Distict Based DEA Method

You Xuqing, Sun Wenxiang
(College of Economics and Management, Beijing Forestry University, Beijing, 10083)

Abstract: This paper choses 25 Huaniu Apple companies of the year of 2012 in Tianshui Maiji distict, aimed at evaluating their performance by using the method of Data Envelopment Analysis, DEA. The evaluation includes analysis from comprehensive efficiency, technical efficiency and scale efficiency. The result shows that, most of the companies are inefficient and in the increasing stage of scale returns. Both their company scale and management skill need to be adjusted. At the end, by using the method of projection measure evaluation, this paper gives out the adjusted target value of input indexes and output indexes for the inefficient companies, which can be used to improve their performance.

Keywords: Huaniu Apple enterprise; business performance; evaluation; data envelopment analysis(DEA)

我国是世界上最大的苹果生产国和消费国，苹果种植面积和产量均占世界总量的 40% 以上，在世界苹果产业中占有重要地位。2003 年农业部制定《苹果优势区域发展规划(2003 ~ 2007 年)》，确定了渤海湾和黄土高原二大苹果优势产区，在 2008 ~ 2015 年的发展规划中，西北黄土高原丘陵沟壑区再次被确定为重点优势区域，天水市麦积区地处西北黄土高原最佳优势区，横跨黄河和长江两大水系，属暖温带半湿润半干旱气候，日照时间长降水量适中，是世界公认的全球两处最适宜苹果栽植地之一(另一处为美国华盛顿)。

经过多年发展，截至 2012 年年底，麦积区花牛苹果种植面积达 37. 3 万亩，挂果 17. 94 万亩，产量 22. 57 万吨，产值 6. 3 亿元，以“花牛”苹果为主的果品产业已成为天水市加快发展现代农业、促进农民增收的支柱性产业。2013 年 11 月 27 日，社会知名人士潘石屹正式代言家乡“花牛”苹果，同期花牛苹果入驻本来生活网，进一步提升了花牛苹果的市场价值。但同时，由于麦积区“花牛”苹果企业地处我国西部相对落后地区，企业组织管理能力相对较弱，现代化程度、劳动力素质偏低，制约了当地企业的盈利能力。在此背景下，评价麦积区花牛苹果企业的绩效，探索加强企业竞争力的措施具有重要意义。

在众多的绩效评价方法中，数据包络分析(Data Envelopment Analysis, DEA 模型)具有很大优势，它适用于多投入多产出的相对有效性评价，无需事先选择生产函数、统一量纲，已被广泛应用于各个行

第一作者：尤旭青，企业管理硕士学位。主要研究方向：企业技术与创新管理。Email：xuqing_ you@163. com 地址：100083 清华东路 35 号北京林业大学经济管理学院。

通讯作者：孙文祥，硕士，副教授。主要研究方向：企业技术与创新管理。Email：swxld@126. com 地址：100083 清华东路 35 号北京林业大学经济管理学院。

业的有效性评价上，如企业、教育、军事等。塞弗(Seiford)在其研究中指出，截至1996年，应用DEA方法进行实证研究的相关文献已经超过600篇[1]。如徐莉等人探讨了DEA模型在评价企业绩效的应用，并对武汉地区工业企业群绩效进行评价[2]；段永瑞等人应用DEA方法研究了我国50所重点院校的科研绩效等[3]。由于DEA模型属于线性规划问题，随着线性规划单纯形求解技术的进一步完善，该方法将具有较强的操作性。因此，在企业绩效评估中的运用也将日益成熟。本文应用DEA模型，从综合效率、纯技术效率、规模效率及投影测度几个方面评价麦积区花牛苹果企业绩效，并对改善绩效提出建议。

一、DEA 分析原理[4]

数据包络分析(Data Envelopment Analysis，DEA模型)，是1978年美国著名运筹学家家查恩斯(Charnes)等以相对效率概念为基础提出的一种新的系统分析方法。该方法基于线性规划，对不同决策单元(Decision Making Unit，简记为DMU)输入与输出数据的包络面进行分析，通过判断不同决策单元的观察值与包络面的位置关系来研究效率。DEA方法属于非参数方法，无需事先选择生产函数，不受人为因素影响，因此其在处理多投入多产出问题上具有很大优势。

在DEA方法理论体系中，最具有代表性的评价模型为C^2R模型和BC^2模型，分别用于评价决策单元的综合效率和纯技术效率，且两模型结合可进一步得出决策单元的规模效率。

(一) C^2R 模型

C^2R模型是DEA方法的基本模型，由查恩斯和库伯教授(Charness，Cooper)提出，它以规模报酬不变为前提，即增加投入能够使得产出等比例增加。

假设有n个决策单元，每个决策单元都有m种类型的“输入”(表示该决策单元对“资源”的耗费)以及s种类型的“输出”(表示是决策单元在消耗了“资源”之后产生的相应“成效”)。现将变量假设如下：

x_{ij}为第j个DMU对第i种输入的投入量，$x_{ij}>0$；y_{rj}为第j个DMU对第r中输出的产出量，$y_{ij}>0$；v_i为对第i种输入的一种度量(或称权)；u_r为对第r中输入的一种度量(或称权)，其中$i=1, 2, \cdots, m$；$r=1, 2, \cdots, s$；$j=1, 2, \cdots, n$。为方便起见，记$x_j=(x_{1j},x_{2j},\cdots,x_{mj})^T, j=1,2,\cdots,n$；$y_j=(y_{1j},y_{2j},\cdots,y_{sj})^T, j=1,2,\cdots,n$；$v=(v_1,v_2,\cdots,v_m)^T$，$u=(u_1,u_2,\cdots,u_s)^T$。

对于权系数v和u，决策单元j的效率平价指数为

$$h_j=\frac{\sum_{r=1}^{s}u_r y_{rj}}{\sum_{i=1}^{m}v_i x_{ij}}.$$

总可以适当地选取权系数v和u，使其满足$h_j\leqslant 1, j=1,2,\cdots,n$。当对第$j_0(1\leqslant j_0\leqslant n)$个决策单元的效率进行评价时，以权系数$v$和u为变量，以第$j_0$个决策单元的效率指数为目标，以所有决策单元的效率指数$h_j\leqslant 1(j=1,2,\cdots,n)$为约束，构成如下的$C^2R$模型。

$$(P_{C^2R})\begin{cases}\max\dfrac{u^T y_0}{v^t x_0}=V_P\\ s.t.\ \dfrac{u^T y_j}{v^t x_j}\leqslant 1, j=1,2,\cdots n,\\ v\geqslant 0\\ u\geqslant 0\end{cases}$$

V_P表示在P_{C^2R}规划下决策单元j_0的评价效率指数的最优值。

以上分式规划可经过Charnes-Cooper变换转换成线性规划，然后通过对偶变换并引入松弛变量s^-和剩余变量s^+，得到如下规划形式：

$$(D_{C^2R})\begin{cases}\min\theta=V_D,\\ s.t.\ \sum_{j=1}^{n}x_j\lambda_j+s^-=\theta x_0,\\ \sum_{j=1}^{n}y_j\lambda_j-s^+=y_0,\\ \lambda_j\geqslant 0, j=1,2,\cdots,n\\ s^-\geqslant 0, s^+\geqslant 0.\end{cases}$$

该对偶规划把DEA有效与相应的生产可能集和生产前沿面联系起来，获得的结果表明：判断一个决策单元是否为DEA有效，本质上是判断该决策单元是否落在生产可能集的生产前沿面上，如果落在生产前沿面上即为有效，否则为非有效。这里生产前沿面由观察到的决策单元输入输出数据包络面的有效部分构成，这也是该分析方法被称为“数据包络分析”的原因。

该模型即为C^2R模型，设模型的最优解为θ^0，λ^0，s^{-0}，s^{+0} s^{+0}，其中θ^0 θ^0为决策单元j_0 j_0的综合

效率值，那么：(1)当 $\theta^0 < 1$ 时，决策单元 j_0 为 DEA 无效(C^2R)；(2)当 $\theta^0 = 1$，决策单元 j_0 为弱 DEA 有效(C^2R)；(3)当 $\theta^0 = 1$，且 $s^{-0} = 0, s^{+0} = 0$ 时，决策单元为 DEA 有效(C^2R)。

(二) BC^2 模型

如上所述，C^2R 模型要求研究对象规模报酬不变，而现实中的企业往往面临的是不完全竞争[5]，企业的规模收益很难达到递增甚至出现递减，于是，1984 年班克、查恩斯和库伯三位学者(Banker, Charnes 和 Cooper)将 C^2R 模型改良为变动规模报酬下的模型，即 BC^2 模型：

$$(D_{BC^2})\begin{cases} \min\sigma = V_D, \\ s.t.\ \sum_{j=1}^{n} x_j\lambda_j + s^- = \sigma x_0, \\ \sum_{j=1}^{n} y_j\lambda_j - s^+ = y_0, \\ \sum_{j=1}^{n} \lambda_j = 1, \\ s^- \geq 0, s^+ \geq 0, \lambda_j \geq 0, j = 1,2,\cdots,n \end{cases}$$

该式的变量与上述 C^2R 模型具有相同意义，设 σ^0，λ^0，s^{-0}，s^{+0} 为 BC^2 模型的最优解，σ^0 代表决策单元 j_0 的纯技术效率值，BC^2 模型下的 DEA 有效性判断服从以下结论，(1)当 $\sigma^0 < 1$ 时，决策单元 j_0 为 DEA 无效(BC^2)；(2)当 $\sigma^0 = 1$ 时，决策单元 j_0 为弱 DEA 有效(BC^2)；(3)当 $\sigma^0 = 1$，且 $s^{-0} = 0$，$s^{+0} = 0$ 时，决策单元为 DEA 有效(BC^2)。

进一步，设决策单元的规模效率为 ω^*，则根据 DEA 理论，有 $\omega^* = \theta^*/\sigma^*$，即决策单元的规模效率为综合效率和纯技术效率的比值。

二、实证分析

(一)指标体系建立及决策单元选取

根据 2012 年麦积区果业局的资料统计数据，并结合现有文献及果品产业自身特点，本文共选取三项投入指标及两项输出指标。其中，投入指标包括总资产、总人数及企业经营成本，输出指标包括企业营业利润及总产值[6]。在投入指标中，总资产指某一经济实体拥有或控制的、能够带来经济利益的全部资产；营业成本是相对于营业收入的所有投入，就本文而言，包括果品包装、仓库修建维护费用、运输费用等等；职工人数是果品企业的利益创造者，考虑到果品产业的季节性特征，本文收集的职工人数包括样本企业 2012 年全年的合同工和临时工数目。输出指标方面，总产值指物质生产部门的常住单位在一定时期内的货物和服务价值总和，反映物质生产部门生产经营活动的价值成果，在本文中反映的是果品企业 2012 年一年内的生产总规模；营业利润反映了果品企业的总体盈利情况。如表 1：

表 1　果品企业经营绩效评价指标体系

Tab. 1　Performance Evaluation Index System of Fruit Enterprise

指标类别	指标
投入指标	总资产
	职工总数
	经营成本
产出指标	营业利润
	总产值

本文以麦积区花牛苹果企业为研究对象，选取了 25 家当地果品企业(占当地市场份额 75% 以上)为样本，一方面能够充分代表当地绝大多数果品企业的发展现状，另一方面也符合 DEA 实践经验中对决策单元(DMU)数量的要求，即 DMU 数 N 的选择要符合 $N \geq 2(I + O)$，其中，I 为投入种类数，O 为输出种类数。具体数据如表 2：

表 2　25 家果品企业 2012 年投入与产出样本数据

Tab. 2　Input and output saple data of 25 fruit enterprises

DMU 编号	企业名称	营业利润(万元)	总产值(万元)	总资产(万元)	职工总数(人)	经营成本(万元)
1	天水鑫盛果业有限公司	10	460	200	61	248
2	天水麦积兆丰农业有限公司	55	860	500	60	300
3	天水腾飞果业有限公司	82	1050	700	88	275
4	天水麦积民丰果品公司	50	850	260	70	540

（续）

DMU 编号	企业名称	营业利润（万元）	总产值（万元）	总资产（万元）	职工总数（人）	经营成本（万元）
5	天水红牛果业有限公司	40	900	750	61	100
6	天水康晟食品有限责任公司	168	1000	3748	457	830
7	天水新宇商贸有限责任公司	80	2200	518	75	1600
8	天水民达农业有限公司	60	1200	893	70	350
9	天水助垒商贸有限公司	50	550	421	65	110
10	天水麦积水阳石果品专业合作社	30	480	360	45	80
11	天水洁通公司	180	950	2300	150	770
12	天水康盛商贸有限公司	60	1000	420	70	450
13	天水福禾果业有限公司	70	460	330	54	190
14	天水万农有限公司	400	1500	2900	140	1050
15	天水金民果业有限公司	40	420	400	70	280
16	天水军红农业发展有限公司	75	920	800	100	490
17	天水麦积永生果业公司	40	600	450	50	150
18	天水伯林果业有限公司	70	700	200	65	460
19	天水丰收农业科技有限公司	300	4200	4000	114	2100
20	天水守龙果品产销合作社	50	80	50	100	270
21	天水康鑫果业有限公司	60	420	1800	88	355
22	天水农源精品果业有限公司	16	180	520	75	160
23	天水雪园农业有限责任公司	20	540	873	185	140
24	麦积区林果产品开发公司	60	700	280	105	160
25	天水德盛果蔬进出口公司	80	1350	1250	188	630

（二）效率分析结果：

结合上述 DEA 分析原理并通过对以上指标进行 C^2R 模型和 BC^2 模型的建模，得到以下计算结果，见表 3：

表 3　效率计算结果

Tab. 3　Efficiency value

DMU 序号	综合效率 θ^*（C^2R 模型得分）	纯技术效率 σ^*（BC^2 模型得分）	规模效率 ω^*	规模报酬
1	0.783	1.000	0.783	递增
2	1.000	1.000	1.000	不变
3	1.000	1.000	1.000	不变
4	0.931	0.980	0.950	递增
5	1.000	1.000	1.000	不变
6	0.452	0.521	0.876	递减
7	1.000	1.000	1.000	不变
8	0.984	1.000	0.984	递减
9	1.000	1.000	1.000	不变
10	0.968	1.000	0.968	递增
11	0.604	0.604	0.999	不变
12	1.000	1.000	1.000	不变
13	1.000	1.000	1.000	不变
14	1.000	1.000	1.000	不变
15	0.578	0.747	0.733	递增
16	0.708	0.709	0.999	递减
17	0.931	0.983	0.947	递增
18	1.000	1.000	1.000	不变
19	1.000	1.000	1.000	不变
20	0.695	0.843	0.825	递增
21	0.430	0.588	0.731	递增
22	0.252	0.649	0.389	递增
23	0.483	0.592	0.816	递增
24	1.000	1.000	1.000	不变
25	0.610	0.760	0.802	递减
平均值	0.816	0.879	0.913	

根据表3的分析结果，25家果品企业的平均综合效率较低，综合效率值为0.816，有近20%的上升空间。其中包括麦积兆丰农业有限公司、腾飞果业有限公司等在内的12家公司的综合效率值为1，占样本总量的48%，表明这些公司为DEA有效，投入产出分配处于最佳状态[7]。有6家公司明显低于平均水平，如康晟食品有限责任公司虽然总资产达到3748万元，在25家公司中排名第二，但综合效率为0.452，而农源精品果业有限公司的综合效率值为0.252，远低于平均值。以上结果表明，麦积区果品产业在综合效率方面差异显著，呈现出两极分化，整体来看仍有很大改进空间。

纯技术效率值衡量的是与规模因素无关，仅在现有的技术条件下，企业将既定输入转化为输出的效率水平，因此它能用来判断企业内部的经营管理能力。由表3可知，25家样本企业的平均纯技术效率值达到0.879，其中，包括鑫盛果业有限公司在内的11家公司的纯技术效率值为1，占样本公司的44%，表明这些公司利用现有投入资源的能力较强。其它纯技术效率值偏低的企业，亟待通过提升其管理能力来改善绩效。

规模效率是衡量企业是否处于最适规模的评价活动，若规模效率值为1，说明该决策单元处于规模最优状态；若规模效率值小于1，表示该决策单元处于规模报酬递增或者递减的低效率状态。规模报酬递增，是指增加一个单位的投入，可以获得超过一个单位的产出，此时宜于追加投入量，反之则为规模报酬递减，宜于缩减投资[8]。在本文中，根据DEA分析结果共有12家公司达到了规模最优，样本公司的平均规模效率为0.913，说明整体而言25家企业的规模接近最优。有9家企业处于规模效率递增状态，占所有处于非适规模企业的69.23%，根据以上论述，这些公司宜于追加投入，达到规模生产，进而提高企业绩效，其余4家公司处于规模递减阶段，适当减少投入有利于改善企业绩效。

对于不同企业，提高企业绩效的关键途径不尽相同[7]。以DMU16军红农业发展有限公司为例，其综合效率值、技术效率值及规模效率值分别为0.708、0.709及0.999，处于规模报酬递减阶段，规模效率大于技术效率，说明比起减少投入，提高企业的组织管理能力将更有利于提高该企业的综合效率。而对于DMU17麦积永生果业公司而言，其综合效率值、技术效率值及规模效率值分别为0.931，0.983和0.947，规模报酬递增，纯技术效率值优于规模效率值，因此，造成该公司综合效率偏低的主要方面是规模因素，所以适当加大投入将更有利于提高综合效率。以此类推，可以读出其他企业改善绩效的关键途径。

(三)投影分析结果[4]

DEA方法的独特之处在于，它通过计算非DEA有效单元在生产前沿面上的投影来分析决策单元非有效的原因和程度，预测其目标改进值即理论上可能达到的最佳效率水平，以此判断各决策单元调整投入规模的正确方向和程度，为管理者提供重要的决策信息。具体而言，对于非DEA有效的决策单元，可以根据 $x_0^* = \theta^0 x_0 - s^{-0}$ 及 $y_0^* = y_0 + s^{+0}$ 将其调整成DEA有效的DMU，其中，(x_0, y_0) 是原DMU单元，(x_0^*, y_0^*) 是其在相对有效面上的“投影”，θ_0 为DEA综合效率值，s^{-0} 和 s^{+0} 分别为相应的松弛变量和剩余变量。

因此，通过调整非DEA有效的决策单元，可以得到以下25家果品企业的投入产出目标值，如表4：

表4　投入产出指标目标改进值

Tab.4　Adjusted target value of input indexes and output indexes

DMU编号	营业利润（万元）	总产值（万元）	总资产（万元）	职工总数（人）	经营成本（万元）
1	30.548	460	156.6	47.763	194.184
2	55	860	500	60	300
3	82	1050	700	88	275
4	50	850	242.06	61.614	502.74
5	40	900	750	61	100
6	168	1756.779	1400.799	206.564	375.16
7	80	2200	518	75	1600
8	60	1200	878.712	68.88	344.4
9	50	550	421	65	110
10	30	480	348.48	43.56	77.44
11	180	950	1389.2	90.6	465.08
12	60	1000	420	70	450
13	70	460	330	54	190
14	400	1500	2900	140	1050
15	40	420	231.2	40.46	161.84
16	75	920	566.4	70.8	346.92
17	40	600	418.95	46.55	139.65
18	70	700	200	65	460

（续）

DMU编号	营业利润（万元）	总产值（万元）	总资产（万元）	职工总数（人）	经营成本（万元）
19	300	4200	4000	114	2100
20	50	525.924	208.5	69.5	187.65
21	60	420	523.838	37.84	152.65
22	16	180	131.04	18.9	40.32
23	26.685	540	421.659	41.92	67.62
24	60	700	280	105	160
25	80.274	1350	762.5	114.68	384.3

以鑫盛果业有限公司为例，其综合效率为0.783，为非DEA有效，为了调整其达到DEA有效状态，相对于原有投入产出状态，需要减少总资产43.4万元，减少职工人数近14人，并缩减成本至194万，同时提高营业利润至20.55万元，总产值保持不变。这便为企业改善绩效提出了决策依据。

四、结　论

综上所述，麦积区花牛苹果企业综大部分果品企业处于非DEA有效、规模报酬递增状态，企业规模和管理技术水平都亟待提高。具体而言，25家样本公司中，有11家果品企业的综合效率值为1，占样本企业的44%，尚未过半，整体而言仍有很大改进空间。在14家非DEA有效的公司中，有9家公司处于规模递增状态，宜于通过扩大规模以改善绩效。

应当注意的是，DEA方法用于评价相对效率，根据决策单元与生产前沿面的位置关系来判断其有效程度[9]，因此本文中达到效率最优的企业是样本企业中的相对最优，并非表示其达到了资源配置的绝对最优状态，同理，非DEA有效的企业也是相对于DEA有效的企业而言的。

参考文献

[1]何平林，兰凤云．基于数据包络分析法的绩效评估技术研究——来自军工上市公司的实证分析[J]．中国流通经济，2007(10)：45～48.

[2]徐莉，周峰，毛鸿．基于DEA模型的企业群绩效评价[J]．科技进步与对策，2006(07)：44～46.

[3]段永瑞，霍佳震．基于数据包络分析的高校科研绩效评价[J]．上海交通大学学报，2007(07)：1074～1077.

[4]马占新．数据包络分析方法－模型与方法[M]．北京：科学出版社，2010：21～60.

[5]郭寅．基于DEA的产业集群绩效评价研究[D]．西安建筑科技大学，2012.

[6]马越峰，李建忠．稀土企业经营绩效评价[J]．科技管理研究，2013(03)：251～255.

[7]李振华，张煜．基于DEA的我国京津冀地区科技企业孵化器绩效评价[J]．标准科学，2013(02)：19～24.

[8]顾丽琴，梅烨丹．基于DEA方法的江西省科技型中小企业技术创新基金绩效分析[J]．科技管理研究，2013(02)：45～48.

[9]窦艳，师萍．基于DEA的企业R&D投入绩效分析[J]．工业技术经济，2006(05)：63～65.

林地经营与林农行为

农户异质性对森林经营组织形式的影响

——以江西省婺源县四个村为例

刘金龙 石秀秀 曾小溪 张巧云
(中国人民大学林业与资源政策研究中心，北京，100872)

摘要：集体林权制度改革基本完成后，农户的森林的经营组织形式选择是一个重要的问题，农户的异质性会对森林经营组织形式产生影响。本文以江西省婺源县四个村为例，对案例点的森林经营组织形式与农户异质性关系进行了详细地分析。研究结果表明，异质性对森林经营方式的多样性具有重要影响同时会导致农户森林经营目标的差异。社区农户异质性，森林经营方式多元化选择是一个客观要求和发展趋势，农户会根据自身的特点选择适合自己的森林经营方式。但从目前的情况下，家庭经营是主要形式，其它林业经营形式扮演角色各不相同，因此需要提高农户对森林管理的重视程度。

关键词：农户；异质性；森林经营；组织形式

The Effect of Households' Heterogeneity in the Form of Forest Management Organization

——Wuyuan County in Jiangxi Province as an Example

LiuJinlong, Shi Xiuxiu, Zeng Xiaoxi, Zhang Qiaoyun
(Center for Forestry, Environment and Resources Policy Study,
Renmin University of China, Beijing, 100872)

Abstract: After the reform of collective forest right system has basically completed, the households' choice in the form of forest management organization is an important issue and the heterogeneity will take an effect on it. In the case of four villages in Wuyuan County in Jiangxi Province as an example, this paper carried out a detailed analysis in the relationship between the form of forest management organization and households' heterogeneity. The results show that heterogeneity not only has an important impact on the diversity of forest management but also lead to differences in households' forest management objectives. Heterogeneity in households' community, forest management style diversification choice is an objective requirement and development trend, households will choose their own way of forest management based on their self - characteristics. But under the current situation, the family business is the main form, other forms of forest management role is different, and therefore need to improve households' attention on forest management.

Keywords: Households; Heterogeneity; Forest management; Organization form

一、问题的提出

集体林权三体改革基本完成后，森林经营组织形式在南方集体林区中的重要性不断提高。在农业现代化的过程中，家庭作为农业经营的主体地位没有改变[1,2]。按照世界银行户均2公顷农地来定义小农户的标准，中国农业主体是小农经济[3]。在克服土地破碎化、提升农业机械化水平、提高农业效率上[4]，英国的"圈地"运动[5]、商业资本介入农业[6]等纵向一体化受到了诟病，而农户间的联合[7]、农民合作组织[8]的创建等横向一体化的新型经营形式受到推崇。然而林业似乎不同，少有学者

基金项目：国家社科基金重点项目《中国集体林权改革配套政策研究》(09AZD029)。

第一作者：刘金龙，教授，博士，研究方向为：发展社会学、林业经济理论与政策、社区发展。Email：liujinlong@ ruc. edu. cn。通讯地址：中国人民大学农业与农村发展学院，北京，100872

支持家庭经营，对小规模林业负面的评价居多。林地的细碎化影响到木材和木质纤维供应的能力[9,10]，影响到林道的修建和维护而致木材产品的功能越来越弱[11]，降低了林业生产的技术效率[12]，导致环境的破坏，如水土流失[13,14]，野生生物、休憩、教育等功能的丧失[15]。但刘金龙(2004)通过江西、湖南的案例研究发现，小规模林农比集体林场和国有林场林地产出效率要高，产品更多样化，且人工纯林面积比重更小[16]。在森林经营组织形式的选择上，小规模经营是否合理，看来不能一概而论，在一定的条件下，小农户经营似乎是可行的。

随着农村经济社会形式的变化，在异质化农村社区的背景下，这一次集体林权改革会对森林经营组织形式产生什么影响呢？本文以江西省婺源县四个农村社区为例，试图分析农户生计异质化，森林管理目标的不同，以及多元化森林管理形式的形成和发展等问题，为探索农村社区森林经营和管理模式的理论创新积累知识。

二、材料和方法

(一)研究点的选取

江西省是中国南方集体林区的重要省份之一。婺源县位于江西省东北部，与皖、浙两省交界，全县国土面积2947平方公里，其中林地377.6万亩，占土地总面积的83.5%。森林面积334.48万亩，森林活立木蓄积1010.91万立方米，森林覆盖率81.5%[17]，生态公益林保护面积达104897.1公顷，占林地总面积的42.2%，生态公益林面积保存完好率达100%[18]。本文的调查数据和案例材料来自于2010年7~9月调查组在江西省婺源县开展的集体林权改革调查，为了解基层林改中林农对林权改革的看法和意见，调查组花费40天时间驻扎在婺源县村庄进行田野调查。本文以分山到户率和林分类型多样性作为标准，最终选取婺源县的洪村、花园村、霞港村、桃溪村作为案例村。在入村调查的基础上，总结出森林经营4种模式，并选择桃溪村书堂组为家庭经营案例点，花园村罗云组和洪村小源口组为集体经营案例点，花园村里程组为流转经营案例点，桃溪屋堂组为联户经营案例点，对这些案例点的森林经营组织形式进行详细的分析。

(二)案例村概况

表1 案例村的基本概况

	不同类型林地面积(hm^2)		涉林收入比重	森林权属安排	
	公益林	人工林和阔叶杂木林		林改前自留山比例	分山到户率
洪 村	13%	87%	25%	20%	73%
花园村	31%	69%	18%	45%	34%
霞港村	28%	72%	27%	37%	79%
桃溪村	51%	49%	29%	25%	75%

数据来源：田野调查。

从表1可以看出，四个村的公益林面积差异较大，说明四个村生态状况的脆弱性有所不同。人工林和阔叶杂木林的比重各有差异，说明四个村造林的积极性有所不同。其共同特点为，涉林收入比重较低，均不足30%，且集体山林的分山到户率较高，说明该地集体林权制度改革比较彻底。农户对土地和林业的依赖程度不同，林改前林地所有权千差万别。

(三)数据采集与分析

本研究从收集和整理相关的二手资料入手。全面了解江西省婺源县森林经营状况、社会经济发展、集体林权改革等背景资料和相关政策安排。在此基础上，访问了婺源县林业局、案例村所在的清华镇和中云镇政府，了解该县案例村的人口和基本经济状况，集体林权改革过程中的森林权属安排，以及不同林分类型的林地面积等。选择不同森林经营类型的案例调查点进行了深度访谈，访谈的主要内容包括：不同案例村农户选择的森林经营类型、选择某种经营方式的原因及农户经营林地的动力。最后在选定的4个案例村中进行了问卷调研，问卷内容主要包括：农户的家庭收入及经济状况、家庭收入对林业的依赖性、对林业生产的参与状况以及不同类型林地经营方式的意愿等。通过随机抽样选择农户，共发放136份问卷，收回128份，有效问卷125份。最后，在对数据的采集与分析的同时，对缺失或有疑问的问卷开展了电话回访，力图还原最真实的信息。

三、结果与分析

(一)农户的异质性

改革开放30年来，当今中国农村发生了根本性的变化，农户的异质化、生计的多元化、对土地依赖的弱化、土地利用的产业化、专业化和组织化，农村治理格局复杂化和农村利益主体的多样化等共同构成了中国农村复杂的万花筒。家庭联产承包责任制的落实，彻底将社队为基础的集体经营形式转变为农户为主体的家庭经营，中国的农村出现了翻天覆地的变化。随着工业化、城镇化、农业现代化的不断推进，传统农业社会和现代工业社会两种经济形态并存[19]，很多农户已经不是传统理解上的小农户，越来越多的学者开始关注农民异质性问题[20-21]。林业三定以来，我国南方集体林权森林经营组织方案众多，各地均有自己的特色。这本身就是异质化的农户所对应的多样化的森林经营管理模式。

从 LeVay 开始，成员异质性问题越来越受到人们的关注[22]。其实，早在 20 世纪 60 年代，就有学者强调过异质性的重要性，如奥尔森（Olson）就指出，集团成员的异质性是集体行动得以成功的一个条件[23]。近年来，农户异质性问题已经引起了许多研究者的重视。从林业生产来看，农户异质性是指有别于传统认识上的村庄、村庄成员之间的特征差异化。农户异质性体现在很多方面，比如农户收入来源的差异、农户森林经营目标的差异和农户森林经营方式认知差异，不同成员之间的资源禀赋在森林管理上会存在显著的差异，不同主体参与森林经营的动机和目的不同，不同参与主体在不同森林经营组织形式中扮演的角色不同[24]。异质性的村庄结构、成员结构决定了成员间的成本收益函数和效用函数的不同[25]，这些外在的差异决定了成员利益诉求会存在差异[26]（图 1）。异质性的存在会直接影响森林经营组织形式和治理机制的形成以及作用的发挥，森林经营的方式不同决定了农户收入之间可能会存在差异[27]。

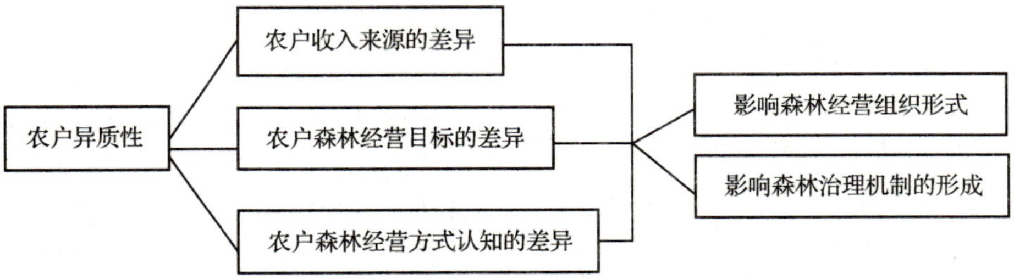

图 1　异质性与森林经营组织形式和森林治理机制

本文研究的村组农户异质性主要从农户收入来源的差异、农户森林经营目标和农户森林经营方式认知差异来表达农户的异质性。本文的一个潜在的假设是经济和社会的发展使得村集体小组成员的森林经营目标出现异质性，因此成员之间的森林经营组织形式会呈现不同的形式，导致森林经营方式多元化和经营效率的不同。

1. 农户收入来源的差异

农民收入可来源于工资性收入、家庭经营收入、财产性收入、转移性收入等。不同类型的农户，收入来源存在差异。随着农民参与市场化程度的提高，农民收入来源结构摆脱了单一的形式，呈现出多元化的格局。为了研究的方便，我们把家庭的主要收入来源划分为林业、农田、务工、其它等 4 大类。同时，我们把家庭年收入低于 2 万元划为低收入户，把家庭年收入在 2 万至 5 万划为中等户，把家庭年收入在 5 万元以上划为富裕户。如表 2 所示，不同类型的农户收入来源渠道存在着差异。低收入户林业收入占总收入比重达 22%，而高于 5 万元的富裕户，林业收入占比只有 4%，收入在 2 万至 5 万的中等户为 15%。除了来自农田的收入外，显然林业收入对低收入农户更为重要。

表 2　样本村农户收入来源渠道

家庭主要收入来源	农户类型		
	低收入户	中等户	富裕户
林业	22%	15%	4%
农田	56%	42%	30%
务工	18%	26%	38%
其它	4%	17%	28%

数据来源：样本村问卷调查

不同的村庄之间，情况也不一样。如表 3 所示，花园村对农业的依赖度明显低于其他村组，这与该村人均耕地和林地面积较少有关，为了生存和发展，农户不得不另寻收入来源渠道。在农田面积多的地域，农民多是依赖于农业，如霞港村，农田面积很大，农田在农民的生产生活中扮演了重要的角色。从村组的调研中发现，林业相关现金收入所占比例较小，林业的相对重要性不突出，在这些村庄中，经营林业并不是最重要的收入来源。

表3　村组家庭平均收入状况

收入 村组	每项收入占总收入的比重			
	涉农	涉林	打工	其它
洪　村	24%	10%	41%	25%
花园村	23%	4%	42%	31%
霞港村	37%	2%	25%	35%
桃溪村	39%	8%	30%	23%

资料来源：田野调查

综合表2和表3不同村庄之间存在差异，不同类型农户收入来源存在较大的差异，即村庄、农户之间都存在异质性。这种异质性会对农户森林经营目标产生影响吗？下文将进行研究。

2. 农户森林经营目标的差异

我们通过调查被访问者"森林有何作用?"来客观反映农户的森林经营目标。37% ~64%的农户选择森林的主要作用是维持基本生活需要，即满足薪柴和建房的需求。这样的森林经营目标在一定程度上与家庭经营和联户经营形式一致，尤其是薪材采集。其次，12% ~43%的农户认为森林没有价值，这说明森林已经退出了家庭生计需求序列。只有10% ~21%的农户选择提高经济收入，也就是提高林地的效率，获取更多的经济收入是其森林经营的目标。非常少的农户意识到森林的生态价值，尽管在4个村都有一定面积的生态林。在4个调查村，霞港村认为森林没有作用的比较最高，而其余三个村均倾向于生活基本需要。提高经济收入的目标在洪村最高，而霞港村最低。

表4　森林经营目标

	村组	洪村	花园村	霞港村	桃溪村
森林的作用（%）	提高经济收入	21	19	10	13
	生活基本需要	64	58	37	53
	外出务工回家有保障	0	0	0	3
	改善生态环境	3	0	0	5
	没有作用	12	14	43	26
	其他	0	9	10	0

资料来源：田野调查

3. 农户林地经营方式的选择差异

受森林经营方式传承的影响，林农在经营方式的偏好上出现了多样化。20世纪90年代中期，花园村和霞港村推行林地流转经营，尽管效果并不理想，但选择流转经营的农户多一些。这显示了在制度变迁的过程中会出现一定程度的路径依赖，农户会根据其传统的生产生活经验来选择合适的经营方式。

表5　村组林农经营林地的意愿经营方式

乡镇	村组	意愿经营方式			
		家庭经营	联户经营	集体经营	流转经营
清华镇	洪　村	87%	7%	3%	3%
	花园村	85%	5%	4%	6%
中云镇	霞港村	88%	1%	2%	9%
	桃溪村	91%	9%	0%	0%

资料来源：田野调查

（二）森林经营组织形式分析

通过案例村的入户调研及深度访谈，我们了解到不同经济社会背景的村组有着不同的经营方式，桃溪村书堂组林地家庭经营比较典型，花园村罗云组和洪村小源口组集体经营比较有代表性，花园村里程组、桃溪村屋堂组则分别以流转经营和联户经营为主，下文将逐一分析这些不同的经营方式。

1. 家庭经营

通过对案例点桃溪村书堂组的调查发现，林农选择家庭经营林地的影响因素比较复杂，现金收入并不是直接的刺激因素。"年轻人外出务工，家里的林地放着不管，只要有个财产放着就可以；山里收入少，转让的价格也低，只有一点钱的话无所谓，还不如留着不转让；山林放着，可以等着以后政策变化，市场变化，山场也可以涨价；年轻时外出务工，如果年龄大了，一般也得回老家，林子留着可以养老保障，有座山在那里至少可以砍砍柴烧，有几根木头修房子；山林和土地一样，对农村人来说都是具有特殊感情的。在农村，只有有田有山才能叫做农民。"从这些访谈来看，传宗接代的观念、世袭和继承思想、对土地的归属感以及是否和周围环境合群等社会心理因素则起着比较重要的作用。这几项因素对于林农来讲，所获得的心理上的满足和效用远比现金利益更大。

另一方面，家庭经营在经济林人均面积较大，山林质量较高，交通较为便利的社区较普遍，对林地等客观条件要求较高，这可能与案例村的区位条件较好有关。有更低的成本、更便利的接触市场的机会，更能充分发挥家庭经营的灵活性和自主性。

2. 集体经营

在花园村罗云组和洪村小源口组，森林经营主要以分利不分山的集体经营形式为主，山林仍由村组长来组织经营。这是新一轮集体林产权改革特殊产物，也是林农通过不断试验过程后采取的优化选择，这种集体经营制度的特征在于不改变原有的产权关系，农户之间的产权边界是清楚的。这样做的好处是一家一户在林业经营过程中做不了、做不好的事，交由集体经营来完成，集体经济所得的收益可以分配给组织内部成员，其余可以用于集体公益事业或社会事业，通过集体经营可以产生比分散经营更大的收益。由于集体经营，虽然存在异质性的成员结构，但他们无论是否负担成本，他们都可以享用到由集体经营带来的收益，这时，村庄集体是稀缺的关键生产要素的所有者，通过集体经营可以充分发挥集体管理森林资源的优势。"林改后，如果把山林全部分给各家各户，村财将面临亏空的危险，村组的一些公共卫生、水利、道路等都没有办法进行修理。"通过实地调研结果表明，单纯的分山到户符合人们意愿，但不利于林地经营管理，经过多次的试验，村组组长担任分山后的管护主体，能够让家家户户都有一份固定的收益，是既满足林农权益又利于林地管理的最好的选择之一。

3. 联户经营

桃溪村屋堂组的联户经营较为典型，主要表现为十几家农户共同拥有一片林地，林权证上标明的是十几家户主姓名，有的林地是二十几家共有。联户的原因主要是因森林较为偏僻，具体实施林地的划分困难，这一问题其他村组也存在。通过这一种联户的形式，可以在一定程度上应对日趋激烈的市场竞争，抵御在森林经营过程中出现的市场风险和自然风险，同时可以让村里的富余劳动力从地里解放出来，有利于森林的统一管理，有利于发挥规模化效应，以期获得比单户经营更多的收益。

4. 流转经营

林地流转经营发展较好的花园村里程组十亩段，主要有两种情况，一是林业三定前村集体将山林外包给国有林场，合约期为25年，由于期限还没到，在分山到户时，合同的主体由村集体直接转换为单个的农户，并保证合约到期后的收益分配；二是农户集体同意将林地卖给木材商老板。第一种情况历史因素起了很大作用，林业三定时期并没分山，村集体直接决定了林地的经营方式，目前的流转经营是一种延续；第二种情况的主要原因是当地的经济极为落后，交通比较恶劣，卖山的直接原因是为了修路。

（三）异质性对森林经营组织形式的影响

应当看到，由于农户和和村组的异质性，必然对应不同的森林经营方式。从森林经营模式看，在特定的经营目标、经济水平、资源禀赋下，小农户经营是有意义的。但在另外一些情况下，森林并不是如粮食那样的生存必需品，如表4所示，森林被一部分农户认为没有作用，这就需要其它的森林经营模式与之对应。异质性对森林经营形式的影响总结见表6。

1. 农户对林业收入的依赖性及传统观念影响

家庭经济状况越差的农户，对林业依赖越强，越倾向于家庭经营。而家庭较富裕的农户多选择外出务工或做生意等其他谋生渠道，则偏向于联户和合作经营模式。

村组老一辈人，认为森林是祖产即使经济效益不高，或农户经营效率低下，但认为林地是祖宗遗产，不经营林地是败家，也不愿意流转出去。而年轻的家庭，则愿意放弃森林，或联合经营。

2. 村组权威及农户民主意识

村组组长一般代表村组的威信。为了树立自身在村组中的权威，他们有着控制村组行动的激励。村组长更倾向于集体经营，一方面增强了自己的权威，一方面能够增加护林员工资收入。在村内个体和组长的共同利益要求的激励下，进行了规则变更，实现了林地经营管理的相互监督。在这种情况下集体经营等其他的林地经营方式便有了生存的土壤。

村内民主程度越高，最终选择家庭经营的可能性越大。由于外界的干扰，传统知识和民间领袖的作用力正在减弱，对林地经营方式的选择上更民主，更倾向于选择家庭经营。

3. 林分类型、林地经济功能

林地越是偏僻的且质量低，如被划入大面积的公益林，为继续发挥其生态功能，村组集体经营可能性就越大。

在林地零散，山林划分困难，容易出现纠纷的情况下，加上村组相对较大，选择联户经营的倾向性较强。这能有效避免林权纠纷，克服林地细碎化。联户经营如果普遍缺乏必要的规章制度，包括缺少日常经营管理的任务分配及相关的利益分配机制，在个人权益、份额不太明确的前提下进行合作，会成为林权冲突的隐患。

4. *村组交通状况*

很长时间，农村道路等公共服务投资不足。而森林面积大，地处偏僻的村组，若道路状况很差，农户极端贫困，则可能将森林流转出去，换取修建公路等农村基础设施大额投资。案例点花园村，将山林流转承包后，大力发展道路、桥梁、学校等基础设施，明显改善了经济状况。

5. *农户劳动力数量*

在调查的25个村组中，半数村民外出务工，村内留守的都是妇女、儿童、老人，这为联户造林创造了条件。村庄也有可能因为林权纠纷、分山过程中成员权难以确定、山林面积测量过程中的误差等导致分林过程成本高，给分山到户进行家庭式经营带来困难。同时，即使山林勉强分下去了，纠纷和矛盾还在，推动森林管护监督成本的上升。加上森林对农户生计的贡献就小，因此就更容易选择集体经营。

通过农户经济、传统观念、村组权威、林地经济功能、林地破碎化程度、村组交通状况、外出务工人数等异质性程度的分析，我们可以归纳并总结出异质性对家庭经营、集体经营、联户经营、流转经营等森林经营形式的影响(见表6)。

表6　异质性对森林经营形式的影响

异质性内容	经营形式				
	流转经营	异质性程度	家庭经营	集体经营	联户经营
农户经济	强		√		
	弱	√			
传统观念	强	√			
	弱		√		√
村组权威	强			√	
	弱	√			
林地经济功能	强	√			
	弱			√	
林地破碎化程度	高		√		
	低	√			
村组交通状况	好	√			
	差				√
外出务工人数	多		√	√	
	少	√			

四、结论与讨论

(一)森林经营方式多元化选择是一个客观要求

林业生产具有很强的地域性，多元化选择已成为许多农户适应自然风险、市场风险的重要手段。由于异质性的客观存在，森林经营组织形式也应该是多元化的。通过采取因林制宜、综合治理的经营措施，能够不断优化森林资源结构和提高森林资源质量。走森林经营方式的多元化之路，其好处在于它能够分散经营风险、提高农户应对自然风险和市场风险的能力、降低农户的脆弱性。实践表明，森林经营方式的多元化已经成为森林可持续经营的重要实现形式。

(二)家庭经营是主要形式，其它林业经营形式扮演角色各不相同

在中国，农业内部的分工历来不明显，林业并未摆脱农业而成为独立产业。林业家庭经营使生产过程中的劳动者、经营者、受益者统为一体，在南方集体林区，家庭仍将是基本的经营单位。在森林管理中，社区、地方政府、公民社会和国家在提供木材和其他森林相关的服务上也承担了一部分的功能。但总体说来，家庭以外的其它林业经营形式在森林管理中的作用并未完全发挥，虽然有家庭经营以外的其它各种类型的森林经营类型，但在集体林区，其在森林管理中的作用有限。

(三)必须提高农户对森林管理的重视程度

走多元化的森林经营方式之路，让经营主体重新审视森林的地位和作用，使经营主体能够让其拥有的资源与外部经济机会发生作用，把生产者的利益同劳动成果联系起来，能够提高森林经营决策者和管理者的认识和能力。通过农户对森林管理的重

视程度的提高，强化林业社区管理，提高农户参与森林管理和森林经营的意识及其参与积极性。使森林经营主体更好地保护、培育和合理利用森林资源，并进一步拓展森林的文化精神功能等。在异质性的大背景下，可以充分发挥各种类型的森林经营组织的优势，实现森林的可持续经营。

中国林业改革成效显著，林业部门在推动集体林权改革的同时，意识到林地细碎化所带来的经济、生态和社会影响，鼓励探索多种形式的森林经营组织形式。但基层社区对国家政策的解构实践逻辑与国家管理逻辑可能存在不一致[28]，任何政策措施只能顺应农户的政策需求，才能很好的发挥作用。在当前的管理体制下，家庭经营是主要形式，其它林业经营形式作用有限，因此在发展适度的规模经营的同时也需要提高农户对森林管理的重视程度。

参考文献

[1]黄宗智，彭玉生．三大历史性变迁的交汇与中国小规模农业的前景[J]．中国社会科学 2007(4)：74~88

[2]楼栋，孔祥智．新型农业经营主体的多维发展形式和现实观照[J]．改革，2013(2)：65~77

[3]World Bank. Reaching the Rural Poor：A Renewed Strategy for Rural Development[M]. Washington. D. C. ：World Bank，2003

[4]曹建华，王红英，严成．森林资源经济利用的政策模拟模型应用研究[J]．中国人口・资源与环境，2008(6)：198~202

[5]黄少安，谢冬水．"圈地运动"的历史进步性及其经济学解释[J]．当代财经，2010(12)：11~18

[6]高立英．集体林地经营规模分析——与林地规模经营观点的商榷[J]．林业经济问题 2007(4)：376~379

[7]刘滨，康小兰，王珂．农民行为逻辑与合作能力：一个新的阐释视角[J]．江西农业大学学报：社会科学版，2009(2)：30~34

[8]邱慧，孟全省．乡村林场经营模式探讨[J]．安徽农业科学[J] 2007(33)：10569~10671

[9]杨汉章，童长亮．林业股份使用制是集体林区有效的公有制实现形式[J]．林业经济问题，2000(2)：111~113

[10] DeFries R S，Foley J A，Asner G P. Land-use choices：balancing human needs and ecosystem function[J]．Frontiers in Ecology and the Environment，2004，2(5)：249~257.

[11] van de Ploeg，J. D.，Wiersum K. F.（1996）．Styles of forest management by small forest owners ，characteristics and scope for rural development[A]．In：Glu¨ck，P.，Weiss，G. （Eds.）(1996)．Forestry in the context of rural development：future research needs/European Union － Cost Programme. Joensuu：EFI proceedings . No. 15

[12] 刘璨．南方集体林区的家庭经营制度及其绩效[J]．改革，2008(5)：80~88

[13] Richards，M. Common property resource institutions and forest management in Latin America[J]．Development and Change ，1997 ，28(1)：95~117

[14] Richards M. Can sustainable tropical forestry be made profitable? The potential and limitations of innovative incentive mechanisms[J]．World Development，2000，28(6)：1001~1016.

[15] Kreutzwiser R D，Wright C S. Factors influencing integrated forest management on private industrial forest land[J]．Journal of Environmental Management，1990，30(1)：31~46.

[16] Liu J，Zhang S，Ye J，et al. Forestry revenue policy in China：what has happened and why[J]．International Forestry Review，2004，6(4)：335~340.

[17] 婺源县林业局．婺源林业基本情况[OB/OL]．http：//ly. jxwy. gov. cn/Article/ShowArticle. asp? ArticleID =4

[18] 人民日报．婺源百分百保护生态林 公益林保护面积达10余万公顷[OB/OL]．http：//jx. people. com. cn/n/2013/1224/c337959 -20222210. html

[19] 杨汝岱，陈斌开，朱诗娥．基于社会网络视角的农户民间借贷需求行为研究[J]．经济研究，2011(11)：116~129

[20] 黄祖辉．农民合作：必然性、变革态势与启示[J]．中国农村经济，2000(8)：4~8

[21] 李谷成，冯中朝，范丽霞．小农户真的更加具有效率吗？来自湖北省的经验证据[J]．经济学(季刊)，2010(1)：95~124

[22] LeVay C. Agricultural co-operative theory：a review [J]．Journal of Agricultural Economics，1983，34(1)：1~44

[23] Olson M. The logic of collective action：public goods and the theory of groups [M]．Harvard University Press，2009

[24] 林坚，黄胜忠．成员异质性与农民专业合作社的所有权分析[J]．农业经济问题，2007(10)：12~17

[25] 孔祥智，蒋忱忱．成员异质性对合作社治理机制的影响分析—以四川省井研县联合水果合作社为例[J]．农村经济，2010(9)：8~11

[26] 邵科，徐旭初．成员异质性对农民专业合作社治理结构的影响——基于浙江省88家合作社的分析[J]．西北农林科技大学学报(社会科学版)，2008(2)：5~9

[27] 黄胜忠，徐旭初．成员异质性与农民专业合作社的组织结构分析[J]．南京农业大学学报（社会科学版），2008(3)：1~7

[28] 骆耀峰，刘金龙，张大红．集体林权改革的基层解构实践逻辑研究——基于江西婺源的观察[J]．中国农业大学学报(社会科学版)，2012(3)：142~152

森林保险的农户需求与供给差异分析
——基于湖南省 190 户农户的调查

邓 晶 田治威
(北京林业大学经济管理学院，北京，100083)

摘要：利用湖南省浏阳市、新化县、冷水江市 190 户农户的问卷调查数据，从保险责任和保险产品、保障程度和保险金额、保险费率和补贴比例、保险公司理赔业务等方面探讨了森林保险对农户需求的满足程度，认为为有效提高农户的保险需求，需要从开发多元化森林保险产品、提高保险金额、提高商品林保费补贴比例、加大宣传力度、提升保险公司森林保险业务水平等方面来完善森林保险制度。

关键词：林业风险；森林保险；政府补贴；农户

Empirical analysis on the farmers' demand and satisfaction on forest insurance
——based on the data of Hunan province

Deng Jing, Tian Zhiwei
(School of Economics and Management, Beijing Forestry University, Beijing, 100083)

Abstract: This paper analyzes the forest insurance for farmers demand satisfaction from the insurance liability and insurance products, the level of protection and the amount of insurance premium rates and the proportion of subsidies, insurance company claims business based on the data of Hunan Province. The results show that in order to improve the insurance needs of farmers, it is necessary to develop diversified forest insurance products, increase the amount of insurance and the proportion of premium subsidies, and step up publicity efforts.

Keywords: Forest risk; Forest insurance; Subsidy Policy; Farmers

一、引 言

随着我国市场经济的不断完善和林权制度改革的不断推进，森林保险越来越受到相关政府职能部门和广大农户的重视，成为农户抵御自然风险、稳定林业生产、保障收入的重要工具和手段[1,2]。2009 年至 2012 年中央财政森林保险保费补贴试点工作陆续在湖南、江西、福建等 17 省区展开，推行以中央和地方财政补贴保费的办法，由保险公司为广大农户提供森林保险。但相反的是广大农户参与森林保险的意愿不强，形成了“上热下冷”的局面，这表明森林保险制度还不够成熟，需要进一步加强和完善[3~5]。因此，调查研究森林保险的农户需求状况和满足程度，有利于探寻加强农户参与森林保险的方法，进一步完善我国森林保险制度。Hazell 认为农户对保险的需求取决于期望收入、收入的变动程度以及农户的风险规避系数[6]。李小勍以山东农户调查问卷为基础分析了农业保险的影响因素，发现家庭纯收入和经济负担对农户保险需求状况有显著影响[7]；李彧挥等通过对福建省永安市的农户调查发现林种类型、林农的特殊经历、家庭收入水平、不同区域、林农受教育程度以及政府是否对保费进行补贴对林农购买林业保险的意愿有显著影响[8]。万千等从农户的森林保险认知、收入水平、风险认知和保险条款的满意程度等方面分析了，农户森林保险需求的影响因素[9~11]。韩国康等分析了森林保险的保险标的、保险责任、除外责任、保险金额、保险期限等具体细节[12]；黄文才建议针对不

基金项目：北京林业大学科技创新计划项目(BLX 2012002)。

第一作者：邓晶，博士，讲师。主要研究方向：林业金融理论。电话：010-62337379，E-mail：bfudengjing@126.com。地址：100083，北京市海淀区清华东路 35 号北京林业大学 39#信箱。

通讯作者：田治威，博士，教授，E-mail：bjtzw@sina.com。

同林种设置差异化险种[13]。秦涛等[14]研究发现目前农户对森林保险的需求意愿不强，主要是由于森林保险产品和保费补贴的政策设计不合理，尤其是保险金额过低和保险责任不全，制约了农户对森林保险的需求。总体来看，现有研究已经在森林保险领域取得了丰富的成果，但现有研究以农户需求方面为主，对于保险产品设计的研究严重不足，尤其缺乏对于保费、保额、保险产品等保险条款设计的研究；而且，现有研究对于森林保险补贴理论与补贴方式设计研究不足，导致提出的对策未能形成系统性政策体系。

2009年，湖南省作为首批试点省份被纳入全国森林保险试点范围，在全省16个林改试点县率先启动森林保险试点工作，计划参保面积3879万亩，实际完成投保面积3536万亩，为计划的91.2%，参保农户100.53万户，保险公司保费收入5657.76万元，保险金额141.44亿元。2011年湖南省对公益林保险试点遵循"政府引导、市场运作、全面参保、统筹管理"的原则。全省范围内省级以上公益林统一参保，统一确定保费金额、费率、保险责任等保险要素，保险公司按照市场运作进行查勘理赔，全省公益林计划投保面积7304万亩，实际承保7096.55万亩，保额达283.86亿元，完成计划承保面积的97%。全省商品林保险遵循"政府引导、市场运作、适度补贴"的原则。由保险双方根据商品林经济价值、灾害类型、风险等级、投保及理赔方式等自主议定保险金额、保险费率和保险责任等，财政给予投保人适度补贴。商品林保险按照市场化运作，财政适当补贴的模式进行，投保面积达1118.03万亩，保额达30.09亿元，实现签单保费1605.05万元。

经过4年的实践，虽然湖南省森林保险试点工作取得了一定成效，但也存在一些问题，如农户对森林保险的有效需求不足、投保积极性不高等[15]。本文利用湖南省浏阳市、新化县、冷水江市的190份农户调查问卷，分析农户的森林保险需求与供给差异，以期为我国森林保险制度的进一步完善提供科学依据。

二、数据来源

本文研究分析所使用的数据来自于对湖南省农户的调查问卷。2012年7月，课题组以湖南省浏阳市、新化县、冷水江市作为调查地，主要运用入户问卷调查的方法，调查了200户农户，经过逻辑检验与筛选，最终采用的有效问卷为190份，有效问卷率为95%。农户调查问卷具体分为3个部分。第1部分为农户基本情况：包括年龄、文化程度、家庭年收入等；第2部分为农户森林保险需求情况：包括对林业风险的认知、对森林保险的认知、分散风险的途径、购买森林保险的意愿；第3部分为农户对森林保险的评价：包括保险责任和保险产品、保障程度和保险金额、保险费率和补贴比例、保险公司理赔业务等方面。

在190份农户调查问卷中，农户平均年龄为48.34岁，其中年龄最小为25岁，最大为81岁。绝大多数样本年龄在30～60之间，占样本总量的80.8%；农户文化程度以受教育年限为衡量标准，读书年限最短为0年，最长为15年，平均读书年限为7.35年，仅相当于初中一年级水平；农户家庭年收入最低仅1500元，平均约为1万元，其中1～2万元占50.4%。

三、农户森林保险供给与需求状况

农户对森林保险的需求主要受农户主观意愿、灾害情况、保险产品特征、政府补贴等因素的影响，本文从以上因素对农户的需求状况进行调查。对于农户认为"造成林业损失的最大风险"的调查结果如表1所示，结果表明："自然灾害"为林业所面临的最大风险，有60.8%的农户认为自然灾害对林业的生产经营影响最大，最希望防范和化解这类风险，而"市场价格波动"、"盗伐和人为火灾"、"培育采伐技术"、"林业政策变化"等风险依次位列其后。对于农户生产经营过程中"自然灾害造成损失占总损失比例"的调查及过表明：在83.2%的农户家庭中自然灾害造成损失占总损失的比例超过50%，因此，自然灾害是林业生产最需要防范化解的风险。

表1　关于农户认为造成林业损失风险的调查

Gra. 1　Investigation of forest risk

项目	自然灾害	市场价格波动	盗伐和人为火灾	培育采伐技术	林业政策变化	其他
比例	60.8%	8.2%	12.1%	9.6%	5.8%	3.5%

由于林业生产经营面临较大的风险，农户通常会采取多种办法来规避风险，如找亲友借钱、依靠自有资金解决、向金融机构贷款、购买保险等。大

部分农户认识到森林保险作为一种有效的林业风险管理工具，可以有效的分散风险。调查结果表明：65%的农户表示“听说过森林保险”，20%的农户认为“了解森林保险”。可以看出，森林保险在农户中有一定的影响，但是多数农户对于森林保险的具体政策和实施状况并不真正了解，还没有认识到森林保险的本质及其在抵御自然风险、稳定林业生产、保障收入等方面起到的重要作用。而对于农户“防范和缓解林业风险的主要手段和措施”的调查(如表2所示)，结果表明：选择“找亲友借钱”的农户占35.8%，选择“依靠自有资金解决”的农户占25.3%，两者合计达61.3%，说明农户规避林业生产经营风险的手段仍然依靠传统方式；同时，有12.6%的农户选择“购买保险”，说明虽然购买保险已经成为农户规避风险的手段之一，但是与传统方式相比仍处于较低比例，森林保险制度仍需进一步完善以提高农户对于保险的有效需求。在被调查的农户中，有5.8%的农户表示“已经购买了森林保险”，其余农户也表现出对森林保险的购买意愿，但受制于一些因素而不敢买。有53.5%的农户表示由于森林保险的保险品种少、保险金额低、赔付不及时等原因而不敢买，68.9%的农户表示只有当森林保险保费补贴提高到合适的比例才会考虑购买。可以看出，大部分农户已经认识到森林保险的重要性，但由于森林保险在实施和推广过程中还存在一些问题，导致农户实际的有效需求不足。

表2 关于农户防范林业风险主要手段的调查

Gra. 2 Investigation of prevention measures forest risk

项目	找亲友借钱	依靠自有资金解决	向金融机构贷款	购买保险	其他
比例	35.8%	25.3%	7.6%	5.8%	25.5%

四、森林保险供给和需求之间的差异

我国森林保险试点工作按照“低保费、低保额、保成本、广覆盖”的原则，在考虑农户缴费能力和基本保障需求的同时，也考虑了保险公司的风险防范水平和稳健经营，防止超出双方的承受能力。因此，森林保险设置了较为严格的保险条款，这些条款与农户对森林保险所期望的保障之间存在一定差距。本节从保险责任和保险产品、保障程度和保险金额、保险费率和补贴比例、保险公司理赔业务四方面，探讨森林保险供给和农户需求之间的差异。

(一)保险责任和保险产品的供需差异分析

2009年，湖南省森林保险实行综合险制度，将易发的火灾、水灾、旱灾、冻灾和病虫鼠害等5种主要风险灾害全部纳入了保险责任范畴，但保险责任要求较高，只有当因灾损失亩数达到承保面积的10%(含，最高不超过10亩)以上，保险人才会按照保险合同的约定负责赔偿。

调查中，有89.3%的农户认为森林保险的保障范围较广，基本覆盖了各种常见的林业风险。可以看出，除了少数不了解保险责任的农户外，多数农户都较为认同森林保险的保障范围。但是现有的森林保险产品没有区分不同标的物等具体情况，采取统一费率，导致保险产品品种有限，不能适应农户的不同需求，因此，有42.6%的农户希望能够开发更多不同标的、不同类型的森林保险产品，以满足不同的需求。对于目前实施的森林保险来说，农户普遍认为一些保险责任条款不合理，有56.7%的农户认为森林保险的免赔率太高；有14.5%的农户认为“受灾后48小时内应向保险人报案”的条款设置不合理，原因是部分农户经营林区面积大而地形复杂，有时受灾后很难及时发现和勘察。

(二)保障程度和保险金额的供需差异分析

森林保险条款中免赔率的设置有利于减少保险公司的赔付金额，但是免赔率的设置也同时降低了保险对农户的保障程度。在湖南省实施的森林保险条款中“林木因遭受保险责任范围内的自然灾害事故但受损亩数在承保面积的10%以下(最高不超过10亩)”可以免除保险责任，即林木因灾损失必须到10%以上的农户才能获得赔付，这与农户期望的免赔率相差较大。调查结果如表3所示，结果表明：期望受灾就应该赔偿的农户占52.1%，期望免赔率为在5%以下的农户占20.4%，6%－10%之间的农户占27.5%。可以看出，超过半数的农户认为当林木因灾遭受损失时，保险公司就应该给予赔偿，与目前保险条款中设定10%的免赔率仍有一定差距。

表3 期望免赔额条款的调查

Gra. 3 Investigation of expect deductible

项目	无免赔	免赔率小于5%	免赔额大于6%小于10%
比例	52.1%	20.4%	27.5%

目前，我国森林保险实行“低保费、低保额、保成本、广覆盖”的原则，保险目的是保林木的再

植成本，因此保额较低。在湖南省森林保险条款中规定"林木每亩保险金额为400元"，即如果林木发生保险责任范围内的灾害，损失面积超过10%，农户可从保险公司获得每亩400元的赔偿。关于保险金额的调查结果表明：只有10.2%的农户不清楚目前的保险金额，或者认为保险金额基本可以接受，其余89.8%的农户均认为目前的保险金额太低，主要原因是目前造林费用需要至少每亩800元，现有保险金额根本无法保障农户的利益。从以上结果可以看出，现行森林保险条款中设置的免赔率和保险金额与农户的期望值仍有一定差距。多数农户认为，森林保险的保险金额不应该仅仅覆盖再植成本，也应同时覆盖林木的经济价值，更多保障农户的利益。

(三)保险费率和补贴比例的政策供给与林农需求差异分析

目前，湖南省森林保险的年保险费率为4‰，即每亩每年保险费1.6元。保险期间为一年，以保险合同中载明的起讫时间为准。对于公益林保费来说，中央财政补贴比例为50%，省级财政补贴比例为30%，市级财政补贴为20%，即农户不需要承担公益林森林保险保费支出。而对于商品林保费来说，中央财政补贴比例为30%，省级财政补贴比例为25%。关于保险费率的调查结果表明：有90.3%的农户认为目前森林保险设置的保险费率可以接受，而其余农户主要认为目前森林保险的保险金额太低，不能保障林木价值，从而对现有保费费率的设置不认同。

在森林保险补贴的问题上，湖南省主要提供保费补贴。我国森林保险政策中各级政府提供保费补贴的目的是为扩大森林保险的覆盖范围，降低森林保险费率，激发农户对于森林保险的有效需求。湖南省公益林采取统保的方式，保费有各级政府全部承担；而商品林保费由各级政府承担55%。关于保费补贴比例的调查结果表明：在没有政府补贴的情况下，只有12.3%的农户愿意购买森林保险，而其余87.6%的农户不会主动购买森林保险；而有95.6%的农户认为目前商品林保费补贴比例太低；农户平均期望补贴比例达到82.5%才会购买森林保险，这与现有55%的补贴比例还有一定差距，说明森林保险补贴比例有待进一步提高。

(四)保险公司森林保险服务的供给与林农需求的差异分析

目前，湖南省森林保险主要由中国人保财险股份有限公司和中华联合财政保险股份有限公司两家公司承保，其中前者主要承保商品林，而后者主要承保公益林。在投保和理赔过程中需要林业部门和保险公司共同参与，因此保险公司开展森林保险业务的服务水平也决定了森林保险的实施效果和农户的保险需求。

关于农户对保险公司森林保险业务满意程度的调查，结果表明：分别有12.6%和15.2%的农户表示"满意"和"基本满意"，而有72.2%的农户表示"不满意"，说明农户对保险公司开展的森林保险业务不认可，一部分不满意的农户认为保险公司应转变服务方式，提高服务效果，而另一部分不满意的农户主要是因为保障水平低和保险产品少，导致不能满足农户的需求。关于保险公司理赔业务的满意程度的调查结果如表4所示，结果表明：有65.6%的农户最关心保险公司"理赔的及时性"，有14.6%的农户最关心保险公司的"理赔金额"，而有9.8%的农户最关心"有无林业技术支持"。可以看出农户对保险公司理赔业务的满意程度很大程度上取决与保险公司理赔的及时性。保险条款规定公益林保险理赔时，保险公司应向农户直接转账支付50%赔款，其余50%赔款支付到市县财政局。待恢复造林并经林业部门验收合格后，由市县财政局审核并支付给农户。有86.7%的农户认为公益林理赔条款过于繁琐，降低了农户恢复造林的意愿。

表4　农户最关心的保险公司服务调查

Gra. 4　Investigation of Insurance service

项目	理赔的及时性	理赔金额	有无林业技术支持	其他
比例	65.6%	14.6%	9.8%	10%

五、结论与建议

我国森林保险试点工作经过3年的发展，在各级政府部门的积极推动下，取得了长足的进步。但由于广大农户参与森林保险的意愿不强，形成了"上热下冷"的局面，这表明森林保险制度还不够成熟，需要进一步加强和完善。森林保险的发展离不开各级政府的支持，也需要广大农户和林业生产经营者的积极参与，才能促进森林保险的持续发展。本文在对我国森林保险实施现状进行分析的基础上，探讨了森林保险对农户需求的满足程度，并提出如下结论与建议：

(一)开发多元化森林保险产品

现有的森林保险产品没有区分不同标的物等具体情况，采取统一费率，导致保险产品品种有限，不能适应农户的不同需求。保险公司可以根据当地实际情况，采取市场化运作机制，将森林保险政策逐步从"保成本、广覆盖"过度到"保价值、保收益"，按照不同树种、不同风险等设置不同层次的保险费率、保险金额和保障水平，从而可以满足不同农户的需求。

(二)提高保险金额

我国森林保险政策以"保成本"为原则，目前实施的森林保险条款中保险金额为每亩400元，然而，随着经济发展每亩林地的再植成本已经远超过400元，现有的保险金额根本无法满足恢复林地的要求；而对于一些种植珍惜树种的农户来说，其林木的价值可能远超过400元，现有的保险金额根本无法保障农户的利益。因此，需求提高保险金额达到林地的再植成本并保证农户的利益，以此提高农户对森林保险的有效需求。

(三)提高商品林保费补贴比例

目前，中央财政对水稻、棉花和油菜等农业种植保险的保费补贴已达40%，对能繁母猪保险的补贴高达50%，而林业商品林种植保险的保费补贴只有30%。从林业的公益属性出发，林业保险理应获得更多的财政支持。因此，建议将中央财政提高商品林保险保费的补贴比例，以保证中央财政对林业保险保费的补贴标准不低于农业种植保险。对于商品林保费补贴比例的提高可以有效刺激农户对森林保险的需求。

(四)加大宣传力度，提高农户对森林保险的认知程度

从调查结果可以看出，多数农户已经对森林保险有一定了解，但是对于森林保险工作的政策依据、主要内容、理赔程序、业务咨询等内容了解还不够深入，应在乡镇、街道和农户集居地悬挂宣传横幅、张贴宣传标语和画报，制定了宣传信息发布栏，进一步扩大森林保险的影响，提高农户对保险工作的知晓率。同时，应及时在报纸和电视台报道保险试点工作的进程、典型案例，引导广大农户树立保险意识及风险防范意识，自觉主动地参加森林保险。

(五)提升保险公司森林保险业务水平

目前保险公司农村网点、人员严重不足，广泛缺乏林业生产及森林灾害鉴定知识，专职森林保险的业务素质不强，经办能力不足，对政策的宣传力度不大，服务工作跟进也较缓慢，表现为理赔案办理拖延、未决案时间过长等。保险公司业务水平的不足直接影响了农户参与森林保险的意愿，因此有必要提升保险公司森林保险业务水平，激发和调动农户对参与森林保险的积极性。

参考文献

[1]王华丽，陈建成．政府支持与我国森林保险发展的经济学分析[J]．经济问题，2009(10)：105~108.

[2]王华丽，陈建成，徐时红．中国政策性森林保险发展研究[M]．成都：电子科技大学出版社，2011.

[3]崔文迁，王珺，马菁蕴．我国森林保险的市场失灵与政策建议——基于福建省森林保险工作的研究[J]．林业经济，2008(11)：17~20.

[4]邓义，陶建平．我国政策性森林保险监管研究[J]．林业经济，2012(9)：79~84.

[5]刘畅，曹玉坤．关于进一步拓展森林保险业务的研究[J]．林业经济问题，2005(4)：237~246.

[6]Hazell P, Pomareda C, Valdés A. Crop insurance for agricultural development: Issues and experience[M]. The Johns Hopkins University Press, 1986.

[7]李小勍．政策性农业保险的需求意愿及影响因素分析——基于山东省试点地区的农户问卷调查[J]．东岳论丛，2010(8)：108~110.

[8]李彧挥，孙娟，高晓屹．影响林农对林业保险需求的因素分析——基于福建省永安市林农调查的实证研究[J]．管理世界，2007(11)：71~75.

[9]万千，秦涛，潘焕学，陈荆．政策性森林保险的经济学分析——基于林农行为特点和政府作用的研究[J]．林业经济，2011(12)：39~41.

[10]万千，秦涛，潘焕学．农户参加政策性森林保险的影响因素分析——基于福建农户问卷调查的实证研究[J]．东南学术，2012(3)：62~74.

[11]万千，秦涛，潘焕学，陈荆．政策性森林保险开展状况的评价与分析——基于福建林农问卷调查的实证研究[J]．林业经济问题，2011(4)：346~350.

[12]韩国康，刘海英，王铮．关于建立政策性森林综合保险问题的探讨[J]．绿色财会，2008(12)：3~6.

[13]黄文才．森林保险问题探讨[J]．中国林业经济，2008(3)：60~62.

[14]秦涛，田治威，刘婉琳，邓晶．农户森林保险需求的影响因素分析[J]．中国农村经济，2013(7)：36~46.

[15]张长达，高岚．我国政策性森林保险的制度探讨——基于福建、江西、湖南森林保险工作的实证研究[J]．农村经济，2011(5)：83~86.

农户林地经营认知、经营意愿及经营行为偏好分析
——基于福建省 226 份农户调查

陈章纯[1]　柯水发[1]　赵铁珍[2]　李红勋[3]
（1. 中国人民大学农业与农村发展学院，北京，100872；2. 国家林业局经研中心，北京，100714；
3. 北京林业大学经济管理学院，北京，100083）

摘要：基于福建省永安县和将乐县的调研数据，分析了农户林地经营现状、认知、经营意愿及经营行为偏好。研究结果表明：被调查地区林地经营形式较为单一，对于不同林地经营形式的利弊衡量，单户经营以其决策的自主性成为农户的首选，同时绝大多数农户对于自己的林地经营水平较为满意，林地经营决策独立性较强，传统种植习惯、自身喜好等因素对农户的经营决策影响较大。在林地经营规模上，农户对扩大林地经营规模的意愿较强，普遍不满足于现有的林地经营规模。最后根据研究结论提出如下政策建议：完善单户经营农户的风险防范机制、理清联户经营权责分配、创新合作组织监管服务体系、增加林业科技服务活动频率和效率等。

关键词：农户；林地经营；认知；意愿；行为偏好

Analysis of farmer Households' Cognition, Willingness, Behavior Preference to Forest Operation
——Based on the Investigation of 226 Households' in Fujian

Chen Zhangchun[1], Ke Shuifa[1], Zhao Tiezhen[2], Li Hongxun[3]
(1. School of Agricultural Economics and Rural Development, Renmin University of China, Beijing, 100872;
2. Economics and Development Research Center, State Forestry Administration, Beijing, 100714;
3. College of Economics and Management, Beijing Forestry University, Beijing, 100083)

Abstract: The paper analyzed the current situation of operating woodland and the cognitive, willingness, preferences of agricultural households in forest operations, based on the survey data from Fujian Yong-an county and Jiang-le county. The results show that: the form of forest operations in surveyed area is relatively simple, individual management becomes the first choice of agricultural households for its independence in decision making and the vast majority of agricultural households are satisfied with their woodland management. As for doing the decision of woodland management, it has a strong independence and traditional cultivation habits, preferences and other factors produce a greater impact on it. On the scale of forest, agricultural households are generally not satisfied with the existing woodlands scale and have strong willingness to expand. According to results above, some suggestions were made in this paper: to improve the business risk prevention mechanism of individual management households, to clarify responsibility allocation of community-based household, to innovate supervision system of cooperative, to increase the frequency and efficiency of forestry technology service activities.

Keywords: Farmer household, forest operation, cognition, willingness, behavior preference

新中国成立以来，我国集体林权制度虽经数次变革。2008 年 6 月中共中央、国务院发布了《关于全面推进集体林权制度改革的意见》，全面铺开了以林地承包经营制度为基础的新一轮集体林权制度改革，并把它列为深化农村改革的重要内容和建设社会主义新农村的重要措施。截至 2012 年底，全国已确权林地面积 27.02 亿亩，占集体林地面积的 99.05%，其中，家庭承包经营 18.04 亿亩，占已确权面积的 66.79%；集体经营 6.21 亿亩，占 22.99%。集体林权制度主体改革任务“确权到户”

基金项目：国家社会科学基金面上项目“后林改时期农户林地经营决策机理及营林效率差异研究”(13BJY060)。
第一作者：陈章纯，女，硕士在读，浙江温州人，中国人民大学农业与农村发展学院，chenzc1114@sina.com。
通讯作者：柯水发，男，博士，福建安溪人，硕士生导师，中国人民大学农业与农村发展学院副教授，研究方向为资源经济与政策，keshuifa@163.com。

基本完成后，改革就进入到“后林改时期”。后林改时期林业经营形式发生了新的变化，出现了农户分散经营与林业规模经营的突出矛盾。对于广大农村地区来说，后林改时期针对单户承包经营、联户经营和股份合作经营等林地经营形式农户的选择意愿如何，哪些关键因素在影响着农户的林地经营决策，不同林地经营形式的营林效率有何差异，如何构建新型林地经营保障体系，成为“后林改时期”集体林区林业发展面临的一系列重大现实问题，迫切需要系统地开展深入研究。

我国集体林区林业经营形式随历史发展而不断变迁和发展，后林改时期集体林区林地经营形式呈现出多样性。当前，集体林区林业经营实践中起主导力量的经营形式主要有农户家庭经营、集体经营、股份合作经营等[1-2]。集体林权制度改革后，关于农户林地经营意愿及选择林地经营形式等相关行为决策的研究，越来越多的学者将研究视角放在了农户的生产以及投入行为上。对于农户的经营意愿，黄森慰从农户的角度出发对私有林合作经营意愿影响因素进行分析[3]；李华等从家庭基本特征、林业生产状况、就业替代条件和林业部门的政策导向等方面分析影响江西省农户参与林业合作组织意愿的因素[4]。对于农户的林地经营形式，裘菊等对福建重点林区12个县的66个村250户农户进行连续三年的林权改革调查[5]，分析林权改革对林地经营模式的影响，调查发现林改3年来，家庭承包经营成为福建集体林区最主要的经营方式；孙妍等通过实地调研的数据分析发现，自留山和责任山的经营模式在林改前后没有发生大的变化，而集体山林的经营模式受林改的影响较大，林改之后股份合作、承包、转让等模式逐渐取代了集体统一经营的模式成为集体山林经营的重要模式[6]。关于农户的经营行为分析，柯水发等运用行为科学理论分析了农户参与退耕还林行为选择的一般机理[7]；林善浪通过农户生产能力和所处的环境分析农户土地规模经营的行为特征[8]。

笔者认为，农户是有限理性的林地经营决策主体，农户林地经营形式选择意愿及经营行为决策是受农户家庭特征因素、林地资源禀赋、产权激励及农村社会变迁等多种影响因素综合作用的结果。本文根据在福建三明市进行的实地调研的基础上，系统地总结后林改时期集体林区农户林地经营状况及其特点，并基于福建省226份农户调查数据，对农户的林地经营认知、经营意愿及经营行为偏好进行分析。

一、调研地区介绍、数据来源与调查内容概述

福建是我国南方重点集体林区，山林资源成为福建农村最重要的生产资料之一，农业人口很大程度上还需要靠山吃山。同时，福建的林业产权制度的改革走在全国前列。20世纪80年代，在农村土地改革的框架下，福建在全省落实林业“三定”工作。80年代中后期“三定”工作叫停后，以三明地区为代表，福建省又开展了“分股不分山，分利不分林”的林业股份制改革。2003年，随着新一轮南方集体林区改革的开展，福建省委省政府出台“关于集体林权制度改革的意见”，决定用3年左右的时间基本完成林权制度改革工作，实现“山有其主，主有其权、权有其责、责有其利”的改革目标，建立起经营主体多元化，权、责、利相统一的集体林经营管理新机制。因此，以福建为案例进行农户林地经营的相关研究具有一定的代表性。

本文采用的资料主要来源于农户问卷调查，调查采取典型抽样与随机抽样调查相结合方法。数据分析的方法主要采用excel进行描述性统计分析。本研究选择福建省三明市永安县和将乐县作为调查县，样本涉及永安县的贡川、洪田、上坪、西洋4个乡，将乐县的光明、白莲、黄潭、大源、安仁5个乡，共43个村的250个农户发出调查问卷250份，收回241份，剔除无效问卷15份，共计有效问卷226份，问卷回收率为96.4%，问卷有效率为93.8%。

二、农户林地经营基本状况

（一）样本村农户林地获得方式

被调查地区农户林地获得方式多样，包括集体分林到户、谁造谁有承包、自留山、通过招标拍卖承包、从他人那里转包、租用等，其中，集体分林到户、谁造谁有承包是两种主要形式，分别占26.25%，22.65%。集体分林到户所占比重最大，主要是由于集体林权改革的实行使原有集体所有的林地被分下去；谁造谁有承包获得林地的方式由于山林的使用权属于农户，因此农户也较多采用此方式获得林地。

（二）农户林地经营形式

在被调查地区，73.21%的农户是采用单户经营的林地经营形式，19.64%的农户采取与亲戚邻里联户经营，7.14%的农户加入合作组织经营林地。可

以看出，单户经营是被调查地区的主要林地经营形式，联户经营和合作组织经营形式存在，但相比较单户经营数量较少。其具体原因不仅和被调查地区的林情有关，同时也很大程度上受农户对不同经营形式的认知的影响。

（三）不同经营形式下农户林地立地条件

立地条件是林业生产的一个重要自然因素，林地质量高低决定着林业产出的多少。在选择经营形式时候，农户也会适当考虑立地条件。本文根据立地条件好、中、差将其分为一类地、二类地、三类地。由问卷结果可知，在所有被调查226户农户中，共有林地486块，户均拥有林地2.15块，其中59.47%的林地为二类地，33.54%的为一类地，7%为三类地。从林地经营形式看，采用合作经营的农户的林地立地条件较差，三类地所占总户数达22.22%；单户经营形式的一类地和二类地所占比重最大，除被调查地区单户经营形式占主导的客观原因外，一类地、二类地在单户经营中所占的较重比重，也否定了我们通常认为的农户会将林地面积小、立地条件且很难通过承包、租赁、转让等形式流转出去的林地留给自己生产经营。相反，我们可以推测，良好的立地条件可能更有助于提升农户自己生产经营的积极性，采用单户经营形式使农户能获得更好的经济效益。

表1　不同经营形式下的林地立地条件

Tab.1　Woodland site conditions under different operational forms

	单户		联户		合作经营	
	个数	所占比例	个数	所占比例	个数	所占比例
一类地	131	35.03%	31	30.10%	1	11.11%
二类地	221	59.09%	62	60.19%	6	66.67%
三类地	22	5.88%	10	9.71%	2	22.22%

（四）农户林地经营规模状况

对于样本地农户立地经营规模现状，被调查地区户均林地规模达63亩，按家庭劳动力计算，劳均规模为55亩，人均林地25亩。在林种方面，目前样本农户经营的林种种类主要有用材林（杉木、松木为主）、经济林、竹林、生态公益林等，由于林地价值的不断提升，目前农户经营林业的积极性显著提高，其中杉木林种植面积最大，毛竹次之。果树种植面积、公益林面积、自留山面积所占比重均较小。

三、农户对林地经营认知的分析

了解农户对林地经营情况的认知，是分析农户林地经营行为和进行政策分析的重要基础。农户对林地经营的认知直接影响农户参与林地经营的主动性强弱，农户参与林地经营的主动性进而影响到农户对林地经营模式的选择偏好，并最终影响农户林地经营的效率。

（一）农户对林地经营原因的认知

农户经营林地的原因多种多样，可能是农户对经营林地存在偏好，或者认为经营林地可增加收入，抑或认为经营林地有安全保障等，从调查结果看，77.23%的农户认为经营林地主要是因为林地经营可以增加家庭收入，8.93%的农户因为喜欢而从事林地经营，8.48%把林地看做一项资产，认为经营林地有安全保障，3.57%的农户则认为经营林地主要是因为分林到户不得不经营，0.89%的农户因为没有其他获得收入的途径而不得不从事林地经营。由此可以看出，农户经营林地的原因是多样的，且不同经营者经营林地受不同目的的主导，把经营林地当做增加收入的主要途径是大部分被调查农户经营林地的主要原因，当然由于被调查地区福建八山一水一分田的地形特点，农户傍山生活对林地有一定的感情，所以对林地的偏好也是部分农户经营林地的原因。此外，也有小比例的农户因为分林到户或没有其他获得收入的途径而被动地选择经营林地。

（二）对不同经营形式优势与隐患的认知

调查显示，68.30%的农户认为单户经营最主要的好处在于自己可以做决策，30.80%的农户认为是产权清晰、权责明确，还有0.89%的农户认为单户经营可以对自家林地进行更精细化的经营，有利于提高产出效率。对于单户经营存在的隐患，38.84%的农户认为经营风险是最主要的，21.43%的其他隐患中包括农户认为的单户经营需要投入较多的资金，不利于个人资金的周转。由此可以看出，能否拥有自主决策权是农户在林地经营中比较看重的因素，单户经营可以满足农户对于决策的自主把握权。当然，单户经营的风险也是限制许多抗风险能力弱的农户不选择此经营形式的主要原因，风险规避型农户就有可能选择单户以外的其他经营形式。

53.36%的农户认为联户经营最主要的好处是可以相互帮助、提高效率，34.98%认为联户可以很好地共抵风险，11.66%的被调查者认为联户可以更好地扩大经营规模，运营资金更加充裕；而对于联户存在的隐患，易产生经营纠纷是被调查者反映较多的主要隐患，占 36.44%，对于权责不清、收益分配不公分别占到 1/4，还有 11.56% 的农户认为联户经营不利于自己决策、多人联合经营可能导致相互扯皮不利于林地的管理。因此，联户经营的相互合作互助优势是吸引农户选择此经营形式的主要原因，但从联户经营所存在隐患的各原因的比例可以看出联户经营还存在较多的不正式性，权责分配合理与否的，收益处置的正当与否都是引发纠纷的潜在原因。

合作组织经营是被调查地区存在最少的经营模式。按照所占比例从高到低，被调查的农户认为合作组织经营最主要的好处分别有可以提高经营效率和收入、可获得合作社服务、降低经营风险等。35.27% 的农户认为提高效率增加收入是加入合作组织应该具有的最大好处，32.59% 的农户认为能够享受合作社的服务是合作社组织经营的最大好处，由此可以看出，加入合作社组织能否比单户或联户经营更加具有效率，以及能否在加入组织后享受到一系列服务是农户决定是否值得加入所考虑的关键因素。就合作组织经营存在的隐患，37.67% 的农户认为最主要的是收益分配不公，36.77% 认为最大隐患在于没有经营决策权，由此我们也能发现，如果要加大该地区的合作组织经营形式，吸引更多的农户加入其中有一个合理的利益分配机制以及保证农户经营决策权力的实行方案尤为关键。

(三) 农户对自家林地经营水平的认知

就农户对自家林地经营水平的认知而言，48.21% 的农户认为目前自家林地经营水平好，46.43% 的农户认为经营水平一般，5.36% 认为经营水平较差。由此可以看出，大部分农户对自家的林地经营水平评价较为良好。结合该调查地区农户主要的经营模式，73.21% 的农户是单户经营，也侧面反映了农户对单户经营形式的偏好。

四、农户林地经营意愿分析

(一) 农户林地经营形式意愿分析

由上述对农户现有林地经营形式的分析可知，被调查农户目前主要的林地经营形式是单户经营，联户经营和加入合作组织经营次之。而从农户的意愿出发，调查农户期望的林地经营形式，可以得到类似结论，单户经营成为被调查农户的首选，且期望以单户经营的农户数比目前单户经营的农户数多，期望联户经营的比例比现存联户经营的农户数少，期望加入合作社经营的农户数比现已加入合作社经营的被调查农户数多，由此可以看出，在期望的林地经营方式中，单户经营和合作组织经营形式的增加主要由现有的 44 户被调查的联户经营农户的减少所致，反映出联户经营农户对现有经营形式的部分不满意，希望尝试其他更具效益的经营形式。

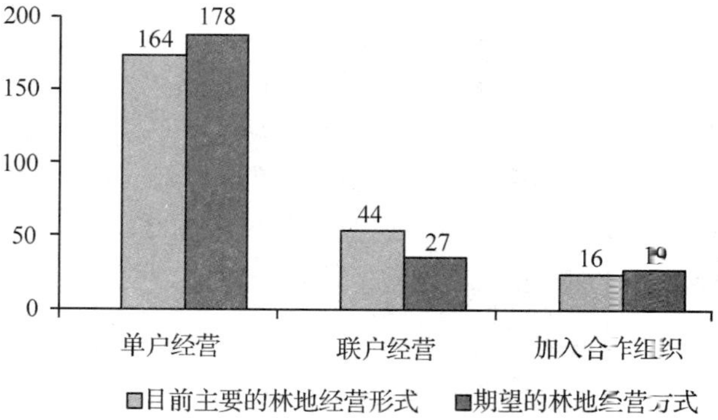

图 1 现有及期望林地经营形式

Fig. 1 Existing and expected operational forms of woodland

(二) 林地经营规模意愿选择分析

为了更好地分析农户所拥有的林地面积以及在现有林地面积基础上农户所期望的最佳林地经营规模，我们根据不同面积区间段的农户数量，将 223 个农户分出 5 组，由图 2 可知，被调查农户中，现有的林地面积在 10 亩以内的有 74 户，林地面积在 10 到 20 亩的有 33 户，20 亩到 60 亩的有 48 户，36 户农户林地面积在 60 到 100 亩，拥有 100 亩以上林地的有 32 户农户。被调查农户中，其中拥有林地面积最小的为 0.5 亩，最大的有 1045 亩，拥有林地面积在 20 亩以内的农户占较大比例，达 48%，几乎接近被调查农户数的一半，可以看出农户所拥有的林地面积总体偏小且较为细碎。为了更好地反映不同区间段农户根据现有林地经营面积对最佳林地经营面积的理解，我们将同一区间段农户的理想林地经营面积求均值(由于考虑拥有 1045 亩林地的林业大户对林地经营规模要求的特殊性，此处计算均值先剔除此户数据)，由折线变化可以看出，随着农户现有林地面积的增加，农户对最佳林地经营规模的期望和要求总体是上升的，但拥有 20 ~ 100 亩之间的农户对最佳林地规模的认知没有很明显的差异。

就农户所愿意持有的最佳林地经营规模水平而言，拥有 10 亩以内的农户认为最佳林地经营规模为 51.28 亩，10 ~ 20 亩的农户认为 76.52 亩，20 ~ 60 的农户认为 141.56 亩左右为最佳林地经营规模，

60~100 亩的农户认为是 155 亩，现拥有 100 亩以上林地的农户认为 421.15 亩是其认为的最佳林地经营规模，平均来看，被调查地区户均最佳林地经营规模为 169.1 亩。

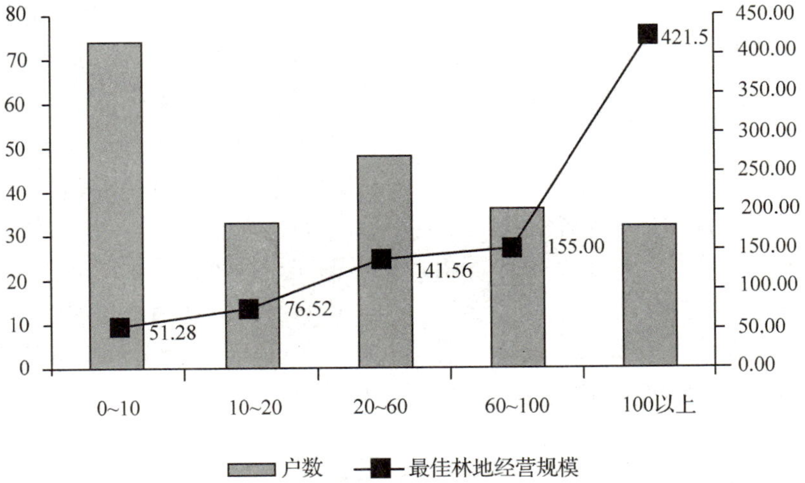

图 2　农户期望的最佳林地经营规模

Fig. 2　Best desired operational scale of woodland

（三）农户对林地承包期意愿分析

从村级调查表中发现，被调查地区除自留山是村民永久拥有外，林地的承包期多为一代林或 30 年。由于该地区种植较多的林种为杉木，一代林的时间为 29~30 年，所以该地区林地承包期大致在 30 年。而在对农户的调查中显示，40.18% 的农户认为最适的林地承包期为 20~30 年，25.89% 的农户认为最适承包期为农户永久拥有，23.66% 的农户则认为 30~50 年最为合适。由此可以看出，现行的林地承包期政策和较大比例农户认为的最适林地承包期较为吻合，当然这其中也有可能是因为现行的林地承包经营周期对农户的所形成的既定思维方式，对于 25.89% 农户所认为的最适承包期为永久，也反映出了林农对现行林地承包期设定的另一种不同声音。

（四）林地使用费缴纳意愿分析

对于林农是否应该缴纳林地使用费这个问题，49.78% 的农户认为应该交，50.22% 的农户则认为不应该缴纳。在认为应该缴纳的 111 户农户中，愿意缴纳的林地使用费集中在 3~45 元不等，其中农户愿意接受的林地使用费多在 10 元以内，占 62.2%，20 元以内的林地使用费还有部分农户愿意缴纳，但是超过 20 元，林农的支付意愿直线下降，少于 10% 的农户愿意缴纳。

五、农户林地经营决策行为分析

（一）农户林地经营决策形式

在林地经营的过程中，农户的经营决策是很重要的一个环节，因为如何决策关系到农户的经营行为是否公平和经济合理等问题。由分析可知，农户在做林地经营决策时，户主一人做决定以及和家庭成员共同商议是被调查地区两种主要的决策形式，分别占 65.32% 和 32.88%。

（二）农户林地经营决策影响因素

1. 政策对农户林地经营行为的影响

对于采伐限额管理制度，59.19% 的农户认为该制度对其林地经营没有影响，其主要原因在于部分农户种植的林木没有到达砍伐年限，部分农户大部分林地面积种植毛竹，采伐限额管理制度目前对其未造成影响；24.66% 的农户认为该制度有一定的负面影响，进一步分析被调查地区采伐指标获取的难易程度可知，41.18% 的农户认为采伐指标很难获得，主要是因为该地区采伐指标的获取程序较为复杂，从采伐指标的申请到最后的批准花费的时间长，因此对农户林地经营产生一定的负面影响。就造林补贴政策而言，51.8% 的农户认为对其没有影响，46.85% 的农户肯定正面影响。调查得知，由于大部分农户承包的林地为已造林林地，并没有真正参与造林环节，而且农户承包或所拥有的林地面积有限，造林机会有限，没有享受到造林补贴政策，因此认为该政策并没有对其造林积极性有正面或负面的影响，对于享受过造林补贴的农户，则多对政策对造林积极性的正面影响持肯定态度。对于税费减免政策，在对村干部的调查中得知，被调查地区的林业相关税费，如销售收入纳税等都是减免的，53.39%

的农户认为税费减免对其林地经营没有影响主要是因为被调查地区长期没有收取相关税费，多数农户没有经历从收取税费到减免税费的过程，所以没有感知到政策对其的影响。除没有享受过税费减免政策的农户外，44.80%的农户认为税费减免政策对其造林积极性有正面影响。

2. 村里人员对农户林地经营决策的影响

在对农户进行林地经营决策时是否会受村里其他人的影响以及村干部对村里林地经营决策是否有影响的调查后可知，82.43%的农户认为在做决策时不会受其他人影响，82.65%的农户认为决策不会受村干部影响，可以看出，农户在做决策时受干扰因素较少，且农户做决策的独立性和自主性较强，此外，户主对林地经营决策起主导作用。

(三)农户林地经营决策依据

从农户林地经营的决策依据来看，42.34%的农户在做种植决策时是根据已有的传统习惯，26.58%的农户会根据市场的需求确定经营决策，18.02%的农户在做决策时有跟风的现象，周围邻居种什么自己也跟从种植，可以看出，农户在做决策时还是相对保守和封闭，根据传统种植习惯、跟从周围邻居、凭借自身喜好等因素对农户的经营决策影响较大，三个影响因素之和占到68.47%，而市场需求对农户的决策有一定的影响，但整体影响还是相对较弱。

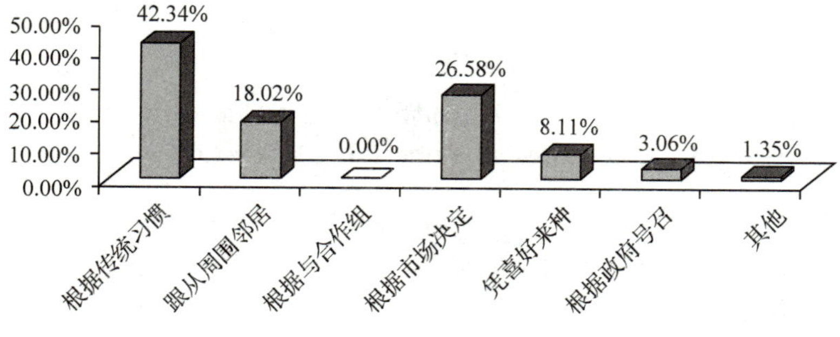

图3 农户林地经营决策依据

Fig. 3 Basis of woodland management decision

(四)农户在生产环节的行为分析

在整地、栽种、抚育等生产劳动环节中，50.67%的农户采用独自生产的方式，38.57%的农户雇工进行生产劳动，村民合伙互帮，委托他人承包等形式在被调查地区使用较少，两种方式总和占10.76%。农户在生产劳动环节独自生产所占比重较大和农户的林地经营形式存在较大联系，由于73.21%的被调查农户是单户经营，而且由于被调查的224户农户中，69.2%的农户有种植杉木，杉木的生长周期长，农户在集中栽种后，抚育和管护花费的精力较少，需要的劳动力也较少，因此大部分农户在能力范围内比较愿意独自生产。对于38.57%的农户在劳动生产中选择雇工主要是由于被调查农户中有70.54%的农户在林业生产中有涉及毛竹种植，而毛竹的生长周期较短，一般为2~3年，因此每到毛竹砍伐期及竹笋采收期都需要较多的劳动力，雇工成为大面积种植毛竹的农户的主要生产方式。由于大部分农户都自己拥有林地，且林地生产经营时间较为一致，所以村民合伙互帮的形式较少，而且该地区杉木种植面积占所有种植面积的82.52%，杉木的生产经营周期长且管理较为粗放，选择委托他人承包的成本较高，所以在被调查农户中选择此生产劳动方式的比重最小。

(五)农户在技术环节的行为分析

在病虫害防治等技术服务中，64.57%的农户选择自己进行施肥施药进行病虫害防治，17.94%的农户自己出钱请人提供此项服务。由此可以看出，农户对于病虫害防治多凭经验自行处理，此外也反映出村委会及乡镇组织的技术服务实施程度较低，较低的惠民力度使得希望节省成本的村民对于自己熟悉及可控的病虫害防治更愿意选择自己弄。

表2 生产技术环节的农户行为

Tab. 2 Farmers behavioral aspects of production technology

生产劳动环节		技术服务环节	
独自生产	50.67%	自己弄	64.57%
村民合伙互帮	6.28%	独自请人	17.94%
雇工	38.57%	村民合伙请人	8.07%
委托他人承包	4.48%	村委会组织技术员下乡	3.59%
		乡镇组织技术人员	3.14%
		县里组织技术人员	0.90%
		其他	1.79%

（六）农户在销售环节的行为分析

在林产品销售环节上，61.95%的农户销售木材或林副产品的最主要渠道是商贩来村里收购，20.8%的农户自己将要销售的木材或林副产品拿到市场上去卖，3.54%的农户由于林地面积小，林业种植产量有限，木材及林副产品不进入销售，只留着自己使用。除以上三种形式外，其余销售形式如委托他人代销、和公司签有订单、专业合作组织帮忙销售等都占较少比例，由此可以看出，农户林产品的销售途径还是相对单一，销售形式比较自由随意，合作组织、企业等具有固定林产品需求的组织与农户没有形成很好的固定联系，农户主要靠自己已有的人际往来和固有的销售途径进行销售。

（七）农户林地经营行为约束影响因素

农户的林地经营行为有时会受到资金、技术、交通、劳动力、市场、政策等相关方面的限制和约束。32.29%的农户认为自有资金不足是其在林地经营中遇到的主要问题。其他存在的问题主要包括：农户认为存在信息不对称，对于林权证发放等相关政策制度和真正落实的程序不一致、农户在生产经营中存在的风险如抵御自然灾害的风险较低、农户拥有的林地细碎，林业生产经营规模小而导致的低效益。缺乏技术指导、交通不便也是部分农户认为目前遇到的主要障碍，分别占18.83%和12.11%。

六、调查分析与启示

调查可知，被调查地区林地经营形式较为单一，73.21%的农户以单户经营为主要林地经营形式。杉木种植占全部农户林地面积总和的比重最大，毛竹种植面积次之，但从事毛竹种植的农户数大于杉木，毛竹是被调查地区农户林业经营收入的主要来源。

对于农户对林地经营的认知，农户将林业生产经营看作增收的主要来源，对于不同林地经营形式的利弊衡量，单户经营以其决策的自主性成为农户的首选，当然，单户经营的风险也是一些无力单户抵御风险的农户选择联户或者加入合作组织经营。但在调查中发现，农户认为联户经营的弊端较多，利益分配不均、权责不清都会产生一些列纠纷，而对于合作组织，被调查地区农户的参与度较低，从利弊分析中可以了解到，加入合作组织是否能享受到应有的服务，农户参与其中是否拥有经营决策参与权和较公平的利益分配机制是决定农户是否参与其中的关键。绝大多数农户对于自己的林地经营水平较为满意，在进行林地经营决策时独立性较强，较少受村里其他人或村干部的影响，但农户在做决策时还是相对保守和封闭，根据传统种植习惯、跟从周围邻居、凭借自身喜好等因素对农户的经营决策影响较大。

在对农户的经营意愿分析中，80%的农户更愿意选择单户经营，农户愿意接受并拥有的最佳林地经营规模受其现有林地经营规模的影响，在现有的林地经营规模基础上，综合家庭劳动力和经济能力，拥有10亩以内的农户认为最佳林地经营规模为51.28亩，10～20亩的农户认为76.52亩，20～60的农户认为141.56亩左右为最佳林地经营规模，60～100亩的农户认为是155亩，现拥有100亩以上林地的农户认为421.15亩是其最佳林地经营规模。由于平均数受极端值影响较大，该地区的林地大户对林地经营规模的要求可能影响其他目前林地细碎化农户对最佳林地经营规模水平的认同。在分别剔除最小、最大林地经营规模农户所拥有的林经经营面积，平均来看，户均169.1亩为被调查地区农户认为的最佳林地经营规模，而就现状而言，该地区的户均林地经营规模为63亩，由此可以看出，农户对扩大林地经营规模的意愿较强，普遍不满足于现有的林地经营规模。此外，农户在林地经营的生产和技术环节都表现出较强的自主性，反映出在以单户经营为主的生产活动中，农户更愿意自己完成力所能及的生产活动，也侧面表现出村里的技术服务不到位，使得很多农户只能自己凭经验摸索处理病虫害相关问题，在销售环节，61.95%的农户通过商贩来村里的收购的形式进行产品的销售，整体销售渠道较为单一，没有形成专业话的产品销售流通渠道。

为使农户的林业经营行为更符合其经营意愿，笔者提出如下建议：①完善单户经营农户的风险防范机制，增设政策性林木保险险种，增强林业风险防范能力，保障林农创业致富。②联户理清经营权责分配，规范收益分配机制。联户经营形式要不断正规化，逐步完善内部治理结构和治理机制，加强内部监督，保障成员的获益分配。③创新合作组织监管服务体系，健全组织结构，规范组织运行程序，使参与其中的林农享受到更具体有效的服务。④增加林业科技服务活动频率和效率。立足林农需求，结合林农接受程度和技术运用效果进行指导，向广大林农推广实用技术，使服务工作适应广大林农的需求。⑤在支持农户单户经营意愿的同时，形成大户带小户的林农学习型生产发展模式，“能人”大户分享经营方式及生产技术处理，提高小户的生产经营技术和风险防范手段，促进共同发展。⑥完善林产品销售渠道，拓宽林产品的销售路径，形成专业化的产品流通渠道和流通路径，保证农户林产品的销售来源的稳定性和长久性。

参考文献

[1]王光．集体林区林业经营形式探析[J]．华东森林经理，1993（2）：10～14.

[2]徐秀英．南方集体林区森林可持续经营的林权制度研究[M]．北京：中国林业出版社，2005.

[3]黄森慰．私有林经营方式选择的影响因素研究[D]．福州：福建农林大学，2008.

[4]李华，李风绮，陈飞平，等．江西省农户参与林业合作组织的意愿及其影响因素分析[J]．林业经济问题，2010，10（30）：381～384.

[5]裘菊，孙妍，李凌，徐晋涛．林权改革对林地经营模式影响分析——福建林权改革调查报告[J]．林业经济，2007（1）：23～27.

[6]孙妍，徐晋涛，李凌．林权制度改革对林地经营模式影响分析——江西省林权改革调查报告[J]．林业工作研究，2006（6）：25～31.

[7]柯水发，赵铁珍．农户参与退耕还林行为选择机理分析[J]．北京林业大学学报：社会科学版，2008，7(3)：52～57.

[8]林善浪．农户土地规模经营的意愿和行为特征——基于福建省和江西省224个农户问卷调查的分析[J]．福建师范大学学报（哲学社会科学版），2005(3)：15～20.

林业政策与林业服务

发达国家政策性农林业保险的发展特点及其启示

钱成济　周永刚　王志刚
（中国人民大学农业与农村发展学院，北京，100872）

摘要：作为一项重要的惠农措施，我国政策性农林业保险发展蓬勃，极大地促进了农业生产。但由于处于起步阶段，政策性农林业保险也存在诸多问题。本文在梳理美国、日本和欧盟等国的政策性农林业保险的经营模式和特点的基础上，分析了我国政策性农林业保险的发展现状和问题，并提出了相应的政策建议以促进我国政策性农林业保险的持续发展。

关键词：农林业保险；美国；日本；欧盟；启示

The Developmental Characteristics and Enlightenments of Policy-oriented Agricultural Insurance in Developed Countries

Qian Chengji, Zhou Yonggang, Wang Zhigang
(School of Agricultural Economics and Rural Development, Renmin University of China, Beijing, 100872)

Abstract: As an important agricultural measure, policy-oriented agricultural insurance in China grows rapidly, and promotes the agricultural production greatly. Nevertheless, as in the initial stage, policy-oriented agricultural insurance also has numerous problems. After combing the business model and characteristics of policy-oriented agricultural insurance in United States, Japan and European Union, this paper analyzes the development situation and problems of policy-oriented agriculture insurance in our country, and puts forward some corresponding policy recommendations to promote the policy-oriented agriculture insurance in our country.

Keywords: agricultural insurance; America; Japan; EU; enlightenment

一、引　言

近年来，全球气候异常，降雨严重不均，极端天气事件频繁，地震、飓风等毁灭性灾害给人民生活带来了严重影响。部分地区多灾并发，重复连年受灾，点多面广，局部地区灾情超历史记录。各种灾害给"靠天吃饭"的农业以重创，极大阻碍了各国农业现代化的进程，造成农业生产后继乏力。如此严峻的现状进一步凸显了加快发展政策性农林业保险制度的迫切性和重要性。为给农民提供一个基本的生产安全保障，维护农业生产者利益，保证其经营的有序性，提高国家粮食生产能力，巩固农业的基础性地位，各国纷纷推行了基于本国国情的政策性农林业保险制度。所谓政策性农林业保险，就是以保险公司市场化经营为依托，政府通过保费补贴等政策扶持，对种植业、养殖业因遭受自然灾害和

基金项目：国家社会科学基金重大项目"供应链视角下食品药品安全监管制度创新研究"（项目批准号：11&ZD052）；中国人民大学科学研究基金（中央高校基本科研业务费专项资金资助）项目"环境友好型农业背景下食品质量安全的系统协调及体制创新研究"（编号：10NXJ020）；教育部科技发展中心博士点基金项目"粮食主产区农户测土配方施肥技术的认知、采纳、绩效及其创建长效发展机制研究"（课题编号：20130004110001）。

作者简介：钱成济，硕士研究生，主要研究方向为食品安全管理，E-mail：qian_chengji@163.com；
第二作者：周永刚，博士研究生，主要研究食品安全及供应链竞争，E-mail：love791216@126.com。
通讯作者：王志刚，教授，主要研究方向为食品经济学和产业经济学，E-mail：ohshigo@163.com，地址：北京市中关村大街59号（100872）。

意外事故造成的经济损失提供的直接物化成本保险[1]。在我国，政策性农林业保险是党中央、国务院继实行粮食直接补贴等政策后出台的又一惠农政策，对建立和完善农业灾害补偿机制、补偿农民的灾害损失、减少生产经营风险、保障农民经济利益，促进农村经济发展和实现农民增收，意义重大[2]。发达国家的经验表明，政策性农林业保险有着诸多益处，如推动建立农业风险防范机制，提高农业防灾减灾能力，改善农户信用环境，建立健全农村金融体系，创新救灾方式，提高财政资金使用效率，减轻农业灾害损失，稳定粮食等主要农产品市场供应[3~6]。

不可否认的是，由于经济发展程度、气候灾害差异、种植历史、文化习惯、社会形态、经济体制等方面的差异，各国所实行的政策性农林业保险也各不相同。美国、日本以及欧盟等国凭借完备的法律体系和金融制度[7]，较早地建立了政策性农林业保险制度，效果突出，为我国政策性农林业保险的发展提供了可供借鉴的参考。基于此，本文系统地梳理有关各国政策性农林业保险的文献，试图通过分析其成功的管理制度模式和管理经验，找寻到适用于我国的政策性农林业保险机制，以期能为国内该类保险制度的设计与推广有所帮助。

二、美国政策性农林业保险

美国的政策性农林业保险的发展可以划分为三个阶段，主要通过采取私营保险公司经营原保险，政府提供再保险的方式进行。

第一阶段：1938～1980年，政府机构单独经营的“单轨制”阶段。1938年，美国政府颁布《联邦农作物保险法》，同年成立了联邦农作物保险公司。作为政府机构，该公司负责经营与管理全国农作物保险。1939年，政府农作物保险计划正式实施，联邦政府开展农林业保险的序幕由此拉开[8]。一直到1980年为止，美国农作物保险业务一直是由联邦农作物保险公司直接开展的。

第二阶段：1980～1996年，政府机构与商业性保险公司共同经营农林业保险的“双轨制”阶段。20世纪80年代美国开始实行“特别灾害救助计划”，促成了美国巨灾保险机制雏形的形成。该计划主要是由政府赔偿因不利气候引起的水稻、玉米、小麦、大麦、高粱以及高地棉的生产损失。农民只需参加价格支持计划和收入支持计划的就可以获得赔偿[9]。1994年，针对“特别灾害救助计划”中存在的“不收保费”所引起的农民参保率降低的问题，美国国会通过了《1994年农作物保险改革法》，用“巨灾风险保障机制”（Catastrophic Risk Protection，简称CAT））取代“特别灾害救助计划”。农业巨灾保险主要是对不可抗拒的因素所造成的农业损失进行保险，范围涉及旱灾、水灾、火灾、地震、风灾、冰雹、低温多雨和病虫害等[9]。该阶段，美国为降低农林业保险的监管成本，逐步引入了私营保险公司和保险代理人参与农作物保险经营和销售，提高农林业保险的参保率。

第三阶段：1996年至今，私营公司单独经营的“单轨制”阶段。这一时期，在政府相关政策和补贴的激励下，农林业保险直接业务的经营和代理开始转移到私营保险公司。联邦农作物保险公司不再经营农作物保险直接业务，只负责制定规则、履行稽核和监督职能以及提供再保险。

通过对美国政策性农林业保险发展阶段的梳理后，不难发现，该国政策性农林业保险体系具有三大特点。一是政府在政策性农林业保险体系中扮演着至关重要的角色。受凯恩斯主义的影响，美国政府对农林业保险给予了高度重视和大力支持。以加利福尼亚地震保险计划为例，在经历了1994年加州北岭地震后，美国在1996年出台了一个为房主提供地震保险的计划，规定凡在加州出售房主保险的保险公司必须同时出售地震保险。此外，政府建立加州地震保险局，向加州居民提供价格适中的地震保险使其免遭地震损失[10]。从供求方面来看，美国加州政府强制供给，保险公司将投保人的保险单转由加州政府控制，一旦出现地震灾害，由加州地震管理局负责赔付损失。该保险具有一定意义上的强制性，确保了较高的参保率以规避风险，而由政府承担了大部分的地震损失。

二是重视立法。美国国会从1938年通过《联邦农作物保险法》到1980年该法正式全面推行，前后共修改12次，足见其重视程度。以美国国家洪水保险计划为例，由于洪灾对美国影响巨大，在1956～1969年间，美国国会相继颁布了《联邦洪水保险法》《全国洪水保险法》《国家洪水保险计划》，并建立了国家洪水保险基金，开始实施国家洪水保险计划[6]。此后，联邦政府于1973年12月颁布《洪水灾害防御法》，1994年美国国会再次颁布了《国家洪水保险改革法案》[11]。

三是分散风险手段多样。政策性农林业保险风险巨大，私营保险公司难以独立承担。鉴于此，美国政府采取了多样的风险分散手段，如财政、税收、再保险和紧急贷款等，尤其是为分散和转移农业巨灾风险而采用农业巨灾证券化等手段。首先，财政支持。美国政府将政策性农林业保险作为社会福利的一部分，每年对其进行的财政支出巨大，对补贴农业生产者产生了重大影响。其次，再保险。联邦政府通过联邦农作物保险公司向私营保险公司提供比例再保险和超额损失再保险。即通过分保的形式降低私营保险公司的经营风险，保证农作物保险制度的平稳进行。为此联邦政府针对各州实际规定从10%～75%不等的分保比率。通常情况下，原保险人必须自留账面净保费的20%，并将此部分保险合同的赔付与分派风险基金相挂钩[8,9]。没有自留的部分必须向联邦农作物保险公司进行再保险，作为交换，联邦农作物保险公司获得一定比例的农作物保险保费。联邦农作物保险公司对原保险人采用累进制计算的办法，当原保险人的不同累进阶段的损失比率升高的时候，其相应累进阶段的最终净损失比率就会下降。由于措施得当，美国农业巨灾再保险率一般维持在20%左右。再次，紧急贷款。美国政府几经争论，于1994年出台了《1994年农作物保险改革法》，推出了一种区域风险计划。规定凡参加该计划的农民，因巨灾而严重影响到家庭生产与生活时，就能够获取“农民家庭紧急贷款计划”[7]。最后，农业巨灾风险证券化手段。巨灾保险具有高风险性，一经灾害，损失巨大。于是，美国资本市场开始参与分散巨灾风险。1992年，芝加哥期权交易所首次发行了巨灾期权，1995年发行了自然灾害期权，1997年发行了自然灾害债券。此后，市场上出现了众多保险衍生商品，如巨灾债券、巨灾期货、巨灾互换等。巨灾风险证券化的形成极大地活跃了资本市场，解决了保险市场资金来源问题，分散了风险，降低了成本，提高巨灾风险的参保率[9]。

三、日本政策性农林业保险

众所周之，日本不但人多地少，而且灾害频发。高风险、高频率、难以预测的灾害使得政策性农林业保险在日本就显得尤为必要。日本政策性农林业保险通过保险合作社、农业保险组合联合会、政府组织之间相互配合，相互协作，构成了一个有机的组织体系。具体来看，该体系可细化为三级。市、町、村的农业共济组合构成基层组织，农民自愿参加，负责经营农林业保险直接业务；中层组织为县级机构（都、道、府、县）成立的农业共济组合联合会，负责承担共济组合的分保；以政府主导的农业保险机关构成农林业保险的上层组织，承担共济组合份额以外的全部再保险额[12]。由此，便形成了政府领导与农民共济组合相结合的自上而下的农林业保险组织体系。一般情况下，政府、联合会和共济组合各自承担保险责任的比例为50%～70%、20%～30%、10%～20%。在遇到特大灾害时，政府承担的保险赔款将大幅提高，达到80%～100%[8]。日本的农林业保险经营模式是共济组合经营原保险，共济组合联合会提供一级再保险，政府提供二级再保险。该经营模式合理地分散了风险，参与保险的农户只支付少部分的保费，政府则承担大部分保费，进而较好地解决了参保率低这一问题[13]。

日本政策性农林业保险体系也具有三大特点。第一，依靠政府，具有一定的强制力。为将损失降至最低、保证农民利益，政策性农林业保险的参保率显得尤为重要。日本巨灾险规定：初级巨灾损失（750亿日元以下）100%由参与该保险机制的保险人与再保险人承担；中级巨灾损失（750亿～10774亿日元）由参与该机制的保险人与再保险人承担50%，政府承担50%；高级巨灾损失（10774亿～41000亿日元）由政府承担95%，被保险人承担5%[11,14]。此外，保费补贴比例依费率不同而高低有别，通常将保费补贴与农业信贷、价格保护、农业灾害救济、生产调整等捆绑起来实施，以增强农民投保的积极性[11]。特别地，对于巨灾保险，由于政府在政策性农林业保险中扮演主体角色，承担了较高比重的风险赔付，在一定程度上，保证了农户的参保率。

第二，重视法律制度建设。日本早在1929年就制定《牲畜保险法》，1938年又制定《农业保险法》，1947年颁布《农业灾害补偿法》。之后根据农业发展的需要，分别于1957年、1963年、1966年、1972年、1978年、1985年和2003年对政策性农林业保险法律制度进行了多次修改，多层级、全方位的立法为日本政策性农林业保险提供了强有力的制度保障[12]。

第三，保费定制合理。目前，日本已形成了较完善的农林业保险统计系统，积累了不同风险区长期适用的损失统计资料，采用先进的保险统计方法，为制定合理的保费提供了依据。各承包方式的保费如下，田块承保方式：单位产品(公斤)的保险金额×耕地的基准产量的70%；半抵承保方式：单位产品(公斤)的保险金额×农户的基准产量的80%；全抵承保方式：单位产品(公斤)的保险金额×农户的基准产量的90%；灾害收入保险方式及质量保险方式：基准产值×40%～60%＜保险金额＜基准产值×90%[14]。合理的保费能够保证参保率处在较高稳定的水平，并起到分散风险的作用，减轻国家财政负担。而且日本保费补贴比例依费率不同而高低有别，水稻补贴70%，旱稻最高补贴80%，小麦最高补贴80%[8]。多样化的保费制度设计，为政府科学决策提供了有力的保障。

四、欧盟政策性农林业保险

不同与美日等国，欧盟政策性农林业保险的主体不再是政府，其核心机构为商业保险公司，政府不提供任何担保，各商业保险公司主要通过市场化手段，如发行债券、再保险，进行巨灾风险控制。欧盟各国政府对政策性农林业保险没有强制性的规定，主要由私营保险公司提供巨灾保险保障，各企业自主参与[15]。政府既不向承担巨灾保险风险的原保险公司提供再保险，也不规定巨灾保险的标准费率或免赔率，但要求各保险公司必须对统计数据和管理费率进行精算，逐一评估各个风险。

选择以市场为依托的政策性农林业保险模式，主要缘于欧盟多国保险制度较为成熟，保险商业化运作能力突出。以德国为例，目前该国共有647家商业保险公司，其中不乏慕尼黑再保险等全球保险业巨头[10]。在巨灾保险方面，欧盟多国不同类型的保险公司十分强调相互配合，优势互补。比如综合性保险公司与房屋、汽车等专业保险公司分工配合，在不同领域为巨灾损失保险；直接保险公司与再保险公司之间相互分散风险，共同承担巨额赔付[11,15]。以英国的洪水保险为例，保险公司负责提供保险，私营保险业自愿地将洪水风险纳入标准家庭及小企业财产保单的责任范围之内，业主可以自愿在市场上选择保险公司投保。英国政府的主要职责在于投资防洪工程并建立有效的防洪体系，而非保险的经营管理[7]。法国则是由保险公司经营政策性农林业保险，保险公司采取扩展现有财产险保单保险责任的方式，即任何购买上述产险保单的投保人被强制要求购买自然灾难附加险[15,16]。政府确定巨灾险费率，各公司承保决策决定免赔率，但前提是不得低于法律设置的下限，保险公司享有是否将巨灾风险向国有再保险公司分保的自主权[4,17]。

欧盟等国的政策性农林业保险充分发挥了市场的作用，不仅为政府的财政支出减轻了负担，还刺激推动了当地保险业的发展，充分调动了商业保险公司、家庭个人的积极性。但是，该种政策性农林业保险模式的推广需要以强大的保险系统作为后盾。

五、我国的发展现状

我国是一个农业大国，农业发展水平的高低关乎13亿人的生存质量，其重要性不言而喻，为确保农业生产的有序性和稳定性，引入政策性农林业保险就显得尤为迫切。自2006年来，洪涝干旱袭击我国大部分地区。福建等沿海地区先后遭受7次较大规模洪涝、台风灾害的袭击；西南的重庆市大部分地区和四川省东部地区持续高温少雨，局部地区更是遭受了50年一遇的特大干旱。地质灾害也频繁发生，汶川地震、舟曲泥石流的发生更是让饱经风霜的农业生产雪上加上。我国常年农作物受灾面积7亿多亩，约占农作物总播种面积的三分之一，受灾率50%左右，因干旱洪涝、台风、低温冻害等气象灾害造成农业直接经济损失1000多亿元[18]。这严重制约了我国农业生产，给农民带来了极大的损失，使国家财政背上沉重的负担，也影响了整个国民经济的持续快速发展。为此，2004年至2010年，中央一号文件连续七年对农林业保险的发展提出要求。2004年，保监会在黑龙江等九省市进行了农林业保险试点，筹建了多种农林业保险组织。2006年，国务院出台针对投保农户、保险公司和农业再保险的“三补贴”政策。2007年，中央财政首度投入10亿元对内蒙古等六省区的五种农作物进行补贴。截止2008年底，农业保险实现签单保费110.7亿元，同比正常增长25%。2008年中央财政在2007年基础上大幅增加对农林业保险的补贴支持，保费补贴经费预算由2007年的21.5亿元增加到60.5亿元，对种植业政策性农业补贴的保费补贴由2007年的25%提高到36%，政策性农业补贴试点由2007年的六个省区扩展至16个省区和新疆生产建设兵团。2009年，我国政策性农林业保险已经覆盖了全国主要的粮油棉产区和畜禽主产省，试点险种新增加了育肥猪保险和森林保险，中央政策性险种扩大到了9个。2012年全国农林业保险保费收入133.9亿元，提供风险保障3812亿元，同比增长59%。参保农户1.33亿户，同比增长48%。2010年一号文件再次明确提出，积极扩大农林业保险保费补贴的品种和区域覆盖范围，加大中央财政对中西部地区保费补贴力度[19~24]。

应该看到的是，虽然政策性农林业保险在我国发展势头良好，但仍处于起步阶段，还存在着诸多问题。据调查，截至2009年8月底，河南省政策性保险业务共承保能繁母猪309.29万头、烟叶20.69万亩、奶牛1.2万头、棉花190.13万亩、水稻607万亩、玉米1482.11万亩，分别占被调查地市种植面积（或养殖头数）的67.97%、29%、13.33%、39.94%、100%和38.55%。即使是在重点推广的试点省，部分农户参保的积极性依旧不高，且参保率也呈现出较大的地区差异性[23,25]。以浙江省宁波市为例，该地的平均参保率已达65%。而在四川省泸州市，2008年该市承保的水稻面积仅占总种植面积的29.6%；承保的玉米种植面积仅占总种植面积的26.7%；承保的121.03万头育肥猪仅占全市生猪出栏数的22.83%；承保的456头奶牛更是不足全市奶牛数的8.1%[25]。

相关研究表明，当前我国制约政策性农林业保险试点工作的“瓶颈”主要有五：一是农民参保意识不强[1]。一方面，农业属于弱质产业，农民收入普遍较低，保费支付能力弱；另一方面，农民对农林业保险的认知程度较低，以及存在“靠天吃饭”的侥幸心理[26]，导致参保意愿不强，参保率低。二是农林业保险市场不成熟，保费收取难度大。三是保险公司职能严重“缺位”。受人力、物力等因素制约，保险公司在承保、定损、理赔等环节均存在“缺位”现象。四是“重承保、轻赔付”现象普遍存在[1]。截至2009年8月末，全国母猪、奶牛、烟叶、水稻、棉花、玉米6个政策性农林业保险品种各级政府实际补贴到位率仅为56.16%。五是缺乏必要的法律法规进行规范和帮助，由于农林业保险方面的法律缺失，保险双方的合法权利难以得到有效切实的维护。

六、对我国的启示

现有的关于国外政策性农林业保险的文献的研究对我国政策性农林业保险的发展有着重要的借鉴价值。一是现有文献详细明确的论述了各国政策性农林业保险的发展历史，分析了其所经历的各个阶段，对全面认识政策性农林业保险有极大帮助。二是现有文献对于各国政策性农林业保险的论述中对于巨灾保险的研究比较充分，从各国国情特点出发进行研究，与实例相结合，深入研究了巨灾险在各国的发展经验。我国目前对于巨灾险的实行还十分欠缺，国外巨灾险的研究发展对我国有诸多可借鉴之处。三是现有文献在分析国外政策性农林业保险时，大多侧重于政府在其中所扮演的角色，就政府制定的政策及其起到的功能就进行了详细的论述，尤其是在政府所承担保费的比例上有明确的数据支持。四是现有文献不仅在一国内进行纵向比较，还对针对各国不同政策性农林业保险做了横向比较，研究在不同经济发展程度、文化等情况下所采用的政策性农林业保险的异同点[21]。这对于解决我国的政策性农林业保险的模式选择和确定保费补贴比例等问题益处良多。

当然已有文献还存在些许不足，概括起来主要有三点。第一，现有文献对政策性农林业保险论述关注的险种单一，多关注于巨灾险种，对各种农作物保险方面的研究较为缺乏。而我国现阶段的政策性农林业保险主要是对于农作物的投保，在巨灾保险的推广上尚且缺乏深度。第二，现有国外的政策性农林业保险关注的主体较为单一，多偏向于政府，特别是美国模式、日本模式关注于政府的政策措施对政策性农林业保险的影响，对农民个体文化水平、思想观念、经济水平等，保险公司职能的履行，地方财政的推行力度等缺乏必要的调查分析。第三，在政策性农林业保险对农民、地方财政、保险行业以及政府产生的影响方面，鲜有文献对此加以深入的阐述与分析。同时，现有研究大多是全国对政策性农林业保险方面的投入为研究对象的面上分析，多是依靠宏观上的调查数据进行分析，缺少对某一典型案例的深入细致的综合调查。

参照各国政策性农林业保险的发展经验，并结合我国当前实际，为更好地促进国内政策性农林业保险发展，本文提出六点建议。第一，提高政府重视度，加大财政投入，推广再保险模式[27,28]。政府应切实履行社会管理及公共服务职能，突出农业政策保险在稳定农产品供给和巩固农业基础地位的作用，应当借鉴美国、日本等国经验，形成政府主导型政策性农林业保险。积极推行巨灾险，降低农户种植损失，提高赔付比率，确保种植者具备灾后在生产的能力[29]。

第二，采取多种手段，提高参保率。通过宣传引导，扭转广大农民保险意识淡化，风险意识不强的局面，可采取前期代缴、树立典型等方式，提高农户对于政策性农林业保险的参与度，逐步培养其良好的参保习惯[30]。对于巨灾险等险种，可采取强制参保的形式，要求巨灾区域的所有居民企业广泛投保，并以法律的形式加以强化。

第三，根据保险险种特点，制定合理的保费策略。我国地域广袤，各地天气、地形等状况不一，需要区别对待。例如，可以将河北、云南、四川、辽宁四省划为地震区，将湖南、湖北、浙江等省划入洪涝区。在此基础上，根据各地灾害的历史情况划分灾害等级，以作为确定保费的主要依据[31]。在保费制定上要因地制宜，兼顾农户和保险企业的利益，可借鉴日本保费制定系统，将各地风险特点、经济发展水平、人口数量、财产集中度等情况考虑在内，制定合理的保费[32]。同时对经营政策性农林业保险的保险公司的亏损进行一定补贴，使商业保险公司的利润维持在一个合理的空间，充分保障参与方和承保方的利益。

第四，加强立法，为政策性农林业保险提供法律依据和保障。采用立法的方式，明确政策性农林业保险各方的权利和义务，促进政策性农林业保险规范化，确保其能有效实施，解决“重承保，轻赔付”的现象[33]。全国人大等机构应尽快制定专门的农林业保险法规，将政策性保险纳入法制化管理轨道，切实提高农林业保险的法制化水平[34]。

第五，建立多层次的保险体系，合理分散风险。政府应提高政策性农林业保险参与主体多元化。我国可以有条件地借鉴欧盟等国依托市场机制而建立起来的政策性农林业保险的交易制度，调动商业性资本参与的积极性，支持和推进渠道多元化的政策性农林业保险运作体系[32,35]。同时，政府应考虑建立巨灾基金，可采取国家财政联合商业保险以及社会各界共同承担的模式。在风险管理方面，我国政策性农林业保险可以以美国经验为参考，建立政府市场双重主导机制，采用保险公司经营原保险，政府提供再保险等多种方式分散风险。待时机成熟，可以效仿美国进行保险金融衍生品的推广，增强保险公司的赔付能力和竞争力。此外，政府需建立专门政策性农林业保险基金监管会，确保政策性保险风险合理可控[36]。

第六，提升保险公司业务能力，扶持并补贴政策性农林业保险业务。一方面，商业保险公司需大力提升业务水平[37]，合理制定农林业保险费率、条款、赔偿办法，并将其切实落实[33]。另一方面，政府应支持和鼓励保险公司增加政策性农林业保险在农村的保险网点，尽量推行上门服务，加大宣传力度，加强对承保、理赔、财务等流程的监控，及时掌握农险动态，建立农险业务推进工作旬报制度，克服农险查勘工作量大，损失确定难等问题，减少保险赔付低效率的行为发生。

参考文献

[1]王奉君．政策性农业保险发展的瓶颈与对策[J]．江苏农业经济，2009(3)：37～38.

[2]孙文军．中国农业保险模式的比较与选择[J]．理论与改革，2001(1)：99～101.

[3]左正龙．浅析我国农业巨灾保险的发展方向[J]．改革之窗，2009(1)：10～12.

[4]张雪梅，郭志仪．国外巨灾保险发展模式比较及对我国的启示[J]．当代经济探讨，2008(7)：83～87.

[5]张喜玲．国外农业巨灾保险管理及借鉴[J]．新疆财经大学学报，2010(1)：33～35.

[6]何小伟，代宝．强制巨灾保险制度的国际经验及其借鉴[J]．金融与经济，2010(1)：62～64.

[7]米建华，龙艳．发达国家巨灾保险研究——基于英、美、日三国的经验[J]．安徽农业科学，2007(12)：6609～6610.

[8]冯文丽，林宝清．美日两国农业保险模式的比较及我国的选择[J]．中国金融，2002(12)：46～48.

[9]邓国取，罗剑朝．美国农业巨灾保险管理及其启示[J]．中国地质大学学报(社会科学版)，2006(9)：9～13.

[10]郑宝华，李东．我国巨灾保险模式探讨[J]．探索，2008(4)：106～108.

[11]张雪梅．国外巨灾保险发展模式的比较及其借鉴[J]．财经科学，2008(7)：40～47.

[12]刘从军，马丽华，宋雅楠．日本农业保险模式及其在中国的实现条件[J]．日本问题研究，2006(1)：33～36.

[13]周建华．日本农业保险发展概述及启示[J]．湖南农业大学学报(社会科学版)，2005(5)：32～34.

[14]高伟．日本农业保险的发展概况与启示[J]．广西经济管理干部学院学报，2007(1)：26～31.

[15]许均．国外巨灾保险制度及其对我国的启示[J]．海南金融，2009(1)：66～70.

[16]陈和，申明浩．中国巨灾保险制度初探及国外经验借鉴[J]．国际经贸探索，2010(3)：59～63.

[17]邓国取．中国农业巨灾保险制度研究[D]．陕西：西北农林科技大学，2006。

[18]雷燕．分析现阶段农业保险的现状[J]．科技信息(学术研究)，2007(21)：51～52.

[19]梁秀，李克婷．浅谈中国特色巨灾保险制度的建立[J]．价值工程，2009(6)：141～143.

[20]李大垒，仲伟周．我国农业巨灾保险的模式选择及政策建议[J]

社会科学家，2009(5)：59～62.

[21]圭晓东，曹家和．巨灾保险问题研究进展述评[J]，金融与经济．2009(8)：78～81.

[22]李玥霞．论我国政策性农业保险的发展[J]．现代商贸工业，2009(19)：76～77.

[23]温立加．我国农业融资保险现状分析及融资建议[J]．时代经贸．2007(11)：166～167.

[24]李鹏飞，谢磊．格尔木市农村地区“三农”保险需求实证研究[J]．青海金融，2010(3)：44～46.

[25]王德宝．我国政策性农业保险的现状、问题及对策建议[J]．农村金融研究，2009(7)：6～12.

[26]何小伟，高进．巨灾保险市场为什么失灵？——一个研究综述[J]保险职业学院学报，2010(1)：10～13.

[27]唐立新．基于产品营销的农业保险的思考[J]．安徽农业科学，2007(34)：11215～11216.

[28]郝演苏．关于建立我国农业巨灾保险体系的思考[J]．农村金融研究，2010(6)：5～12.

[29]唐小童，马骧．中国巨灾保险、再保险及巨灾防范体系建立研究[J]．现代商业，2009(12)：87～88.

[30]李彧挥，孙娟，高晓屹．影响林农对林业保险需求的因素分析——基于福建省永安市林农调查的实证研究[J]．管理世界，2007，(11)：71～75.

[31]张淑玲，雷越，邹晓雯，刘金清，钟诚．适合中国国情的巨灾保障体系选择——区域性强制巨灾保险[J]．金融发展研究，2009(11)：69～72.

[32]易立新，张芳，周超．国外巨灾保险制度体系评介分析[C]．全国巨灾风险管控与巨灾保险制度设计研讨交流会论文集，北京，2009.

[33]朱莉．我国的巨灾再保险模式研究[D]．济南：山东大学，2010.

[34]刘红梅，周小寒，王克让．加快发展我国林业保险的研究[J]．经济体制改革，2007(1)：169～172.

[35]樊毅，张宁．我国林业保险问题透视及其对策[J]．保险职业学院学报，2008，22(6)：30～33.

[36]李有祥，张国威．论我国农业再保险体系框架的构建[J]．金融研究，2004(7)：106～111.

[37]许晓丽．我国林业风险管理及林业保险研究[D]．南京：南京林业大学，2009.

林業经濟評論
Forestry Economic Review

林农小额林权抵押贷款政策实施状况调查分析
——基于410户林农调查

周 莉 刘轩羽 王珍琦 安 蓉 谢梦娜
(北京林业大学经济管理学院，北京，100083)

摘要：小额林权抵押贷款的研究对有效解决林农资金缺口、提高林农收入、调整林业产业结构和规模化经营、制订科学的林业公共政策具有重要的现实意义。基于政策视角，对林农林权抵押贷款的申请范围和用途，贷款利率和期限，抵押物评估、管理和处置，以及森林资源资产保险进行政策特征分析。通过浙江、福建410份林农的问卷调查，认为林农贷款需求旺盛但林权融资渠道窄且小额林权抵押贷款比例低，林农小额抵押贷款额度低、无循环且期限短，贷款拖欠率低但抵押物处置困难，森林险种单一、保费过高且索赔困难。由于农村小额林权抵押贷款自身的弱质性特征，其执行机构复杂，工作效率低，且政策本身的限制以及信息不对称，导致政策实施低效。从而提出完善贷款的政策性建议。

关键词：林权；小额抵押贷款；林权抵押贷款政策

Analysis of the policy implementation of the small forest right mortgage

Zhou Li, LiuXuanyu, Wang Zhenqi, An Rong, Xie Mengna
(School of Economic and Management, Beijing Forestry University, Beijing, 100083)

Abstract: Research on small forestry property rights mortgage loan is significance for solving farmers' financing demand, increasing their income, adjusting forestry industrial structure and scale management, and making scientific forestry public policies. Based on the related policy, this paper summarizes the loan scope and purpose, interest rates and periods, the assessment, management, disposal of collateral, and forest insurance. Through the field research, this paper finds out four characteristics. First, the farmers' loan demand is high, but financing channel is narrow and the forest right mortgage loan ratio is low. Second, no-loop small mortgage loan amount is low and the period is short. Third, the loan default rate is low but the disposal of collateral is difficult. Forth, the insurance is too unitary, the premium is too high and the claim is difficult. Because of mortgage's born defect, related many institutions and low work-efficiency, policy limitation and information asymmetry, those result in policy's low efficiency, and finally the paper propose the policy suggestions.

Keywords: forest right; small forestry property rights mortgage loan; forest right mortgage loan policy

林权是指森林、林木、林地的所有权和使用权，是森林资源财产权在法律上的具体体现。林权证是确定林地所有权、使用权和林木所有权、使用权四权一体的唯一权利凭证。国家规定林农和林业生产经营者可以用承包经营的商品林做抵押进行贷款。这使林业资源变为资本，重点满足农民的林业生产经营、森林资源培育和开发、林下经济发展、林产品加工的资金需求(银监发[2013]32号)[1]。2009年1月，清华大学、国家林业局和福建省林业厅联合举办“小额林权抵押贷款和森林保险政策座谈会”。认为以企业和林业大户为对象的林权证抵押贷款主要依靠市场机制运作，基本走上正轨，难点在于农户小额贷款[2]。黄建兴认为当前农村最需要而且最难贷到款的是中低收入群体。由于缺少农村金融服务平台及产品，广大群众的资金需求无法得到满足。[3]有些学者通过案例研究对目前农村林权证抵押贷款操作模式进行了分析总结。杨云等认为林权证贷款模式可以有单户直接林权证抵押贷款、

基金项目：教育部人文社会科学研究青年基金项目“农村政策性小额林权抵押贷款模式研究”(11YJCZH258)、中央高校基本科研业务费专项资金资助(RW2011-36)。

第一作者：周莉，女，北京，副教授，博士。主要研究方向：林业财政与融资，林业财务与会计。E-mail：vfvf@263.net. 地址：北京市海淀区清华东路35号北京林业大学39号信箱，100083。

联户联保林权证抵押贷款模式、信用基础上的林权证抵押贷款和协会担保林权证抵押贷款模式。[4] 吴盛光将农村林权证抵押贷款的运作模式总结为：①福建永安模式，运用了开发性金融政府组织增信的原理，引入了政府财政信用担保；②浙江丽水模式，该模式创新金融支持林权改革服务产品，包括小额循环贷款、林权证直接抵押贷款和收储中心担保贷款。③辽宁宽甸模式，建立了比较完善的林权交易、评估、登记体系。通过媒体宣传、印制教材、充当向导等多方联动，搭建林权证抵押贷款平台[5]。

这些研究对农村小额林权证抵押贷款研究具有重要意义，但从林农小额贷款的角度而言，缺乏系统性地政策分析。本文结合福建省和江西省 410 份林农小额林权抵押贷款的调研，结合具体政策规定，提出政策性建议。

一、农村小额林权抵押贷款的政策性规定

从宏观环境而言，目前，中国经济正在复苏，并以 8% 左右的 GDP 保持稳定增长。2013 年中央经济工作会议上，强调“要适当扩大社会融资规模，保持贷款的适度增加，切实降低实体经济发展的融资成本”。中国实施“放宽财政，稳健的货币政策”，对农村小额林权抵押贷款融资的发展十分有利。从中观林业产业层面，2009 年开始，国家推进了集体林权改革，以促进林业产业的发展，并出台了一系列政策，构建农村林权融资平台。基于开发银行、中国农业银行林权抵押贷款管理办法，以及各省林权抵押贷款管理办法、森林资源资产抵押与实施细则，从农村林权抵押贷款的程序，分析其申请贷款范围和用途，贷款利率和期限，抵押物评估、管理和处置，以及森林资源资产保险四个方面，具体分析其重点政策。

(一)农村小额林权抵押贷款的范围和用途

贷款对象包括从事合法生产经营活动的农户。农村信用社农户小额林权抵押贷款额度一般掌握在 30 万元(含)以内。(云农信联[2008]42 号)贷款适用于林业生产经营、森林资源培育和开发、林产品加工和农民生产生活资金需求等[6]。

(二)农村小额林权贷款期限与利息率

银行业金融机构规定林业贷款期限最长可为 10 年。若林地使用权系抵押人租用的，贷款期限不得超过抵押人已缴纳林地使用权租金的年限减去已经营的年限。《中国农业银行农户小额贷款管理办法》第 12 条规定，采用一般贷款方式，贷款期限不超过 3 年，但对从事林果业等回收周期较长的生产经营活动的，可延至 5 年；采用自助可循环方式的，可循环贷款额度期限不得超过 3 年。额度内的单笔贷款期限一般不超过 1 年，最长不超过 2 年，且到期日不得超过额度有效期后 6 个月。额度内的单笔贷款期限超过 1 年时，只有在收回该笔贷款本金的 50% 后，收回的贷款本金才能在核定的有效期限内再次循环使用[7]。

对小额信用贷款、农户联保贷款等小额林农贷款业务，借款人实际承担的利率负担原则上不超过中国人民银行规定的同期限贷款基准利率的 1.3 倍(银发[2009]170 号)[8]。

农户个人从事营造林、林业资源开发和林产品加工贷款项目，可以申请财政贴息。农户个人营造林小额贷款是指在贴息年度内(上年 10 月 1 日至当年 9 月 30 日，下同)累计额小于 30 万元(含)的营造林贷款。中央财政年贴息率为 3%。贷款期限 5 年以上(含)的，贴息期限为 5 年；不足 5 年按实际贷款期限贴息(财农[2009]291 号)[9]。

(三)抵押物评估、管理与处置的政策性规定

可抵押林权具体包括用材林、经济林、薪炭林的林木所有权和使用权及相应林地使用权。银行业金融机构开展林权抵押贷款业务，要建立抵押财产价值评估制度，对抵押林权进行价值评估。用材林和竹林的幼龄林、产出前的经济林，中龄林、产出后到盛产期的经济林，成熟林、过熟林、盛产期的经济林，抵押率分别不得超过评估价值的 40%、70% 和 80%。(开行发[2010]112 号)[10] 对于贷款金额在 30 万元以下的林权抵押贷款项目，银行业金融机构要参照当地市场价格自行评估，不得向借款人收取评估费(银监发[2013]32 号)。

借款人在抵押贷款到期后，无力以货币资金偿还贷款本息或故意逃避债务的，采取林木采伐、拍卖和协议转让、诉讼方式。后三种方式处置已贷款抵押的林权，林地使用权转让年限不得超过 1 个林木轮伐期。

(四)抵押物的保险政策

《中国农业银行林权抵押贷款管理办法(试行)》第 18 条贷款申请要求申请人提交林木资源保险单[11]。国家开发银行对已办理森林保险的农户，优先发放抵押贷款(开行发[2010]112 号)。

森林保险标的为正常商品林及林权抵押贷款的

林木。对商品林保险，中央财政保费补贴比例为30%，省级财政至少补贴25%的保费；公益林保险中央财政补贴50%，地方财政至少补贴40%的保费(省级财政至少补贴25%的保费)。保险种类主要是火灾。在保险期限内，因火灾直接造成的保险林木死亡、因火灾施救造成的保险林木死亡，保险公司负责赔偿。森林火灾保险以0.067hm^2为投保计量单位，不分树龄与树种，每0.067hm^2保额为400元；生态公益林、国有商品林保险费率为4‰，其他为5‰，保险期限为一年(财金[2013]73号)[12]。

二、农村小额林权抵押贷款政策实施分析

(一)数据来源

2010~2012年，北京林业大学经济管理学院政策性农村小额林权证抵押贷款课题调研组，选择了福建省尤溪县、清流县，浙江省临安县作为实地调查，共发放问卷444份，有效问卷410份。农户问卷经过专门培训的研究生，采用一对一的访谈形式，以确保问卷的真实性和可靠性。运用问卷调查、座谈和访谈方式，分别对农户和金融机构进行调查。其中，农户调查表分为5部分，即：农户基本情况，生产经营情况，信贷服务情况，森林保险情况和资产评估情况。

(二)农村小额林权抵押贷款的政策实施分析

从小额林权抵押贷款的微观需求主体而言，林农存在旺盛的融资需求，这给林农村小额林权抵押贷款的发展创造了机会。而根据调研，小额林权抵押贷款的主要供给主体——农村信用社对林业业务不熟悉，客户分散不利于监管，从而导致其贷款供给意愿低。同时贷款用于林业的风险较大，由于林业的自然风险高，且目前小额林权贷款的无循环、小额度、年限短的贷款特征，与林业生产周期的不相适应，都给林业投资带来较大风险。从而对小额林权抵押贷款的发展带来不利影响。

1. 林农贷款需求旺盛但林权融资渠道窄且林权抵押贷款比例低

林农融资需求旺盛，并希望从正规金融机构获取融资的需求。在被调查的410户农户中，有87.51%的林农有资金借贷需求，且83.7%的林农认为现有信贷业务不能满足其需求。

从融资渠道与方式看，被调查农户的融资渠道主要有三类，即农村信用社、私人高利贷和亲戚朋友。根据调查结果显示：被调查的410户农户中，74%的林农选择银行或信用社，选择亲戚朋友、利用私人高利贷借款分别占21%和4%。从融资方式看，采用小额信用贷款是目前林农从农村信用社融资的主要类型，占总贷款比例的59%。小额林权贷款占总贷款比例的40%，主要包括四类，即：小额林权抵押担保贷款、小额林权证抵押贷款、小额贴息贷款和林农小额担保贷款。(如图1所示)虽然林农的融资需求高，但融资渠道狭窄。林权抵押贷款作为一种新型的融资工具，丰富了农村金融产品市场，但由于金融机构不愿供给改种融资产品，而导致融资比例不高。

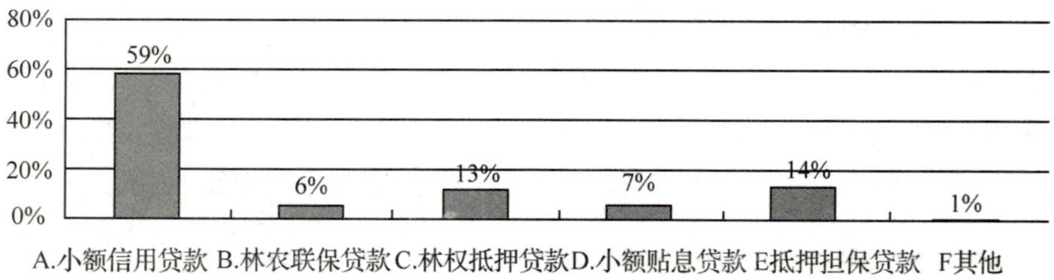

图1 林农融资方式

Fig. 1 Farmer's financing ways

2. 林农无循环小额抵押贷款额度低且期限短

在小额林权抵押贷款中，67.52%的林农三年之内有过林权抵押贷款的经历，但绝大多数三年内只贷款1次。其中，获取贷款额度1万元以下的林农占50.49%。林农贷款期限不超过5年，其中，52.59%的林农户贷款期限在6~12个月，39.23%的林农户借款期限为1~3年。贷款利率主要集中在6%~8%之间，福建清流和浙江临安也有部分业务的贷款利率超过10%，超过政策所规定的基准利率的1.3倍。(1.3×6.31%=8.2%)20%的林农要求降低贷款利率。林农贷款主要用于林业生产、生活和意外支出，属于林业生产投资用途的扩大经营规模和购买生产资料占所有用途的65.33%，且在访问的林农中，74%的林农愿意进行林业生产性投资。(如图2所示)说明目前我国林农愿意将贷款用于林业生产，但林农小额林权证抵押贷款额度低、期限

短、无循环贷款的融资方式，与林业生产周期长的特点不相适应，不利于林农进行林业生产和经营的可持续发展。

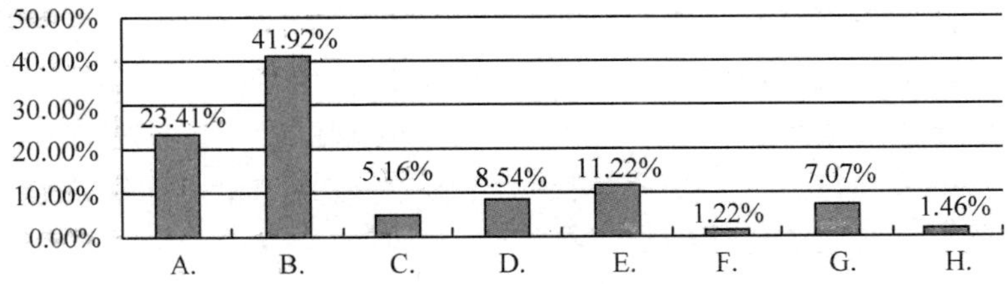

图2　林农贷款用途情况

Fig. 2　Farmer's loan purpose

3. 林农小额林权抵押贷款拖欠率低但抵押物处置困难

根据调研，大多数农户可以按时甚至提前还款。在调研农户中，94.42%的林农没有拖欠还款。但个别调研地，也存在不能按期还款的情况，福建清流县12.2%的林农不能按期还款，从而要进行抵押物处置。根据农村信用社和担保公司的访谈，表示抵押物处置比较困难。首先，抵押物的评估需要专业人员评估，而具有评估资质的公司只希望评估大额度的林权抵押贷款业务。其次，如果对林木进行采伐，需要有采伐证。24.77%的林农认为森林采伐政策制约了林木的流转。虽然国家政策规定在抵押物处置时，优先获准其采伐权，但实际操作困难。

4. 森林险种单一保费过高且索赔困难

调查的林农70%以上近5年林地因为自然灾害而不同程度遭受了经济损失。因此，林农对森林保险有较高需求。按照政策计算，林农每亩商品林的保费为1.59元/亩，55%的保费由财政支付，林农个人承担0.71元/亩。经调研，目前在福建省尤溪县保费由财政全额支付。但如果财政不再为林农支付保费的情况下，71%的林农认为每亩保费在≤1元范围内可以接受。由此，对林农而言，每亩商品林的保费1.59元/亩定价过高。同时，35%的林农认为森林保险额应为保价值，29%的林农认为森林保险额应为300元保播种，24%的林农选择500元保成林。

受访林农的64%对森林保险实施状况表示不满意。其原因主要有保费高、赔付率低、索赔困难、保险品种少。其中，30%的林农认为手续麻烦、保障水平低而对森林保险业务不满意。10%的林农认为森林保险险种单一。除了目前开设的火灾险。林农认为保险机构还应该设置冰雪霜冻险、设置综合险、病虫害险和风灾险(如图3所示)。

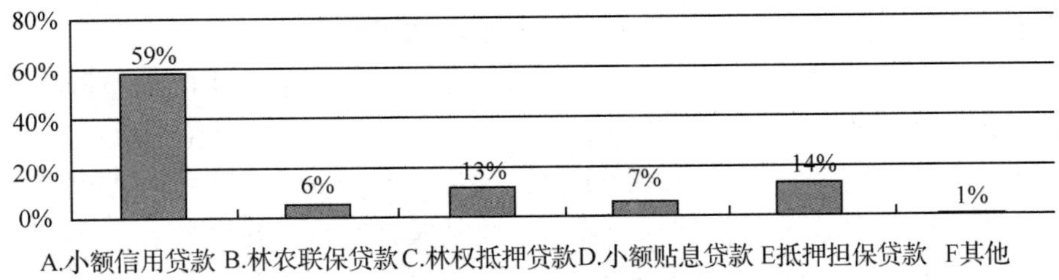

图3　林农森林保险意愿的调查情况

Fig. 3　Farmer's forests insurance investigation

三、农村小额林权抵押贷款政策实施不足的成因

小额林权抵押贷款给予林农林权证筹资多种政策支持，但小额林权抵押贷款政策的运行效率低，存在包括贷款额度低、贷款手续繁琐、贷款费用偏高、贷款期限过短、森林保险费用高、资产评估困难等不利状况。究其原因主要有三点：

(一)农村小额林权抵押贷款自身的弱质性特征，导致政策实施低效

农村小额林权抵押贷款对象主要是用于林业生产经营的低收入农户。由此，小额林权抵押贷款自身的弱质性突出地表现在两个方面，一是林业本身的弱质性；二是贷款对象的弱质性。林木生长受空气、水源、风沙等自然因素的制约，使林业投入的风险和收益很难预计。而进一步林业生产的长周期

性导致投资回收期长，投资者在短期内难以实现预期收益，同时长周期放大了林业投资风险，从而形成了林业生产的弱质性；国际主流观点认为，小额贷款的对象应该是为大量低收入(包括贫困)人口提供金融服务，而低收入群体本身属于社会的弱势群体，其资信状况显然处于弱势地位。由于小额林权抵押贷款的弱质性，从根本上形成了林业融资供小于求的局面，虽然制定了大量政策，却存在政策运行低效。

(二)农村林权小额抵押贷款执行机构复杂，工作效率低，导致政策实施低效

按照“经济人”假设，每个人都追求自身利益的最大化，政策执行者也不例外。当政策的贯彻执行触动了政策执行者本身的既得利益或是对自身不利时，他们便会想方设法地抵制政策。农村小额林权抵押贷款执行机构涉及人民银行、银监办、农业银行、农村信用社、林业局、脱贫办、保险公司和评估机构，机构复杂本身导致政策执行效率低下。根据调研，农村信用社、林业局或林业工作站、保险公司的工作人员都表示其工作量很大，而收益与风险不对等，因此从主观上对政策的执行和落实抵制，从而产生客观的排斥效应，造成政策执行低效。

(三)政策本身的限制以及信息不对称，导致农村林权小额抵押贷款业务发展受限

按照我国现行《森林法》规定，对林木采伐实行严格的限额采伐政策，未经林业部门批准，金融、司法部门对抵押物无权进行变卖处置。这显然加剧了农村林权小额抵押贷款的还贷风险。虽然林农从生产生活习惯，愿意林业生产，但其收益权得不到落实，必然削弱了林农造林护林的积极性。政府贴息政策和生态效益补偿政策的出台，都是以经济驱动力鼓励造林，发展林业产业，这对农村林权小额贷款的发展有利，但由于信息不对称，很多林农，尤其是贫困农户无法获取相应的信息，从而丧失贷款贴息和生态补偿的机会。政策实施低效导致林农贷款的高成本，也必然限制贷款业务本身的发展。

四、发展农村小额林权抵押贷款的政策建议

由于农村小额林权抵押贷款本身的弱质性，需要建立政策型的业务模式。业务本身应借助国家现有多种政策，克服政策执行过程中的弊端，发展农村小额林权抵押贷款。

(一)建立和完善政策本身，提高政策执行效率

政策的执行效率，体现对资源的配置效率。第一，应整合农村林权小额抵押贷款的运作机构，精简贷款程序，发挥机构资源的配置效率；第二，完善贴息政策和生态补偿政策。从当地政府而言，应设置林业特色产业的贴息制度，鼓励农民进行林业生产，对有能力的行政村，建立和发展适合当地的林业规模化产业基地，以促进当地经济发展，提高农民的收入水平。政府应将生态效益的适当补偿引入农村林权小额贷款中，鼓励农户营造生态林的积极性。第三，建立灵活的采伐政策。对农村小额林权抵押贷款的林农，适度发放采伐证，以保证其收益权，同时降低农村信用社的金融风险。第四，建立政策性保险机制。针对森林产品的弱质性，必须应用保险机制解决，适当增加森林产品险种，针对林农的树种和林龄，设置不同层次的政府补贴额度，以降低贷款的金融风险。

(二)借助现有国家扶持政策，健全林权信息流转平台，发展农村小额林权抵押贷款

作为资金的需求主体——林农的融资成本主要表现为三个方面，即来自金融部门的贷款利息和手续费、来自评估机构或担保机构的费用，以及森林保险费用。针对林农应该扩大宣传，让林农了解国家政策，进而降低林农小额林权抵押贷款的融资成本。即：通过林权信息流转平台，让农户应用国家贴息政策，降低贷款利息率；应用国家森林保险政策的中央和地方财政补贴政策，降低投保费用；应用减免森林评估费用的政策降低评估成本。同时利用信息流转平台，建立林业生产和林产品市场信息，保证林农贷款进行林业生产的积极性，实现林业的可持续性经营。在发展农村小额林权抵押贷款的同时，真正发挥贷款的乘数效应，提高林农收入水平。

(三)设计合理的农村林权小额抵押贷款产品，发挥政策效应

由于农村林权小额抵押贷款的弱质性特征，金融机构很难在短时期内释放大规模货币供给量。因此，应借助政策环境，设计合理的农村小额林权抵押贷款产品。具体而言，在总结现有产品类型的基础上，设计和改良适宜操作的精品型小额林权抵押贷款产品：首先要建立和完善林农信用评级制度；其次，建立可循环小额林权抵押贷款，以适应林业生产的长周期性；简化贷款流程和手续；设计科学

的贷款指标体系，防范债务风险。再次，根据当地林业树种特点，适当放宽抵押品的抵押率。在保证金融部门利润，防范金融风险的基础上，适度扩大小额林权抵押贷款规模，增加贷款供给，以发挥政策效应。

参考文献

[1]中国银监会，国家林业局．关于林权抵押贷款的实施意见[Z]．2013-07-25

[2]文彩云，许勤．落实中央"新政"促进经济增长——小额林权抵押贷款和森林保险政策座谈会综述[J]．林业经济，2009(4)：73～77.

[3]黄建兴，毛小荣，李扬．浙江省林权抵押贷款案例研究[J]．林业经济，2009(4)：10～14.

[4]杨云，刘佳平．林权抵押贷款问题研究综述[J]．林业经济，2009(4)：24～27

[5]吴盛光．林权抵押贷款探索模式综述——兼论林权改革的亮点、难点与基点[J]．农村金融研究，2010(3)：50～53.

[6]云南省农村信用联社，云南省农村信用社农户林权抵押小额贷款管理办法的通知[Z]. 2008-02-14

[7]中国农业银行，农户小额贷款管理办法[EB/OL]. 2008-10-31，http：//wenku. baidu. com/link？ url = SBBa2yEHldhi6t77X77v7KsHGTX0CjXyG _ yUleG2HYAHoOS5J7OEAu5yopmNlxqHNjVZ0VvDXeeQWq3xUyMhKWDv1nVVGhExGm-cN-6p8u7

[8]中国人民银行财政部，银监会，保监会，林业局．关于做好集体林权制度改革与林业发展金融服务工作的指导意见[Z]. 2009-05-25

[9]财政部，国家林业局．林业贷款中央财政贴息资金管理办法[Z]．2009-12-30

[10]国家开发银行，国家林业局．关于开展林权抵押贷款工作的指导意见[Z]. 2010-6-4.

[11]中国农业银行．中国农业银行林权抵押贷款管理办法(试行)[EB/OL]．百度文库．http：//wenku. baidu. com/link？ url = JuEW3PARf5HhHT_ nUw50Qxuqf2ETVi-TeDCRY7imuGg_ ElPg27LEXc2guwKnyPWBm5MXBH6G28F2pzlg2hHECEWeqdvo-187dtACshwMtOm . 2011-5-27

[12]财政部．关于做好森林保险试点工作有关事项的通知[Z]. 2013-07-23

林业服务贸易定义及其发展必要性的探讨

万 璐 付亦重 程宝栋
（北京林业大学经济管理学院，北京，100083）

摘要：林产品贸易方面的相关探讨与研究已经较为充分，而对林业服务贸易的研究与关注一直很少。本文首次从林业与林业服务业的定义出发，详细探讨了林业服务业、林业服务贸易的概念与分类。林业服务贸易概念围绕森林以及林产品的生产而展开并不断向外延伸，既包括辅助林业生产的各种服务又包括森林经营与管理服务，广义来看还涵盖林业生态价值服务等。它不仅具备一般服务贸易的高附加值特点，更具有与生态环境相结合的特性。文章分析了林业服务贸易在调节贸易平衡、提升产业结构、促进要素合理配置及增加林业部门劳动力收入等方面的重要作用，认为在后金融危机的林业国际竞争新形势下，应重视并积极推进林业服务贸易的发展。

关键词：林业服务贸易；定义及分类；必要性

A Discussion on the Definition and Development Necessity of Trade in Services of Forestry

Wan Lu, Fu Yizhong, Cheng Baodong
(School of Economics & Management, Beijing Forestry University, Beijing, 100083)

Abstract: There are adequate discussions and research on trade of forest products. This paper started from the definition of service sectors of forestry, and made further discussion about the definition and classification of trade in services of forestry. Forestry trade in services focuses the forest and the production of forest products and its concept continues to extend. It includes supporting services for forestry production and services of operation and management, generally, also covers ecological value services. It not only has the characteristics of high value-added services trade in general, but also has ecological environment features. This article analyzes the functions of forestry service trade, covering balancing international trade, upgrading the industrial structure, promoting the rational allocation of factors and increasing labor income in forestry sector. It finds that under the new situation of post-financial crisis, we should pay attention to actively promote forestry service trade development.

Keywords: trade in services of forestry; definition and classification; forestry industry upgrade

林业一直在社会经济当中具有特殊的战略意义、经济意义和文化意义。近些年来，随着人们对于环境的关注，森林文化、生态概念、绿色生活、碳汇交易这些热点词语越来越多的出现在各大媒体之前，为林业相关研究带来了新的主题。林产品贸易，包括木质林产品和非木质林产品在国际间的交易，早已为大家所熟知，而对林业相关的服务贸易的关注却极为不足，甚至对于林业服务业与服务贸易范畴非常模糊。林业生产性服务对林产品贸易具有重要意义，并且林业自身特有的生态服务价值将越来越有助于林业更好、更快的发展，开拓新的市场空间，提供新的融资渠道，更有助于一国实现绿色增长目标。在发展现代林业的背景下，认清林业服务贸易对促进林业良性发展、实现林业部门新的增长是关键的。

本文将从林业服务贸易的概念、分类及其涉及到的主要部门与经济活动等方面进行阐述，并将在较准确界定林业服务贸易的基础上，阐释发展林业服务贸易的必要性。

一、林业以及林业服务业概念的探讨

林业是指保护生态环境保持生态平衡，培育和

基金项目：中央高校基本科研业务费专项资金（项目编号：RW2011－35、项目编号：BLX2012008）；北京林业大学青年科技启动基金“北京林业大学经济管理英才计划”；“国家林业局业务委托项目——中国林业服务贸易现状及促进机制研究”资助。

第一作者：万璐，经济学博士，讲师。主要研究方向：国际贸易理论与政策、区域经济一体化等。电话：010－62337027 Email：dufexiaolu@163. com，北京林业大学经济管理学院经贸教研室，100083。

责任作者：付亦重，经济学博士，副教授。主要研究方向：国际服务贸易、国际贸易政策等。电话：010－62337027 Email：fionafu04@yahoo. com. cn，北京林业大学经济管理学院经贸教研室，100083。

保护森林以取得木材和其他林产品、利用林木的自然特性以发挥防护作用的生产部门，是国民经济的重要组成部分之一。从这一概念中可看到，林业本身包括一个非常重要的第一产业——森林资源，第二产业——木质林产品以及非林产品加工部门，以及其他作为一、二产业支撑的其他服务部门。即林业本身是服务的提供者，也是服务的接收者。

2012 年中国制定的《国际服务贸易统计制度》中，林业服务业指为林业生产服务的病虫害的防治、森林防火等各种支持性活动，在国民经济行业分类中包含 4 个小类(见表 1)。

表 1　中国林业服务业统计分类表

Tab. 1　Statistical classification list of service industry of forestry in China

行业代码				类别名称	
门类	大类	中类	小类		
A				农、林、牧、渔业	
	5			农、林、牧、渔服务业	
		52		林业服务业	指为林业生产服务的病虫害的防治、林地防火等各种辅助性活动
			0521	林业有害生物防治服务	
			0522	森林防火服务	
			0523	林产品初级加工服务	指对各种林产品进行去皮、打枝或去料、净化、初包装提供至贮木场或初级市场的服务
			0529	其他林业服务	

数据来源：国际服务贸易统计制度(2012 年版)。

根据联合国统计署的《全部经济活动的国际标准产业分类》第四修订版(ISIC REV. 4)[1]，林业服务业指的是在林业大类(2)下，列在第 024 组的“林业辅助服务”(ISIC 编码为 0240)。详见表 2。

表 2　ISIC 林业服务业分类表

Tab. 2　ISIC classification list of service industry of forestry

类	大组	组	说　明
类 2	021	0210	造林及其他林业活动
	022	0220	伐木业
	023	0230	非木材林业产品的采集
	024	0240	林业辅助服务 —森林服务活动： ■ 森林存量估测 ■ 森林管理咨询服务 ■ 木材估价 ■ 森林防火和护林 ■ 森林有害生物控制 —伐木业服务活动： ■ 森林内的原木运输 本组不包括： —森林苗圃的经营，见 0210

数据来源：联合国经济和社会事务部、统计司，所有经济活动的国际标准行业分类修订本第 4 版，ST/ESA/STAT/SER. M/4/Rev. 4，2009。

从上述产业分类来看，林业服务业是狭义上的林业服务业，是紧紧围绕森林安全、资源评估等以及林产品初加工的最初即的服务部门。

必须注意到的是，林业具备与其他产业部门不同的特征。林业中的森林与其他植被，是一种内涵广泛、范畴广阔的特殊自然资源，承载了政治、经济、社会和文化等多重意义与功能。FAO曾论述了森林提供的服务包括(FAO，1997)[2]：

(1)生态环境服务。森林提供的生态服务范围广泛，其中包括：拦截降雨并通过森林水文系统调节雨水流动，来调整水文状况；通过落叶、落枝来维护土壤质量和提供有机材料；减少降雨对土壤侵蚀及其他直接影响；碳封存以及提供氧气，调节气候；对于森林自身以及作为其他物种的栖息地来说，森林是生物多样性的关键组成部分。

(2)经济服务。依托森林形成的各种行业——木材，木材加工和造纸，橡胶，水果。同时森林也为农业社区提供燃料和饲料、游憩地、水果、建材、药品和草药等产品。此外，林间放牧时有发生。林间地块也被用作种植农作物。

(3)社会文化服务。森林是数以百万计的世界各地的人的家，这些人很多是依赖于森林生存。许多人对于森林有强烈的文化和精神依附。在某些土著信仰体系当中，宇宙观将涉及森林和其他成分的自然世界视为非常重要的角色。即自然与文化的关系。森林是天然的科学和教育场所。

(4)景区和景观的服务和价值。从强调美学与美感方面分析森林提供的服务。例如，生态旅游。从旅游者角度来看，这些美感服务可能是他们做出优先决策的原因，保护这种服务在生态旅游过程中非常重要。风景名胜和景观价值对于居民来说同样重要。可以注意到，某些森林提供的服务一定程度上成为可贸易品，能够进入到服务贸易的范畴。

1966年美国经济学家H. Greenfield最早提出了生产性服务业的概念。中国政府在《国民经济和社会发展第十一个五年规划纲要》中将生产性服务业分为交通运输业、现代物流业、金融服务业、信息服务业和商务服务业。从广泛意义来说，林业服务业，包含了内向和外向服务两个方面，即不仅包括了特别针对林业生产本身提供支撑与辅助的服务部门(如防虫、防火)，同时也涉及到其他与生产各个环节密切相关的生产性服务业(林业金融、木材与林产品运输、林业信息系统等)，更包括了森林与其他林地自身能够提供的某些服务。简言之，广义的林业服务业，指的是所有支撑与辅助林业实现其政治、社会、文化价值的服务部门之总和。

二、林业服务贸易概念的探讨

按照WTO的《服务贸易总协定》中四种服务的提供模式来看，林业服务贸易主要以模式二、三、四方式，即境外消费、商业存在和自然人流动方式进行。模式二下，主要有生态旅游、面向国际开放的林业教育与培训等。模式三下，包括林业的对外投资以及林业引进外资设立种植、生产、加工等商业企业。模式四下，包括暂时居住的其他国家公民以个人身份提供林业相关服务，或在华的林业企业的外国雇员提供的服务。

如果从贸易行为来看，林业服务贸易涉及到的类别与活动就更加的广泛。比如说，林业种植方面的国际技术咨询服务，林业国际工程承包与合作建设，国际林业项目设计、建设活动，景观与园艺国际设计项目承包等。

中国对于“国际碳排放权交易(即碳汇贸易)是否属于服务贸易”还没有明确的归类和定论。但从理论上而言，碳汇是森林及陆地生态系统自身的一种特殊功能，成为一种特殊的商品进入到国际经济领域，是林业生态服务在贸易过程中的价值实现。另外在碳汇项目建设之初，涉及到技术转让、咨询、援助等活动；在碳排放权进行交易的过程当中，涉及到中介、监管、评估等一系列服务活动。这些都可以视为服务贸易项下的“其他商业服务”。此外一些衍生出的森林碳汇保险、期货以及其他证券化产品，也是在金融服务下提供。因此，可以说碳汇贸易应放在林业服务贸易下，按照林业服务贸易的政策与管理模式进行规范与统计。

鉴于服务贸易的几种提供模式，结合林业服务业的概念与范畴，林业服务贸易指的是林业服务业所涉及的所有可贸易服务活动与服务产品，在各个国家(地区)之间进行交易的过程。

三、林业服务业与林业服务贸易分类的探讨

为了对林业服务贸易涉及到的具体活动进一步明确，在统计上能够实现跨国比较，有必要对林业服务贸易进行分类。WTO的GNS/W/120中提出的

服务部门分类列表(SSCL)[3]中，直接涉及到林业的服务部门位于1-F-f(其他商业服务)下，名为“与农业、狩猎和林业有关的服务”。将SSCL与EBOP－CPC[4]对应的统计编码来看，林业服务贸易涉及到了下列统计分类与服务活动，见表3。

表3　EBOP-CPC与GNS/W/120中林业服务贸易活动分类的对照表

Tab. 3　Comparison Table of classification of the trade in services of forestry between EBOP-CPC and GNS/W/120

EBOPS			
CPC版本1.0	GNS/W/120		
269 营销和其他与贸易有关的服务			
271 其他与贸易有关的服务			
61285 在收费或合同基础上的农用草地及园林用机械和设备包括拖拉机批发业服务	4. 经销服务	A. 代理商的服务	
61289 在收费或合同基础上其他未另列明的机械和设备批发业服务	4. 经销服务	A. 代理商的服务	
281 农业采矿和就地处理服务			
283 农业采矿和就地处理服务			
86112 园艺和景观服务	1. 商业服务	F. 其他商业服务	f. 与农业、狩猎和林业有关的服务
86140 林业和伐木业服务	1. 商业服务	F. 其他商业服务	同上
86330 木材和软木不包括家具制品及草编织品和编织材料制造业服务	1. 商业服务	F. 其他商业服务	i. 与制造业有关的服务
86340 纸和纸制品制造业服务	1. 商业服务	F. 其他商业服务	同上
273 杂项商业专业和技术服务			
279 研究和发展服务			
81190 其他自然科学的研究与实验发展服务	1. 商业服务	C. 研究和发展服务	a. 自然科学的研究与实验发展服务
289 其他个人文化和娱乐服务			
897 其他个人文化和娱乐服务			
95421 植物园和动物园服务	10. 娱乐文化和体育服务	C. 图书馆档案馆博物馆和其他文化服务	
95422 自然保护区服务包括野生动物保护区的服务	10. 娱乐文化和体育服务	C. 图书馆档案馆博物馆和其他文化服务	
291 另处未包括的政府服务			
91131 与农业林业渔业和狩猎业有关的行政管理服务	不适用		

数据来源：作者根据《国际服务贸易统计手册》(2002)整理。

综合上述分析的林业服务业、林业服务贸易的概念，结合国际上的标准分类，根据研究与统计以及政策制定的需要，将林业服务业分为以下几类（见表4），其中包括林业服务贸易活动。

表4　林业服务业分类表

Tab. 4　Classification list of service industry of forestry in China

大类　次类　组	说　明
林业服务业	
A 森林经营与管理服务	不包括与造林及造林项目相关的经营活动，如苗圃经营等
a 林业有害生物防治服务	病虫害的防治等
b 森林防火服务*	林地防火与护林等
c 森林经理服务(部分)*	森林资源调查、经营方案的编制与修订、木材估价等
e 森林管理咨询服务*	森林管理咨询
f 植物园的经营与管理*	
g 其他	
B 林业生态价值服务	
a 生态旅游服务*	森林与湿地景区餐饮、住宿及周边服务、导游等；
b 教育服务*	森林教育服务：利用森林进行生态教育推广等活动；其他种类的林业教育服务与培训等
c 艺术创作与文娱活动*	森林雕塑家等艺术家的活动
d 生态功能性服务*	防噪声、防风、防侵蚀、防耀眼和遮挡视线用的人工林
f 森林文化与娱乐服务*	植物园和自然保护区服务
g 碳排放权交易*	
C 林业生产性服务	
a 林产品初级加工服务*	指对各种林产品进行去皮、打枝或去料、净化、初包装提供至贮木场或初级市场的服务
b 森林内的原木运输服务*	在森林范围内的原木运输服务
c 林业生产技术的援助与培训*	造林技术、培育技术、采伐技术等的援助与培训
d 林业金融服务*	林业相关的银行、保险、证券等服务
e 林业分销服务*	林业生产设备、相关产品特许经营、批发业、零售业服务
f 林业研究与实验发展服务*	林业相关的自然科学研发活动
g 林业工程设计服务*	对外承包林业工程设计、一般建设等活动
h 其他与林业生产相关的辅助服务	
D 与制造业相关的服务	
a 木材和软木制造业服务	见 EBOPS283 类
b 纸和纸制品制造业服务	见 EBOPS283 类
c 家具制品制造业服务	见 EBOPS283 类
d 草编织品和编织材料制造业服务	见 EBOPS283 类
e 其他林产品制造业服务	
E 其他辅助服务	
a 园林艺术与景观绿化服务*	公园和花园植被的种植、照料和维护；绿化活动
b 相关政府行政管理服务**	

注释：标记*的项目为可贸易服务。注意这里面的可贸易服务指的是具备贸易的可能性，但有些服务往往是在特定区域内提供，传统意义上并不进行贸易，如林产品初加工服务，通常由本地社区居民完成。

标记**的项目是在GATS框架下除外的项目。

四、发展林业服务贸易的必要性

我国林产品进出口结构相对较单一，尤其是近年来纸和纸板、人造板在林产品的出口中占比总和达到近九成[5]（FAO，2012）。这种贸易结构的简单化催生了我国出口铜版纸、胶合板等林产品的贸易摩擦多发，频繁遭到发达及发展中经济体的反倾销、反补贴调查，甚至征收反倾销、反补贴税。因此，优化我国林产品贸易结构，加快转变林产品对外贸易发展方式至关重要。发达的林业服务业有助于林产品贸易成本的降低[6]（FAO，2003）。对林业服务业和服务贸易的研究能够为促进林业辅助性部门的发展提供政策制定依据。同时，充分挖掘和利用森林的有形和无形价值，创造更多与文化和生态相关的增值服务。科学提高林业服务业和林业服务贸易的发展水平。总体来看，大力发展林业服务贸易，有助于推进林业产业结构的转型与升级，进而为我国总体产业结构的优化解决难点问题，除此之外，林业服务贸易的发展，能够促进要素在林业产业内的合理配置，推动劳动密集型中小企业的优胜劣汰，最终提高林产品的国际竞争力，提升林业部门的劳动力收入。

（一）优化林产品贸易结构的需要

1. 林业服务贸易在林产品贸易增长中的重要性

随着现代生产模式的发展，服务贸易在世界经济中发挥着愈发重要的作用，对国际生产网络形成有力支撑，并且经历了一个相当长的繁荣和快速发展时期。信息技术的快速发展一方面降低了传递、获取和处理信息的成本，一方面，使一些原本不能被转移或贸易的服务产品，获得了可贸易的条件。在世贸组织制度及区域贸易体制框架下，国家或地区服务领域的开放度不断提高，服务贸易壁垒逐步降低，跨境经济活动交易成本大大降低。2011 年，全球商业服务贸易额 4.17 万亿美元，增长 11%，而当年全球货物贸易增长仅为 5%（WTO，2012）[7]，可以看出金融危机后服务贸易的快速恢复能力及增长潜力。我国货物贸易长时期以来都保持了较快的发展速度。随着近年来货物贸易条件的不断下降，一些快速发展带来的问题显露得更加突出。我国货物贸易的粗放型快速增长方式，是以能源、初级原材料的过度消耗为代价的，这种过度消耗不仅没有换回较高的贸易收益，也不利于经济和贸易的可持续发展。因而，发展服务贸易，发挥服务商品的清洁、低能耗的优势，积极开拓高附加值的服务商品对推进我国贸易增长方式转变将起到积极作用。

林业服务贸易从根本上说具备一般服务贸易的属性，且与能源、初级原材料的货物出口相比，更注重可持续性以及生态环境的低消耗。除此之外，林业的服务贸易还具有林业的特殊性质。它以第一产业的森林资源为基础，而森林本身就是生态环境的重要调节者，维持着社会和自然的生态平衡。在培育和保护森林的同时，可以科学地取得木材和其他林产品，作为林业有形贸易的重要产品来源。与一般服务贸易不同的是，林业服务贸易是围绕森林以及林产品的生产而展开并不断延伸的。既包括辅助林业生产的各种服务（林业生产性服务），如林产品初级加工服务、原木运输服务；还包括森林经营与管理服务，如林业有害生物防治、森林防火、森林管理咨询、木材估价等。广义来看，林业服务贸易还涵盖林业生态价值服务，如生态旅游、森林文化与娱乐、森林碳排放权交易等服务。如果这些服务发生在不同的国家和地区之间，就构成了国际林业服务贸易。鉴于林业服务贸易的广泛内涵与巨大的发展前景，积极发展林业服务贸易对我国林业贸易的可持续发展与增长具有重要意义。

2. 调节国际贸易平衡，优化林产品贸易结构

2012 年，我国进出口总值 38667.6 亿美元，其中出口额 20489.3 亿美元，增长 7.9%，进口总额 18178.3 亿美元，增长 4.3%[8]。根据联合国粮农组织的统计，2012 年我国林产品贸易总额为 534.9 亿美元，出口总额 136.2 亿美元，进口总额 398.7 亿美元（见表 5）。从林产品贸易总额来看，其仅占我国贸易总额的 1.38%，所占比重相对较低，但从我国的进出口贸易平衡来看，林产品进口总额占我国进口总值的 2.19%。因此，改善和优化林产品的进出口结构对于调节我国的国际贸易平衡具有积极意义。

从我国林产品贸易总体表现来看，如表 5 所示，贸易总额除了在 1998 年（1997 年金融危机后）、2001 年（中国入世后）、2009 年（2008 年金融危机后）有明显下降外，基本保持了逐年增加的趋势。这也表现出林产品贸易较易受到国际经济环境影响的特征。1997～2012 年 12 年间，我国林产品贸易一直表现为净进口，即出口总额小于进口总额。从

林产品贸易逆差来看，除了上述特殊年份以外，12年间林产品的贸易逆差总体增大，这也说明我国林产品的外部依赖性较高。

表5　1997～2012年我国林产品贸易统计　　单位：亿美元

Tab. 5　1997～2012 statistics on trade of forest products of China

年份	1997	1998	1999	2000	2001	2002	2003	2004
贸易总额	150.314	137.699	148.560	186.598	168.926	176.238	205.245	229.358
出口额	31.896	29.769	26.291	37.239	32.072	33.985	44.052	46.149
进口额	118.419	107.930	122.268	149.358	136.854	142.252	161.193	183.209
贸易差额	-86.523	-78.161	-95.977	-112.119	-104.782	-108.267	-117.142	-137.060
年份	2005	2006	2007	2008	2009	2010	2011	2012
贸易总额	245.724	282.331	347.976	350.991	322.072	422.815	538.650	534.949
出口额	57.397	78.017	99.571	97.814	89.153	102.565	124.050	136.238
进口额	188.327	204.314	248.405	253.177	232.918	320.250	414.600	398.711
贸易差额	-130.930	-126.297	-148.834	-155.363	-143.765	-217.686	-290.550	-262.473

数据来源：联合国粮农组织数据库FAOSTAT[9]。

具体从主要林产品的贸易来看，出口方面，人造板、纸和纸板、锯材是主要的出口产品，三者比重之和可达林产品出口总值的九成。如图1所示，2001年以来，人造板的出口快速增加，从居于纸和纸板、锯材之后的第三位一举攀升为第二位，到2006年又超过纸和纸板，成为出口主要林产品的第一位。从比重来看，2012年人造板出口占49.31%、纸和纸板占43.18%、锯材占3.29%，虽然锯材位居第三，但是出口规模远小于前两位的人造板及纸和纸板。除此之外，原木、木浆的出口规模都非常小，并且各年间基本保持在一个较低的出口水平上。从主要林产品进口来看，木浆、原木、锯材的进口比重总体增加，而纸和纸板、人造板的进口却大幅下降(见图2)。这与我国人造板、纸和纸板的生产能力的显著提高息息相关，在结合二者在出口中的巨大比重，可以一定程度上反映出相比其他主要林产品，这两类林产品的国际竞争力是比较高的。2005年之前，处在第一位的进口林产品为纸和纸板，2006年起，木浆取代其位置，成为进口规模最大的林产品。2012年，主要林产品进口排序与占比分别为：木浆(29.20%)、原木(18.92%)、锯材(14.90%)、纸和纸板(13.54%)、人造板(3.17%)。

综上所述，可以看出我国林产品进出口结构相对来说较依赖某几类产品，结构较单一。正是因为这种相对集中，我国出口纸和纸板中的铜版纸、人造板中的胶合板等产品，近几年频繁遭到发达及发展中目的地市场的反倾销、反补贴调查，甚至征收反倾销、反补贴税。因此，优化我国林产品贸易结构，加快转变林产品对外贸易发展方式至关重要。一方面要从粗加工、低附加值产品出口向精加工、高附加值产品转化，另一方面还要大力拓宽出口林产品的种类，从广义上来看，这不仅包括货物形态的林产品，还应该积极拓展国际林业服务贸易，从根本上向新的林业外贸发展方式转型。与此同时，林产品进口既起到为林业及其他行业生产提供中间投入等的作用，还发挥着调节林业贸易平衡的重要作用。林业服务贸易作为一种发展潜力巨大的贸易形式，也将丰富林产品贸易进口的种类，并更好地调节林业贸易平衡。

(二)适应国民经济结构转型的需要

1. 服务业国民经济结构中的重要性

从三次产业在国民经济结构中的发展来看，随着社会经济的发展，服务逐渐从第一、第二产业中分离出来，并伴随社会进步，更多的服务类别产生并发展起来(贾怀勤，2012)[10]。因而，三次产业比重趋势为第一产业比重相对第二产业逐渐下降，第二产业比重相对第三产业逐渐降低。在三次产业的

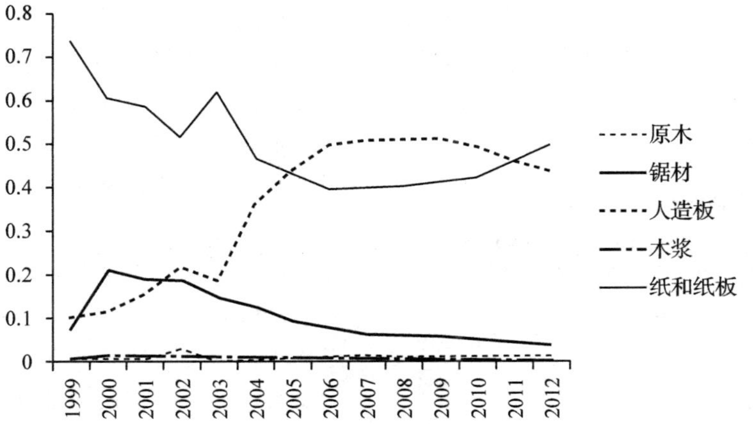

图1　1999～2012年主要林产品出口比重变化

Fig. 1　1999～2012 changes in the proportion of export of the major forest products

数据来源：联合国粮农组织数据库FAOSTAT。

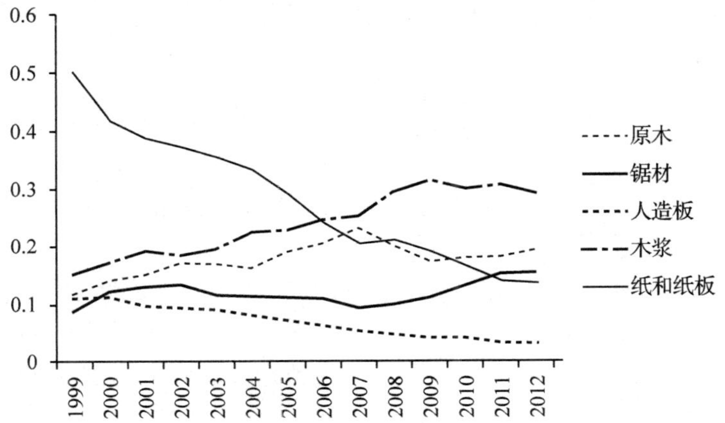

图2　1999～2012年主要林产品进口比重变化

Fig. 2　1999～2012 changes in the proportion of import of the major forest products

数据来源：联合国粮农组织数据库FAOSTAT。

产业链中，我们在强调农业、工业、服务业合理配置的同时，更关注高附加值产业的发展。而服务业在微笑曲线的右半端，能够提供更多的附加价值。与此同时，生产性服务业的高度发展还会促进其辅助的制造业等，降低成本，提高生产率，提升制造业的发展水平。所以，服务业在发达国家国民经济结构中的比重普遍较高，正是其重要性的强有力的现实证明。

2. *林业服务贸易在林业产业发展中的重要性*

2011年我国国内生产总值为518942.1亿元，其中第一产业52373.6亿元(占GDP的10.09%)，第二产业235162.0亿元(占GDP的45.32%)，第三产业231406.5(占GDP的44.59%)[11]，第二产业产值略高于第三产业，但规模接近，二者远高于第一产业。对比林业产业总产值情况，如表6所示，2012年我国林业产业总产值39450.9亿元，第一产业13748.5亿元(占林业总产值的34.85%)，第二产业20898.3亿元(占林业总产值的52.97%)，第三产业4804.1亿元(占林业总产值的12.18%)[12]。在林业总产值中，第一和第二产业加起来占了近九成，第二产业比重略高于全国平均水平，但第一产业比重远远超过全国平均，从而第三产业占比显著偏低。可以看出，林业产业结构的发展尤其是第三产业的发展远远落后于我国国民经济结构的平均水平。因此，我们应该积极发展林业服务贸易，促进林业第三产业的发展，改善林业产业结构的布局。而究竟应该从哪些具体领域展开林业服务贸易，就是接下来应该解决的问题。从统计数据来看(表6)，在规模不大的林业第三产业中，林业旅游与休闲服务占第三产业总产值的73.32%，而其他林业服务的产值较低，尤其是林业专业技术服务(仅占2.20%)，这为未来发展林业服务贸易指明了方向，一方面使目前占据优势的林业旅游与休闲服务创造更大的产值，另外一方面，积极发展其他类别的林业服务贸易，完善林业服务体系。

表6　2012年林业产业总产值　单位：亿元

Tab. 6　2012 output value of forestry industry

指标	总产值
一、第一产业	13748.519
(一)涉林产业合计	13133.655
1. 林木的培育和种植	2539.950
(1)育种和育苗	987.204
(2)造林	924.725
(3)林木的抚育和管理	628.021
2. 木材和竹材的采运	963.408
3. 经济林产品的种植与采集	7751.877
4. 花卉的种植	1265.213
5. 陆生野生动物繁育与利用	392.430
6. 林业生产辅助服务	220.776
(二)林业系统非林产业	614.864
二、第二产业	20898.302
(一)涉林产业合计	20251.963
1. 木材加工及木、竹、藤、棕、苇制品制造	8233.946
(1)锯材、木片加工	1322.780
(2)人造板制造	4532.298
(3)木制品制造	1882.747
(4)竹、藤、棕、苇制品制造	496.120
2. 木、竹、藤家具制造	2794.391
3. 木、竹、苇浆造纸	4751.522
4. 林产化学产品制造	634.086
5. 木制工艺品和木制文教体育用品制造、6. 非木制林产品加工制造业、7. 其他	3838.018
(二)林业系统非林产业	646.340
三、第三产业	4804.087
(一)涉林产业合计	4325.393
1. 林业旅游与休闲服务	3522.550
2. 林业生态服务	365.757
3. 林业专业技术服务	105.629
4. 林业公共管理及其他组织服务	331.457
(二)林业系统非林产业	478.694
总计	39450.908

数据来源：2012年中国林业统计年鉴。

3. 促进林业产业要素合理配置，企业优胜劣汰

从国际贸易的传统理论到最新的国际贸易理论成果，都表明了国际贸易能够起到促进国内分工发展、企业优胜劣汰的功能。这一过程是通过由市场调节的要素资源合理配置完成的。正如新新贸易理论所揭示的(Melitz，2003)[13]，在这种优胜劣汰中，生产率高的企业将生存下来，并发挥其生产优势，进行对外贸易。因此，我们还要坚持不懈地推进林产品的货物贸易，尤其是人造板等劳动密集型产品的国际贸易，使资源重新整合到生产效率高的优势企业中，淘汰诸多生产率低下、资源消耗严重的小企业。与此同时，在已经滞后发展的林业服务贸易中，更要通过资源的配置，培养具有国际竞争力的服务产品，提升林业服务贸易的价值，提升贸易条件。

4. 提高林业部门劳动力收入

从林业部门的劳动力报酬来看，如表7所示，2012年林业系统在岗职工年平均工资28105元，而由2013年中国统计年鉴可知，当年我国城镇单位就业人员平均工资46769元，前者仅为全国平均工资的60.09%，显著低于国家平均工资水平。如果我们深入考察国有经济单位的劳动力报酬情况，不难发现：野生动植物保护和自然保护区管理(37680元)，林业工程技术与规划管理(53488元)，林业科技交流和推广服务(41639元)这些部门有着大大高出其他林业经济单位的年平均工资。而这些具体部门有着这样一个共性，即它们都属于林业服务业。无论理论还是现实统计数据，都向我们证明了林业服务业具有高劳动报酬的性质。因此，为了改善我国林业系统工资水平偏低的现实困境，就十分有必要大力发展林业服务业，进一步地，大力发展林业服务贸易。

表7　林业系统从业人员和劳动报酬情况

Tab. 7　Statistics on forestry labor force and labor return

指　　标	在岗职工年平均人数(人)	在岗职工年平均工资(元)
总　计	1243855	28105
按性质分：		
(一)企业	505495	22556
(二)事业	644240	30105
(三)机关	94120	44215

（续）

指　标	在岗职工年平均人数（人）	在岗职工年平均工资（元）
按行业分：		
（一）农林牧渔业	1030167	25495
1. 木材及竹材采运企业	398819	22314
2. 国有林场	363547	24023
3. 国有苗圃	27018	26188
4. 林业工作站	111681	32485
5. 木材检查站	21187	30351
6. 种苗站	7796	35702
7. 病虫害防治站	12301	37440
8. 治沙站	1697	41441
9. 其他	86121	33022
（二）制造业	23982	21066
1. 木材加工及木、竹、藤、棕、苇制品业	15316	21706
2. 木、竹、藤家具制造业	1740	12379
3. 木、竹、苇浆造纸业	54	21167
4. 林产化学产品制造	1078	23017
5. 其他	5794	21618
（三）服务业	164023	43897
1. 野生动植物保护和自然保护区管理	20466	37680
2. 林业工程技术与规划管理	10149	53488
3. 林业科技交流和推广服务	16702	41639
4. 其他	116706	44477
（四）其他行业	25683	38499

数据来源：2012年中国林业统计年鉴。

（三）迎合林业国际竞争的需要

1. 林业国际竞争面临的新形势

金融危机后的世界政治经济形势，对我国林业发展提出了新的挑战。在发达国家和国际组织的日益重视下，气候变化尤其是碳排放问题引起了全球范围内的热烈讨论。在诸多的双边及多边谈判领域，可持续发展及碳排放问题都被列为重要的议题（如联合国气候变化峰会、哥本哈根气候大会、APEC峰会等），林业对社会经济可持续发展的重要性被推到前所未有的高度。林业经济的增长方式进而即将面临着深刻地调整，提升林业产业结构、优化林产品贸易结构、发展林业服务贸易等问题，在新形势下迫切需要得到突破。后危机时代，大到世界经济格局，小到产业的国际地位，都面临着前所未有的机会，这是一个重要的洗牌期，谁能抓住这个机遇，谁就能利用并获得先进的技术，成为未来发展的强者。我国政府充分认识到这一战略机遇期的现实情况，从战略上强调了以生态建设为重点的五位一体的总体布局，为林业发展，特别是林业服务贸易的发展提供了广阔的空间。

2. 提高林产品国际竞争力

从前面的分析可以看出，我国各类林产品国际竞争力的发展并不均衡。既有竞争力较高的产品，如人造板等，又有竞争力偏低的产品。特别是林业服务方面，鉴于目前在我国还处于起步阶段，尚无法形成有效的国际竞争力。也正因为如此，我们要快速发展林业服务贸易，根据我国林业资源及相关服务的情况，开拓具有我国比较优势的林业服务产品，并积极参与国际贸易与国际竞争，最终形成我国林业服务的核心竞争力。在林业服务贸易的发展中，我们可以利用双边及多边谈判、区域国际合作以及与非政府国际组织、民间机构的合作等，建立合作交流与示范推广机制，构建林业国际合作特别是服务贸易合作的新形式，全面提高我国林业服务贸易的水平、深度与广度。

五、结　论

从全球金融危机后的统计数据看，服务贸易具有超过货物贸易的快速恢复能力，未来服务贸易还将发挥巨大的增长潜力。林业服务贸易既包括林业生产性服务，又包括森林经营与管理服务，以及生态旅游、森林文化与娱乐、森林碳排放权交易等林业生态价值服务，涵盖范围宽，发展前景广阔。分析与探讨现有数据，可以发现林产品贸易失衡严重、林产品出口结构单一（导致反倾销、反补贴案件频发）、林业第三产业比重偏低、林业部门劳动报酬偏低等主要问题。进而，发展林业服务贸易在优化林产品贸易结构、促进林业经济结构转型、应对林业国际竞争等方面具有不可忽视的必要性。

参考文献

[1]联合国经济和社会事务部、统计司. 所有经济活动的国际标准行业分类修订本第4版. ST/ESA/STAT/SER. M/4/Rev. 4，2009.

[2] Kreg Lindberg et al. Ecotourism and other Services Derived From Forests in the Asia-Pacific Region: Outlook to 2010[R]. FAO. Working Paper No: APFSOS/WP/24. 1997.

[3] WTO. SSCL-MTN/GNS/W/120[R/OL]. [2013-09-13]. http://www.wto.org/english/tratop_e/serv_e/mtn_gns_w_120_e.doc.

[4] 联合国等. 国际服务贸易统计手册[R]. 联合国出版物编号 C.02.XVII.11.2002.

[5] FAO. Forest Products Yearbook[R/OL]. [2013]. http://www.fao.org/docrep/018/i3252m/i3252m00.pdf.

[6] FAO. Impact Assessment of Forest Products Trade in Promotion of Sustainable Forest Management[R/OL]. [2003]. FAO. http://foris.fao.org/static/data/trade/pdf/rytkonen.pdf.

[7] WTO. International Trade Statistics 2012[R/OL]. [2012]. www.wto.org/english/res_e/statis_e/its2012_e/its2012_e.pdf.

[8] 中华人民共和国商务部. 统计数据2012[OL]. [2013]. http://zhs.mofcom.gov.cn/article/aa/201301/20130100015032.shtml.

[9] FAO. FAO STATISTICS[OL]. [2013].

[10] 贾怀勤. 发展服务经济与实体经济关系之思考[J]. 国际贸易, 2012(6): 58~60。

[11] 中华人民共和国国家统计局. 中国统计年鉴2013[OL]. [2013]. http://www.stats.gov.cn/tjsj/ndsj/2013/indexch.htm.

[12] 国家林业局编. 中国林业统计年鉴2012[M]. 中国林业出版社, 2013: 76~120。

[13] Melitz. The Impact of Trade on Aggregate Industry Productivity and Intra-industry Reallocations [J]. Econometrica, 2003, 71(5): 1695~1725.

员工视角下林产品绿色政府采购政策认知分析
—基于山东省林业企业的实证

李小勇　付亚章　孙文祥
（北京林业大学经济管理学院，北京，100083）

摘要：林产品绿色政府采购政策是世界森林问题的新兴议题，受到广泛关注。研究员工对林产品绿色政府采购的认知，有助于评估我国实施该政策的可行性。通过对山东省烟台市、青岛市、临沂市三大典型地区的林业企业员工的进行调查，结果发现：许多员工对其内涵理解存在很大偏差，并且担心政策实施可能带来较大的挑战和冲击，影响企业发展和我国林业产业安全；但大型企业认为政策实施有助于提升企业品牌，和树立良好社会形象。缺乏足够的产业、人员环境是我国实施该政策的主要障碍。

关键词：绿色政府采购；林产品；员工视角；认知

Cognition of Green Government Procurement Policy for Forest Products from Employee's Perspective
An Empirical Analysis Based on the Investigation of Forestry enterprises in Shandong Province

LiXiaoyong, Fu Yazhang, Sun Wenxiang
(School of Economics and Management, Beijing Forestry University, Beijing, 100083, P. R. China)

Abstract: As a new topic in the worldwide forest fields, green government procurement policy for forest products was attended widely. It would be helpful to assess the feasibility of the implementation of the policy in China by studying employees' cognition of it. Based on the Investigation of forestry enterprises of typical areas – Yantai, Qingdao, and Linyi countries in Shandong province, it could be found that many employees have cognitive bias on the policy, and Worried that the policy implementation may bring greater challenges and impact on the development of the enterprises and the safety of China's China's forestry industry safety. On the other hand, for the large companies, the implementation of the policy would be useful to improve the brand reputation and establish a good social image. Lack of enough industry, personnel environment was the main obstacle to the implementation of the policy in our country.

Keywords: green government procurement; forest product; employee interpretation; cognition

我国森林资源面积广阔，林业资源丰富。现有森林面积1.95亿hm^2，为林产品相关产业的发展提供了重要的物质基础[1]。我国也是林产品的生产和消费大国，仅2011年，我国木材产品的需求总量同比增长15.87%，高达49991.91万m^3[2]。如何采取有效措施保障我国森林资源可持续发展，促进我国林产品可持续供给成为我国林业发展中的重大课题。

随着森林环境问题日益突出，部分西方发达国家开始实施“绿色林产品政府采购”政策，即从木材消费市场入手，提高木材市场准入门槛，采购绿色的、可持续生产的木材，取得了一定的效果[3]。作为一种市场管控措施、森林议题新兴领域，绿色林产品政府采购受到国内学者关注，开始了相关研究。一些非政府组织机构提出，在中国引进林产品绿色政府采购政策，促进林产品可持续生产，打击非法采伐。部分学者表达了不同观点。李小勇等对发达国家林产品绿色政府采购政策的兴起及历程做了回顾，揭示了林产品绿色政府采购政策带来的不良后果，是西方国家实施贸易保护主义在林产品贸易领域中的又一体现[4]，对林产品绿色政府采购的内涵

基金项目：国家社科基金青年项目——西方林产品绿色政府采购绩效评价及我国实施前景研究（编号：11CGL061）；中央高校基本科研业务费专项资金资助（编号：RW2011－37）

作者简介：李小勇，管理学博士，副教授。主要研究方向：林业资源公共管理，营销管理，绿色消费。电话：（010）62337743　Email：leexymarket@126.com 地址：北京市海淀区清华东路35号（100083）。付亚章，工商管理专业在读学生。

及衡量标准进行了研究[5]，总结了林产品绿色政府采购的理论机理和影响[6]，并对我国实施林产品绿色政府采购政策的成本效益进行了分析[7]。管志杰等从博弈论角度分析了林产品绿色采购下的政府政策[8]。朱庆华等运用因子分析法识别出制约我国实施绿色政府采购的影响因素，并从资源基础关角度开发概念模型，认为企业内部的资源和能力是使法规压力转变为企业绿色采购实践的必要因素[9,10]。

林业企业是林产品供应商，是林产品绿色政府采购政策实施的重要利益者。从企业员工视角研究对林产品绿色政府采购的认知，有助于我们对这一问题得出新的结论。

一、研究设计

(一)研究目标及内容

基本员工视角研究政策实施的可行性，已经成为政策研究的新兴方法。本研究目的是通过了解企业员工对林产品绿色政府采购及其政策的认知，评估企业水平和员工能力，为我们实施该政策提供参考。研究内容主要包括从员工对政策的基本理解、政策实施带来的挑战和作用、政策必要性、政策实施时机和组织方式等。

(二)区域选定

我国林业产业区域发展不均衡，林业经济大省并不是森林资源大省如山东和江苏。而真正的森林资源大省如黑龙江、内蒙古、云南、西藏等省区并未成为林业经济的大省、强省。东部部分地区凭借经济和科技水平的领先地位成长为林业产业大省，充分发挥比较优势效益，形成了林业产业集聚和产业带，实现了林业产业区域特色化和分工专业化。

山东省作为我国的一个林业产业大省，森林面积为254.46万hm^2，占全国1.30%，林业产业总产值4515.2189亿元，占全国11.45%，居全国第四位[11]。山东省林业产业的快速发展也推动了山东省林产品消费的增加。早在1998年，山东省就开始了政府采购改革，先后经历了试点初创、管采一体、管采分离三个阶段。截止到2008年的10年间，山东省政府累计节约财政资金超过260亿元，年节约率高达15%。2007年，山东省财政厅结合山东实际推出了《山东省节能环保产品政府采购评审办法》，在节能环保走在全国前列[12]。2013年，山东省政府采购规模已突破1200亿元，节约预算资金超过160亿元[13]。山东省的政府采购政策已逐渐成熟，成为一种主流趋势。

因此选择山东省进行林产品绿色政府采购政策认知调研，了解员工对该议题的看法，具有较好的代表性。

(三)资料收集方法

在资料收集过程中，主要采用访谈法、实地参观、问卷等方法进行，通过走访山东省林业厅有关部门、烟台市、青岛市、临沂市林业主管部门及下辖各区县林业部门、林业企业获得相关信息。

在调研过程，对山东省林业厅相关处室主管领导、市、县林业部门主要负责人、乡村主要干部，以及企业负责人、部门经理进行深入交流，了解他们对林产品绿色政府采购政策的基本观点和看法，了解企业生产经营现状、员工能力和素质、面临的问题，未来应对措施等。

在调研企业选择时，注重各类企业的代表性，既有国有中央大型企业，也有私人中小型企业；既有经营多年的老牌企业，近几年新兴企业；既有集生产、加工、销售、贸易(包括国际贸易)企业，也有专业化经营的企业。根据上述企业选择原则，选定八家林业企业分别是：中航林业有限公司、青岛一木集团有限公司、烟台远东工贸有限公司、烟台佳木包装材料有限公司、临沂南华木业有限公司、临沂优优木业有限公司、山东华鑫佳升木业有限公司、乾艺农林科技发展有限公司。对这些企业调研时，一般员工主要采用问卷形式，企业管理层采用访谈式和问卷相结合方式。共收回有效问卷105份，其中企业主要负责人占9.5%，中层管理层占19.0%，一般员工占71.5%。在本次抽样调查中，被调查员工来自于销售、生产、办公、实验、财务、技术、人力、设计、客服、资本运营、国际贸易、外贸部等部门，实现了样本来源的均匀分布，保证了样本数据真实可靠。

整个调研工作自2013年8月开始，持续了近4个月。

二、实证结果

(一)对“林产品绿色政府采购”政策的基本认识

在被调查的105位员工中，仅有45名员工表示曾听说过“林产品绿色政府采购”，占总人数的42.86%。有34名员工认为“林产品绿色政府采购”的内涵是指“环保”，30名员工认为“林产品绿色政府采购”的内涵是指“合法来源”，24名员工认为

"林产品绿色政府采购"的内涵是指"可持续"。具体情况可用表1表示。

表1　样本员工对林产品绿色政府采购政策内涵认知

Tab. 1　Employees' Cognition of the Content on the Green Government Procurement Policy

政策内容	员工认知程度	
"林产品绿色政府采购"	听说过(42.86%)	没听说过(57.14%)
"林产品绿色政府采购"的内涵指"环保"	同意(32.38%)	不同意(67.62%)
"林产品绿色政府采购"的内涵指"合法来源"	同意(28.57%)	不同意(71.43%)
"林产品绿色政府采购"的内涵指"可持续"	同意(22.86%)	不同意(77.14%)

不同员工对于"林产品绿色政府采购"内涵的理解还是存在较大差异的，且被大多数员工所认可的"环保"这一内涵，与目前大多数发达国家所提倡的"合法"及"可持续"还是存在一定偏差。出现这一现象的原因在于，"林产品绿色政府采购"是舶来品，而且国内也还没有实施，很多林业企业甚至企业高层领导对此比较陌生。

对我国实行"林产品绿色政府采购"政策目的理解中，有35名员工同时选择了"保护世界森林，改善全球环境"、"打击林产品非法采伐和贸易"、"保障我国木材可持续供应"这三项，占据总人数的33.33%，远高于其它选项比例。这说明：虽然员工对该政策内涵的基本认知存在一定的偏差，但是对政策实施目的的认知主要受近年来森林问题严重宣传的影响，"想当然"认为政策应该是为环境保护服务。

（二）对"林产品绿色政府采购"政策带来挑战的认知

"林产品绿色政府采购"政策涉及多个利益主体，包括政府、企业、供应商、消费者等。调查表明：有67名员工认为政策会使供应商面临很大挑战，占总数的63.81%；24名员工认为政策不会使供应商面临很大挑战，占总数的22.86%；还有14名员工对此表示不清数(表2)。

表2　政策对供应商及公司影响的认知

Tab. 2　Employees' Cognition of the Influence on Suppliers and Corporations Made by the Policy

影响对象	员工认知程度		
供应商	面临很大挑战(63.81%)	不会面临很大挑战(22.86%)	不清楚(13.33%)
本公司	面临很大挑战(14.29%)	不会面临很大挑战(50.48%)	不清楚(35.23%)

可见，部分员工对于政策会给本公司带来影响的认知仍还处于模糊状态，从侧面反映出尚存在部分员工对于政策的困惑与不解。绝大多数员工认为政策会给本公司带来一定的影响，其中认为会给公司带来比较大影响的人数居多。这表明员工认为政策的出台会波及到公司，从而会影响到员工本身。

调查结果显示：有88名员工认为政策会使公司成本上升，占据总人数的83.81%。这些员工对于成本上升的体现方面所包含内容的具体情况如表3所示。同时，在被访的105名员工中，有38名员工认为公司所能承担的额外增加的成本上升比例极限为5%－10%，有30名员工认为该比例为5%以下。反映出大多数员工能客观地认识到政策的出台会使本公司成本相应增加，而且多数员工对本公司抱有一定的信心，认为自身公司能承担相应的成本增加额。

表3　员工对成本上升所包含具体体现的认知

Tab. 3　Employees' Cognition of the Results Caused by the Rising Costs

公司成本上升体现	员工认知程度
新的认证费用	45%
人才引进和培训	30%
了解贸易规则	25%

(三)对“林产品绿色政府采购”政策积极影响的认知

“林产品绿色政府采购”政策必然会给社会各方带来一定的积极影响。通过了解员工对政策积极影响的认知，可以获知员工对政策的预期。以此来修改政策内容，更好地为各利益主体服务。员工对政策给企业带来利益的认知调查结果如表4所示，69.52%的员工认为政策的实施能帮助“树立企业形象”，24.76%的员工则认为能使企业“获得政府采购优先权”。反映出大多数员工更看重政策给公司所带来的隐形福利和潜在影响，但是这种认知也是基于一般的感性认识。

表4 员工对政策给企业带来利益的认知

Tab. 4 Employees' Cognition of the Benefits Produced by the Policy

企业受益体现	员工认知程度
树立企业形象	69.52%
获得政府采购优先权	24.76%
密切政企关系	1.90%
高价产品带来高收益	3.81%
其他	0.95%

关于政策在遏制木材非法采伐和贸易作用，40%的员工相信政策能够抑制木材非法采伐和贸易，但同时还有38.1%的员工认为效果一般，20%的员工认为无所谓(表5)。这表明大多数员工对于政策在抑制木材非法采伐和贸易方面的效果持有怀疑态度，许多员工表示，国内木材采伐法律法规非常完善，执法也比较严格，非法采伐程度比较低；对于国外非法采伐问题，并没有权威数据表明其严重性，也没有明显证据表明木材贸易是加剧木材非法采伐的诱因。

表5 员工对政策在遏制木材非法采伐和贸易作用方面的认知

Tab. 5 Employees' Cognition of the Effect Exerted by the Policy on the Banning of Illegal Logging and Timber Trade

遏制木材非法采伐和贸易	员工认知程度
很大	40%
一般	38.10%
无所谓	20%
有一点作用	0.95%
根本不起作用	0.95%

(四)对“林产品绿色政府采购”政策具体实施的认知

“林产品绿色政府采购”政策的实施需要一定的具体时机、组织形式和推广方式。只有充分了解员工对政策具体实施的认知，才能获悉员工乐意接受的实施方式，更好地发挥政策作用。员工对公司准备程度的认知情况如表6所示，只有18%的员工认为本公司已经完全可以应对政策的出台，60%的员工认为本公司的准备情况一般，仍需一定的准备时间。从员工对政策实施时机的认知结果表也可以看出：36.19%的员工对于政策实施的时机持有观望态度，无明确看法。27.62%的员工认为该政策应在5年后实施。这表明该政策在现阶段不可轻易贸然实施，仍需一定的准备期，给企业和员工一定的缓冲和过渡时间，从而更好地顺应政策变化。

表6 员工对公司准备程度及政策实施时机的认知

Tab. 6 Employees' Cognition of the Companies Readiness and the Timing of Policy Implementation

公司准备程度	员工认知程度	政策实施时机	员工认知程度
完全准备好了	18.10%	现在	17.14%
准备一般	60.00%	五年内	27.62%
完全没有准备	21.90%	五到十年	19.05%
		很难说	36.19%

对于政策实施方式，调查结果显示，56%的员工更乐意渐进式的实施方式，43%的员工支持通过修改法规的方式实施该政策，这一结果也反映出多数员工更乐意在政策出台前有一个过渡期可以适应政策变化。同时，42.86%的员工支持以“立法”的方式组织政策的实施，28.57%的员工支持以“供应商自愿”的方式组织政策的实施，23.81%的员工支持以“行业推动”的方式式组织政策的实施(表7)。

这表明：多数员工相信法律的效力，更为认可法律这一组织方式。部分员工对供应商抱有一定的信心，相信供应商能自愿推动政策的实施。少数员工认为所处行业可以组织政策实施，表明员工对行业协会在推动政策实施方面的信心并不大。

表7　员工对政策实施方式及政策实施组织方式的认知

Tab. 7　Employees' Cognition of the Way of the Policy Implementation and the Way of Organization

政策实施方式	员工认知程度	政策实施组织方式	员工认知程度
渐进式	56. 19%	立法体现	42. 86%
修改法规	42. 86%	供应商自愿	28. 57%
其他	0. 95%	行业推动	23. 81%
		其他	2. 86%

三、结论及建议

（一）企业对林产品绿色政府采购政策认知处于较低水平

林业企业员工作为林业企业的主体，应明确所处行业的最新动态，特别国外森林问题趋势。但是半数以上的员工都未曾听说过"林产品绿色政府采购"，反应了中国林业企业普遍总体专注于国内贸易，较少涉及国际贸易的现状。也说明了中国林业产业水平还处于低层次加工层面，对于销售、流通、贸易等高附加值环节无法融入的窘境。

对林产品绿色政府采购政策有所认知的主要表现为一些超大型企业、上市公司，且从事木材及木制品进出口，但为数较少。这些企业领导认为西方实施林产品绿色政策采购政策，并且以森林认证作为合法的、可持续的标准，自身企业要做的就是努力进行森林认证，以满足西方进口商要求，不丢失市场。西方政策是新型贸易壁垒，影响了中国林业企业出口贸易。但是如何进行森林认证，森林认证的价值以及对企业的影响，这些企业难以有深入认识。

（二）企业对林产品绿色政府采购政策的实施应对能力差

许多林业企业人员能力、机构设置、专业知识，对国际森林问题的认识，对森林认证的识等目前还达不到应对政策实施的能力，"自身公司接受政策准备程度"比较低，多数员工对政策实施的时机表示迷茫。如果我国借鉴西方做法，实施林产品绿色政府采购政策，对林业企业的冲击较大。虽然对未来都有很多期待，认为政策实施将带来环境友好，森林可持续经营，林产品供给得到保障，但是这些愿景只是宣传上的口号，企业最终还要赢利，还要发展，政策的实施如果让企业无法应对，陷入威机和困境，甚至破产倒闭，林业产业的发展也就成了无根之木。

一般产品在绿色政策采购中强调"节能"、"减排"，更多直面个体消费，但是林产品不一样，和更广泛的环境议题结合在一起，宣传"未来全人类的森林可持续"，但是许多国家经济发展水平、消费意识、环境保护、森林资源不同，在"全人类"和"个体国家"面临选择。政府采购使用的是财政性资金，必须服务服从于本国产业发展的安全和未来发展需要。木材消耗的三大领域——建筑业、造纸和家具均已被列入我国的政府采购目录中，但核心还是强调"环保"要求，"可持续"要求的提出和实施任重道远，因为一个基本现实是，我国木材缺口随国民经济发展越来越大，进口木材及其制品有增无减。林产品绿色采购政策已在部分发达国家进行了推广实施，但是我国目前尚未具备成熟的产业环境、人员环境，对政策实施还需要做更加细致和完备的研究工作。

近些年来，我国林业产业发展迅速，进出口额占同类产品世界贸易总额的巨大，已跃升为世界林产品生产和贸易大国。在全球环境问题日益严峻的情况下，森林及相关产品已经成为战略性资源，地位日渐显著。资源禀赋使我国林产品供需存在巨大不平衡，一方面我国对进口木材依赖性很强，同时又在积极寻求扩大出口。许多资源性国家对林木出口管控日益加强，而欧美市场门槛不断提高，我国林业企业面临较大的压力。特别是，在欧盟市场内，认证政策正在左右一些主流的林产品市场，森林可持续经营的要求已经提到前所未有的高度，森林认证已经成为进入欧美木材市场的通行证。西方林产品绿色政府采购政策的实施大大提升了中国出口林业企业的成本。目前我国林业企业、企业员工对林产品绿色政府采购、森林认证的认知能力处于较低水平，暂必影响未来中国林业企业的发展。因此，急迫需要提高中国企业对外部特别是国外林产品市场的敏感性，加强忧患意识。政府部门、林业主管部门切实做好服务工作，及时反馈国外林业及林业政策最新动态，以国家的力量保护本国企业利益。作为企业，特别是进出口企业，应加强学习，详细了解各国政策细节，采取合理措施，规避风险。

参考文献

[1]国家林业局森林资源管理司．第七次全国森林资源清查及森林资源状况[J]．林业资源管理，2010(1)：1～7.

[2]杜文婧．我国木质林产品出口商品结构研究[D]．北京：北京林业大学，2013.

[3]李小勇，侯方淼，温亚利，陈晓倩．发达国家林产品绿色政府采购政策兴起及发展趋势分析[J]．林业经济，2008，(8)：78～80

[4]李小勇，陈晓倩，侯方淼．林产品绿色政府采购政策评析[J]．北京林业大学学报(社会科学版)，2009，(4)：134～139.

[5]李小勇，陈晓倩，侯方淼，曾晓晔．林产品绿色政府采购内涵及衡量标准分析[J]．资源开发与市场，2010，26(6)：539～544.

[6]李小勇，温亚利，陈晓倩等．林产品绿色政府采购的理论机理和影响分析[J]．资源开发与市场，2012，28(10)：921～926.

[7]李小勇．我国实施林产品绿色政府采购政策的成本效益分析[J]．绿色经济与林业发展论坛——第六届中国林业技术经济理论与实践论坛论文集，2012.

[8]管志杰，沈杰．林产品绿色采购下政府政策的博弈分析[J]．林业经济问题，2010(3)：235～240.

[9]朱庆华，凤权．影响绿色政府采购制约因素的实证分析[J]．科技与管理，2011，13(2)：25～31.

[10]朱庆华．基于资源基础观的政府法规推动企业绿色采购实现机理研究[J]．运作与管理，2012，24(10)：143～149.

[11]国家林业局．中国林业统计年鉴．2012[M]．北京：中国林业出版社，2013.

[12]山东政采：十年磨一剑 铸就辉煌[EB/OL]．[2009-4-23] http://www.ccgp.gov.cn/specialtopic/shandonggp/868076.shtm

[13]2013年山东省政府采购工作成绩显著[EB/OL]．[2014-1-24]．http://www.sdcz.gov.cn/modules/sdczww/resource/article/2014/01/24/1184.html

Analysis of the Influence of Detrimental Interference Factors on the Provincial Forest Ecological Security in China

LiuXinzhu, Zhang Dahong, Mi Feng
(School of Economics and Management, Beijing Forestry University, Beijing, 100083)

Abstract: In recent years, with the ceaseless development of economy and society, the forest ecological ecosystem is affected by increasingly more detrimental interferences. With the foundation of concept analysis in forest ecosystem security and health and perspective in detrimental disturbances, macro data and software are applied, theoretical and empirical analysis, qualitative and quantitative analysis are combined together respectively. Through principal component analysis, cluster analysis, indistinct assessment methods and so forth, this thesis accomplished empirical analysis and evaluation of forest ecological security standard of China's 31 provincial - level administrative regions in 2011. The appraisal outcome shows that among the 31 provinces involved in this study, 16 provincial - level administrative regions stay in higher forest ecological security standard and less detrimental interferences to their forest ecological system, therefore the overall level is optimistic, however, nearly half of all the provinces' forest ecological systems are still not safe. Under the thorough probe into the evaluation results and main disturbing factor of forest ecolgical security in China, this study puts forward several countermeasures and proposals on how to maintain the forest ecological security in china.

Keywords: Key Words: forest ecological security; detrimental interferences; analysis and appraisal, index system

有害干扰因子对中国省域森林生态安全影响分析

刘心竹　张大红　米锋
(北京林业大学经济管理学院，北京，100083)

摘要：近年，随着经济社会不断发展，森林生态系统受到有害干扰越来越多，在以“可持续发展”为目标和“建设生态城市、推进城市森林建设，保障城市生态安全”的背景下，研究中国各省森林生态安全状况，成为关乎中国各省城市健康发展的重要课题。本文在对森林生态安全与森林健康概念辨析的基础上，从有害干扰角度，运用宏观数据，应用SPSS、Stata、Matlab等软件，采用理论分析与实证分析、定性分析与定量分析相结合的研究方法。通过主成分分析、聚类分析、模糊评价等手段对2011年中国31个省级行政区域的森林生态安全水平进行实证分析和评价。结果表明：2011年，在31个省份中，16个省级行政区域的森林生态安全水平较高，森林生态系统受有害干扰较小，整体水平较为乐观，但仍有近一半的省份森林生态系统处于不安全状态。在深入探讨评价结果和影响中国各省森林生态安全主要干扰因子的基础上，本研究为如何维护中国森林生态安全提出了对策建议。

关键词：森林生态安全；有害干扰；分析评价；指标体系

基金项目：北京市园林绿化局科技项目“北京市森林生态建设政策评价研究”

第一作者：刘心竹，女，在读硕士。主要研究方向：林业经济管理。电话：15210898516。E-mail：xinzhulele@qq.com。地址：北京市海淀区清华东路35号北京林业大学，100083。

通讯作者：米锋，女，博士，北京林业大学经济管理学院副教授、硕士生导师。研究方向：林业技术经济与城市林业。Email：mifengsun@163.com，通讯地址：北京林业大学经济管理学院，邮编：100083。

1 Introduction

Conducting as the largest ecosystem on earth, Forest plays an essential and irreplaceable role in the maintenance of ecological safety. Along with the rapid economic growth, forest conditions and ecological environment issues in China is increasingly prominent recently, forest ecological system are exposed to more and more diversified detrimental interferences. The emerging of these problems caused high attention of government, forest ecological security issue has become emphases in research task to tackle as well[1].

Yetmajority of the scholars annotated the connotation from either broad sense or narrow sense, while the broad sense of forest ecological security including forest ecosystem construction, development, production, maintenance and management, namely maintains the composite artificial ecological security system which comprised of natural, economic and social ecology in a state with no threaten[2]; narrow sense refers to the security of forest ecosystem itself under the presupposition of coordinated development with other correlated ecosystems[3]. Integrated and unified comprehension in the definition of forest ecological security has not yet came into being, accordingly some scholars equal forest ecological safety with forest ecosystem health. Hong Wei, Yan Shujun etc. held the viewpoint that forest ecosystem's health and integrity is the entire content of forest ecological security[4], Deng Jianfeng, Zhan Guoqiang, etc. also referred forest ecological security as the integrity of forest ecosystem and the overall level of health, insisting this to be the principal part and foundation of regional ecological security, the essential prerequisite for social, economic, environment sustainable development, the specific characterization of harmony between human and nature[5]. Besides, other scholars like Niu Limin, Shen Wenxing defined forest ecological security from a side face, and believed safety of forest resources is the fundamental requirement to ensure forest ecological security[6].

The definition of forest ecosystem health is more mature compared with the vague definition of forest ecological security, which indicates that forest ecosystem maintains its diversity andstability and continue to meet the state of human's natural, social and economic needs on forest at the same time, this is an essential means to achieve harmony between human and nature[7].

The concept of forest ecological security and forest ecosystem health are identical in essence, both serve as major foundation to realize sustainable development of forest ecosystem[8]. Nevertheless, the air exists bigger distinction for forest health considers more from forest's perspective, focusing on forest growth, reproduction and the capability to resist external interferences; yet forest ecological security not only pays close attention to health development of forest, but also needs to think over the relationship of forest ecosystem and its surroundings in the meanwhile[9]. Specifically, the notion of forest ecological security contains forest ecosystem health, or forest ecological security's connotation is the extension of forest ecosystem health. Therefore, this study argues that forest ecological security refers to forest itself can provide available ecological, social and economic functions, meanwhile being capable of achieving self-adjustment and self-repair under the external disturbances, maintaining the state of sustainability, complexity, rehabilitation, service of forest ecosystem.

Most natural and humaninterference leads to the destruction of the forest's normal structure, degradation of forest ecosystem balance and ecological function, these are the harmful interference. Forest harmful interferences have significant impact on forest ecosystem security, through spatial correlation analysis, Xiao Fengjin obtained the conclusion that forest ecosystem security index's correlation coefficient with forest net primary productivity was 0.64, the correlation coefficient with forest species diversity index was 0.76, the correlation coefficient with forest ecosystem's restoring capacity was 0.81[10], that is to say, China's forest ecosystem safety was affected mostly by diseases and insect pests, acid rain, forest fires coercing factors etc..

The current research on forest ecological security problem is still in its initial stage both at home and abroad, hence mature theoretic systems and appraisal methods are absence, besides, majority of scholars put research emphasis on assessment of regional forest ecological safety, nationwide study on forest ecological security estimation is not publicly reported, and study from harmful interferences perspective is still in blank stage[11].

On the basis of differentiating andanalysing concepts of ecological security, ecological security of forest and forest health, along with perspective from detrimental interferences that have biggest threat to forest ecosystem, this thesis probed the establishment of evaluation index system of forest ecological safety of China, in addition, a comprehension of principal components analysis and fuzzy mathematics method was utilized to estimate the provincial forest ecological safety status from all directions in China[12]. The research outcome is conducive to replenish and enrich the research theory of forest ecological security assessment in China, providing support for the formation of China's forest ecological security theory and method system, making overall understanding, grasping and promptly tracking of China's forest ecological security state become possible, simultaneously offering scientific basis for forestry strategic layout, forestry management and ecological management in China.

2 Methods and Materials

Based on the study ofinterrelated literature, the evaluation index of forest ecosystem health are unilateral currently, index structure is not integrated and refined enough, accordingly not practical for responding the overall level of forest ecosystem health comprehensively and objectively; while the index system of forest ecological security evaluation is excessively unitary, and the traditional PSR model restricts the innovation perspective of index construction, consequently make it troublesome to form a scientific and rational appraisal index system.

This study gives full consideration to the connotation of forest health, synthesizing two set of evaluation index system of forest ecological safety and forest ecosystem health, taking into account the comprehensive security of forest and its ecological environment, particularly considering forest harmful interferences as important influence factor to forest ecosystem health, so as to establish a series of relatively complete, comprehensive, objective forest ecological security assessment index in view ofdetrimental interferences based upon strong maneuverability.

The determination of index weight is essential process of forest ecological security evaluation. Weight is used to denote variables or factors' comparatively significant degree for the upper grade[13]. This study used principal component analysis to determine the index weight, considering forest disturbance intensity of each harmful interference factors, from the perspective of detrimental interferences, selecting five harmful interference factors as second rank index in this system, after screening by principal component analysis, ultimately conforming 16 specific third rank indicators, those constituted the overall evaluation index system in view of detrimental interferences[14]. All those indexes are negative performing indexes, reflecting the coercing intensity of detrimental interference in China's provincial forest ecosystem from forest ecosystem's current situation, the forest ecosystem security level is increasingly lower as forest harmful interference coercing intensity is continuously higher, the specific index system and weight calculation results are shown in table 1.

Table 1　Index system of forest ecological security assessment in view of detrimental interferences

表1　基于有害干扰的森林生态安全评价指标体系

First - rank Index A	Second-rank Index B	Third-rank Index C	Index Definition	Unit	Index Weight
detrimental interferences (A1)	Forest fire interference B1	C1	Forest fire disaster rate	%	0.1159
		C2	Forest fire frequency	times	0.1039
		C3	Forest stock volume loss in fire	m^3	0.0732
		C4	Loss of infant trees in forest fire	10^4	0.0548
	detrimental biological interference B2	C5	Forest disease hazard	%	0.1455
		C6	Forest pest hazard	%	0.1725
		C7	Forest rat hazard	%	0.0480
		C8	Forestdisease, pest and rat hazard rate	%	0.1734
	man - made detrimental interference B3	C9	Population density	per/hm^2	0.0983
		C10	Human disturbance index	%	0.1087
	environment pollution interferenceB4	C11	Annual daily average value ofrespirable particles	mg/m^3	0.1197
		C12	Annual daily average valueof sulfur dioxide	mg/m^3	0.0926
		C13	Sewage emission quantity	10^4t	0.1266
	meteorological disaster interference B5	C14	Drought affected rate	%	0.1479
		C15	Wind and hail affected rate	%	0.0993
		C16	Freezing and snow affected rate	%	0.0227

2.1　Data collection

The data chiefly come from academic papers, statistical yearbook, statistical websites and so forth. Statistical yearbook principally include: "China Statistical Yearbook (2011)" and "China Forestry Statistical Yearbook (2011)" etc.. Statistics websites include: National Bureau of Statistics, China Statistics database of social and economic development etc..

2.2 Data procession

Before the calculation and analysis of data, descriptive statistics, correlation analysis and standardization of original data were conducted. Description results showed all those needed data were valid, statistical index did not comprise abnormal figures, thus can be used for data analysis and empirical study subsequently; correlation analysis results indicated that index correlation coefficient is low after filtering by principal component analysis, namely those selected principal components index can include majority information, this increase the reliability and authenticity of the calculation soon afterwards; the dimensionless principle of processing original data is the following:

$$y_{ij} = \frac{x_i - x_{\min}}{x_{\max} - x_{\min}} \quad (1)$$

Among them, y_{ij} represents index conversion values for index i and province j; x_i is provinces' numerical values for index i; x_{min} represents the minimum; x_{max} indicates the maximum number among provinces for index i. Through standardized dimensionless treatment to original data by using SPSS18.0 software's zscore method, potential problems in subsequent data analysis have been reduced, meanwhile enhance the scientific quality and accuracy of this study.

Calculation of comprehensive evaluation of forest ecological security index according to weight and dimensionless standard index value:

$$U_j = \sum_{i=1}^{16} w_i y_{ij} \quad (2)$$

Among them, U_j represents forest ecological security evaluation index; y_{ij} indicates dimensionless index; w_i shows corresponding index weight..

3 Results

Weight of second level index values were calculated and shown in table 2. This table indicates that detrimental biological interference accounts the largest weight, reaching more than 0.5; weight of forest fire disturbance index ranks second; environmental pollution interference, meteorological disaster disturbance index weight in third and fourth respectively, man - made harmful interference index weights the minimum. The calculated results indicated the maximum menace to forest ecological security is detrimental creatures and forest fires, while environmental pollution also has relatively serious threat to forest ecological safety, with identical with forest fire. Man-made harmful interference affects relatively small to forest ecosystems security.

Table 2 Calculation results of second level index weight

表2 二级指标权重计算结果

Index	Forest fire interference	detrimental biological interference	man-made detrimental interference	environment pollution interference	meteorological disaster interference
Weight	0.34781	0.53935	0.20699	0.33887	0.26991

According to determination of index weight through the principal component analysis, index weight of each interference layeris sorted afterwards, obtaining the sorting results shown in table 3. Overall arranging of the sequencing outcomes, C8 forest disease, pest and rat hazard rate is the maximum threat factor to forest ecosystem security. In view of the ranking results, main effecting indicators of each layer can be obtained: fire interference layer, C1 forest fire affected rate is the chief disturbance factor; pest interference layer, C8 forest disease, pest and rat hazard rate is the main disturbance element; the crucial disturbance factor of man-made detrimental interference layer is C14 per capita GDP; C19 total discharge of sewage is essential element of environment pollution interference layer; C20 drought affected rate is the vital factor of meteorological affected layer.

On account of the above conclusions and combined with the analysis below, these will lay the theoretical foundation for study of following countermeasures.

Table 3　Weight sequence of influence factor in each layer

表3　各层影响因子的权重排序

Rank of index weight in each layer	index	direct	single weight index value	Overall results of index weight sequence
Results of forest fire layer:				
1	C1 forest fire disaster rate	(-)	0. 1159	7
2	C2 forest fire frequency	(-)	0. 1039	9
3	C3 Forest stock volume loss in fire	(-)	0. 0732	13
4	C4 Loss of infant trees in forest fire	(-)	0. 0548	14
Results of detrimental biological interference layer:				
1	C8 Forest disease, pest and rat hazard rate	(-)	0. 1734	1
2	C6 Forest pest hazard	(-)	0. 1725	2
3	C5 Forest disease hazard	(-)	0. 1455	4
4	C7 Forest rat hazard	(-)	0. 0480	15
Results of man-made detrimental interference layer:				
1	C10 Human disturbance index	(-)	0. 1087	8
2	C9 Population density	(-)	0. 0983	11
Results of environment pollution interference layer:				
1	C13 Sewage emission quantity	(-)	0. 1266	5
2	C11 Annual daily average value ofrespirable particles	(-)	0. 1197	6
3	C12 Annual daily average value of sulfur dioxide	(-)	0. 0926	12
Results of meteorological disaster interference layer:				
1	C14 Drought affected rate	(-)	0. 1479	3
2	C15 Wind and hail affected rate	(-)	0. 0993	10
3	C16 Freezing and snow affected rate	(-)	0. 0227	16

3.1　Analysis of comprehensive interference index

The above two section in this paper chiefly introduced the establishment and weight calculation of forest ecological security assessment index in view of detrimental disturbance, next we will calculate comprehensive interference index of 31 provinces, autonomous regions and municipalities directly under central government with assistance of relevant theory like fuzzy mathematics, analytic hierarchy process and fuzzy comprehensive evaluation, besides making an empirical analysis of comprehensive interference score in each area.

Calculating the overall and solitary monomial matrix of evaluation system by using Matlab software, the calculation results are revealed in table 4.

Table 4 The Interference Index Calculation Results

表4 各项干扰指数计算结果

Provinces and municipalities	Comprehensive interference index	Forest fire interference index	detrimental biological interference index	man - made detrimental interference index	environment pollution interference index	meteorological disaster interference index
Beijing	-0.040	-0.192	-0.117	0.342	0.009	-0.080
Tianjin	1.656	-0.157	1.746	0.364	-0.079	-0.217
Hebei	0.541	-0.102	0.264	-0.041	0.167	0.253
Shanxi	0.664	0.632	-0.108	-0.076	0.037	0.179
Inner Mongolia	-0.550	-0.150	-0.235	0.052	-0.079	-0.138
Liaoning	0.285	-0.155	0.434	0.045	0.157	-0.195
Jilin	-0.690	-0.158	-0.306	-0.045	-0.143	-0.039
Heilongjiang	-0.549	-0.173	-0.349	-0.088	0.011	0.050
Shanghai	0.180	-0.195	0.018	0.731	-0.120	-0.254
Jiangsu	0.625	-0.149	-0.083	0.179	0.279	0.399
Zhejiang	-0.086	0.246	-0.398	0.129	0.160	-0.222
Anhui	0.264	-0.040	0.158	-0.079	0.046	0.179
Fujian	0.205	0.973	-0.350	0.027	-0.218	-0.227
Jiangxi	-0.371	-0.034	-0.247	-0.101	0.072	-0.062
Shandong	1.558	-0.044	0.891	0.070	0.303	0.337
Henan	1.159	0.206	0.482	-0.044	0.257	0.258
Hubei	0.321	0.098	-0.146	-0.049	0.107	0.311
Hunan	0.264	0.463	-0.266	-0.075	0.008	0.135
Guangdong	-0.122	0.054	-0.277	0.084	0.227	-0.210
Guangxi	-0.671	0.051	-0.320	-0.117	-0.170	-0.115
Hainan	-1.464	-0.149	-0.452	-0.088	-0.589	-0.185
Chongqing	-0.057	-0.061	0.013	-0.043	-0.056	0.091
Sichuan	-0.416	0.011	-0.221	-0.116	0.048	-0.139
Guizhou	0.101	0.112	-0.210	-0.168	-0.110	0.477
Yunnan	-0.788	-0.072	-0.365	-0.163	-0.205	0.017
Tibet	-1.583	-0.193	-0.349	-0.174	-0.611	-0.256
Shanxi	-0.378	-0.115	-0.239	-0.068	0.096	-0.052
Gansu	-0.284	-0.187	-0.093	-0.167	0.196	-0.032
Qinghai	-0.641	-0.182	-0.074	-0.118	-0.043	-0.225
Ningxia	0.753	-0.187	0.941	-0.085	-0.114	0.198
Xinjiang	0.123	-0.152	0.261	-0.113	0.361	-0.235

Note: results data in the table are standardized, unit: 100%.

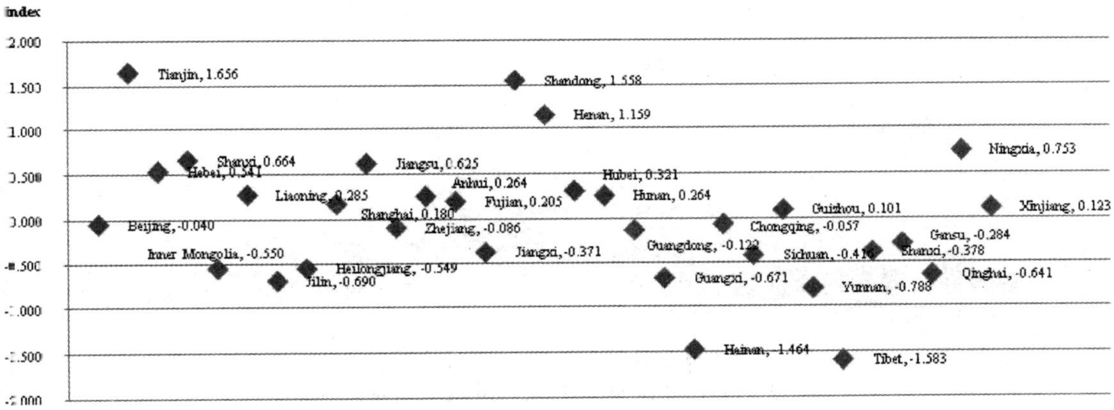

Fig. 1　Comprehensive interference index scatter diagram

图1　综合干扰指数散点图

Standardized comprehensive interference index calculation results are displayed in Figure 1, average interference level of national forest ecological safety is assumed as based on the normal distribution theory, hence a positive value indicates higher than national average detrimentalinterference, and the greater absolute value means more serious of harmful disturbance, as well as lower forest security grade; on the contrary, a negative value indicates lower than the national average harmful disturbance, and the greater absolute value reports the lower degree of harmful interference, this leads to the higher safety degree of forest ecosystem (subsequent individual interference index evaluation principle are identical with this). 16 out of 31 provinces' comprehensive interference indexes are less than 0 the other 15 provinces interference index are more than 0. Figure 1 tells us that forest ecological security level in Tianjin, Shandong, Henan provinces is relatively low compared with other provinces, each has a comprehensive interference index above 1, revealing the seriously threatened forest ecosystems there. Tibet has the minimum grade of harmful interference, Hainan followed as the second, both provinces have comprehensive interference index which are less than −1, consequently ecological security level there are high. Apart from these, the comprehensive disturbance index in rest provinces are between (−1, 1) with no abnormal transform, so forest ecological security floating in the medium grade. China's forest ecosystem stays in a relatively safe status on the whole.

3.2　Analysis of each individual disturbance factor

Applying the principle of comprehensive interference index analysis, and then detailed analysis of individual interference indicator will be adopted in order to get the chief interference factor which has greater influence on forest ecological security, in addition make further explanations for the assessment of comprehensive interference index outcomes.

We can see from figure2, the fire disturbance index in Fujian province is the maximum which approach to 1; Shanxi province follows; Hunan ranks the third. Except for this, forest fire disturbance indicators in Zhejiang, Henan, Guizhou provinces seem relatively high which exceed 0.1. Forest fire disturbance index in the remainder provinces were below 0.1 and comparatively concentrated in the medium level. Northeast originally had high forest fire frequency, nevertheless its forest fire disturbance index in 2011 is comparatively low, Heilongjiang Liaoning and Jilin each has a negative forest fire disturbance index.

Observing the statistical results in Figure 3, Tianjin, Ningxia and Shandong provinces' harmful biological disturbance indicators are higher in the country, including a new force Tianjinsuddenly rises, with biological disturbance index up to 1.746. Apart from the above three higher pest interference indicators, harmful biological disturbance index in other provinces are between −0.5 to +0.5 and distributed concentratedly, which leads to higher similarity of

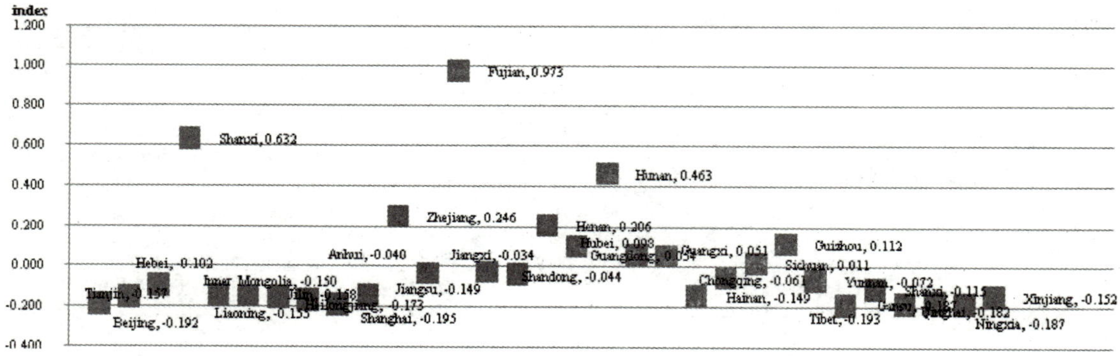

Fig. 2 Forest fire disturbance index scatter diagram

图2 森林火灾干扰指数散点图

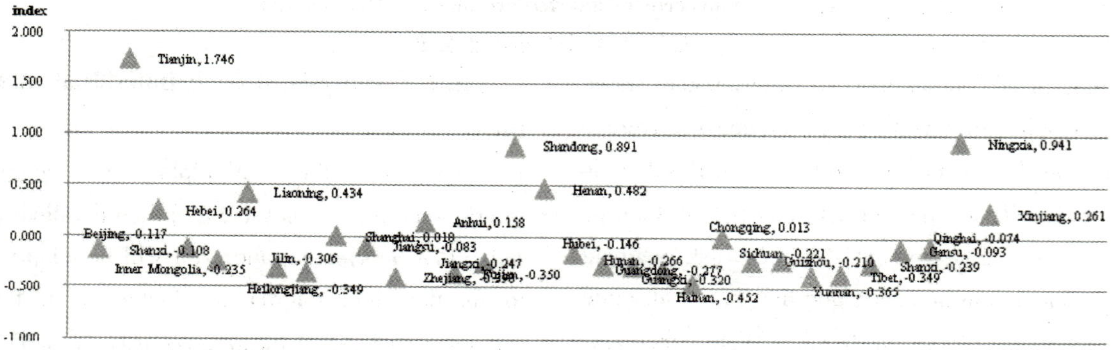

Fig. 3 Detrimental biological interference index scatter diagram

图3 有害生物干扰指数散点图

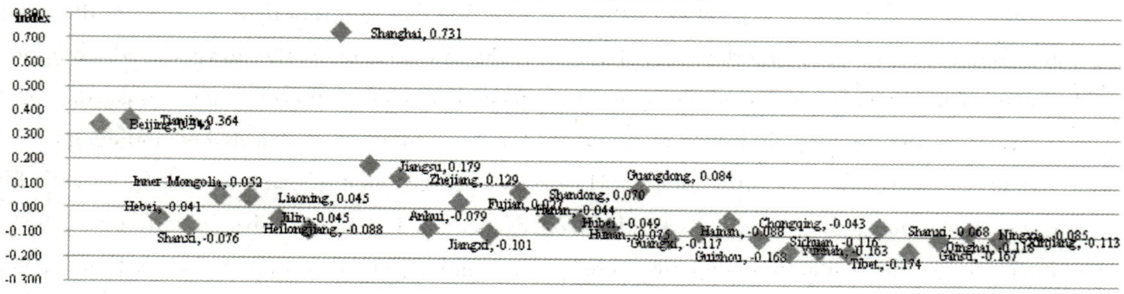

Fig. 4 Man-made harmful interference index scatter diagram

图4 人为有害干扰指数散点图

harmful biological disturbance degree.

Figure 4 indicates man-made harmful interference index of three municipalities Shanghai, Tianjin, Beijing ranks the top; coastal city like Jiangsu, Zhejiang, Shandong, Guangdong etc. also have comparatively higher human detrimental interference index. western inland areas appear to have lower man-made harmful interference indicators compared to the eastern coastal cities, such as Tibet, Guizhou, Gansu and so forth.

Comparing figure 4 and figure 5, it is not a straitened circumstance to catch the sight that environment interference index distribution and harmful interference with exponential distribution is approximately identical, manifesting a disturbance index characteristic that was higher ineastern coastal area on the whole and relatively lower in western inland region on the whole. The environmental pollution interference index of Xinjiang autonomous region is highest among 31 inland provinces.

From figure 6 we can notice that meteorolcgical affected indexes ofGuizhou and Jiangsu provinces are maximum. Besides, interference index of Shandong,

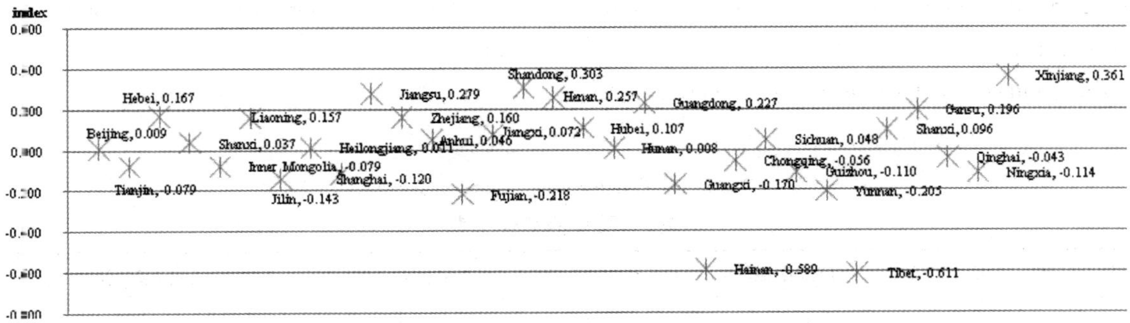

Fig. 5 Environmental pollution interference index scatter diagram

图5 环境污染干扰指数散点图

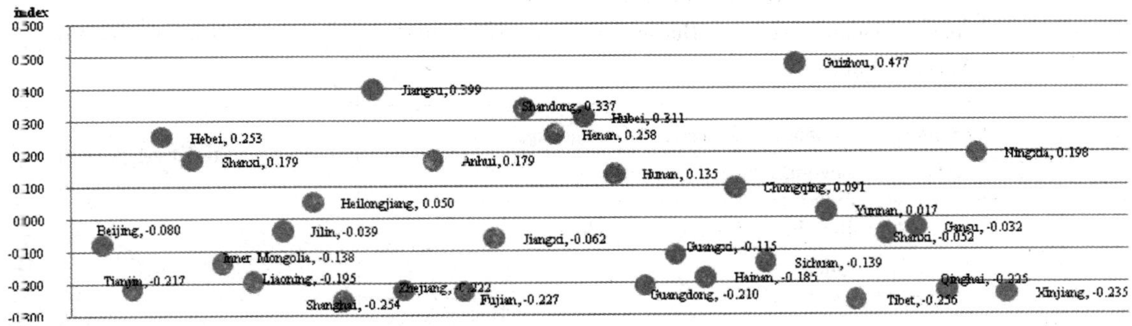

Fig. 6 Meteorological disaster interference index scatter diagram

图6 气象灾害干扰指数散点图

Hube, Hebei, Henan etc. are also higher at a level of more than 0.2. In contrast, meteorological disaster interference index in Shanghai, Guangdong and Tibet are relatively low.

3.3 Clustering Analysis

Through the SPSS13.0 software, comprehensive interference indicators of China's 31 provincial-level administrative region (municipalities) in 2011 are clustered. For better comparison of comprehensive interference indexes in the 31 provincial administrative regions, they are classified into six categories for discussion. Details in table 5.

Clustering process diagram and clustering result map denotes, Tianjin, Shandong provinces were classified as individual category in first or second step, calculation indicates the average comprehensive interference index is 1.6071, which ismaximum among six categories, accordingly, forest ecological security grade of Tianjin and Shandong are minimum, which becomes representative of insecure forest ecosystem in China.

In this cluster analysis, Henan was separately classified as a class, with interference index of 1.1586, which is only secondary to the above. Hence forest ecosystem security level of Henan Province is relatively backward ranking in the nationwide, belonging to unsafe grades.

Provinces likeHebei, Shanxi, Liaoning, Shanghai, Jiangsu, Anhui, Fujian, Hubei, Hunan, Guizhou, Ningxia, Xinjiang belong to the third classification, within a less secure level and a comprehensive interference index mean value 0.3603.

Beijing, Zhejiang, Jiangxi, Guangdong, Sichuan, Chongqing, Shanxi, Gansu these eight provinces belong to the fourth class, with comprehensive interference index −0.2192, which is lower than the national average, subsequently disturbance of forest ecosystem is relatively small and safe.

The fifth category includes Inner Mongolia, Jilin, Heilongjiang, Guangxi, Yunnan, Qinghai provinces, witha average value −0.6482, the forest ecological system security degree is much more higher.

Hainan, Tibetare classified into the sixth category, comprehensive interference index in these two provinces were －1.5235, this lowest index represents maximum security nationwide.

All in all, cluster analysis results are identical with comprehensive disturbance index descriptive analysis results.

Table 5 Clustering evaluation form

表5 聚类分析评价表

Classification	Provinces and cities	Mean	Security level
The first category	Tianjin, Shandong	1.6071	Extremely insecurity
The second category	Henan	1.1586	insecurity
The third category	Hebei, Shanxi, Liaoning, Shanghai, Jiangsu, Anhui, Fujian, Hubei, Hunan, Guizhou, Ningxia, Xinjiang	0.3603	relatively insecurity
The fourth category	Beijing, Zhejiang, Jiangxi, Guangdong, Sichuan, Chongqing, Shanxi, Gansu	－0.2192	Relatively security
The fifth category	Inner Mongolia, Jilin, Heilongjiang, Guangxi, Yunnan, Qinghai	－0.6482	security
The sixth category	Hainan, Tibet	－1.5235	Extremely security

4 Discussion

In the fourth part, the author would study further about the results and cause. The details are as following.

4.1 Main Influencing Factors

Among the 5 second-grade indexes, detrimental biological interference index who has the largest weight is the most harmful interference factor of forest ecological security; forest fire interference index ranks the second; environmental pollution interference and meteorological disaster interference are in third and fourth respectively, man-made detrimental interference index accounts the minimum.

Forest detrimental biological interference has the largest weight, the Forest Pests and Diseases Forecast Center of theState Forestry Administration issued a trend of forest detrimental biology occurrence, which indicates that in 2011, forestry detrimental biology area are expected at 190 million acres, including 180 million acute acres. Occurrence area rising and harm degree aggravating, so the threat of forest pest to ecosystem security becomes more serious. How to regulate detrimental biological interference more scientifically and reasonablely is still the key project of national ecological security.

As to the forest fire disturbance, from January 1 to May 23, 2011, precipitation in middlereaches of the Yangtze River area decreased 50% compared to the same period of previous years, also was the minimum ever since 1954 (refer to website 16). Continuously decreased precipitation lead anomaly low water level of rivers, lakes and reservoir, drought is prominent in Jiangxi, Hubei and Hunan, this caused serious impact on agricultural production and drinking water for human and livestock. Persistent and widespread drought also let forest fire threats become greater. Only in 2011 January, the frequency of forest fire occurrence in China rised by 50% approximately, damaged forest area increased more than 33%, forest fire interference on forest ecosystem becomes rather serious.

Environmental pollution threat to forest ecological security is relatively serious too, which is basically the same as forest fire threat, according to the statistics of theMinistry of Environmental Protection, compared with 2010, emissions of chemical demanding oxygen decreased by 2.04%, ammonia nitrogen emissions fell by 1.55%, SO2 emissions fell by 2.20%, nitrogen oxides emissions rised 5.74% due to incremental, most emission reduction stayed in construction stage, small completion of projects and benefit had not yet appeared in 2011, how to solve the threat brought by environmental pollution during development is still a problem faced.

Characteristics of weather disasters in 2011 show as extensive drought affected area, heavy rainfall in the lower reaches of Yangtze River, heavy rains in city, significant fall flooding in Central West and HuangHuai area, weaker landing typhoon, obvious higher temperature in southern area, heavier impact of local convective weather etc.. Overall losses caused by meteorology and the secondary disasters were slightly lighter in 2011 than recent years, meteorological disaster interference on forest ecosystem is lighter on the whole. Flood and typhoon disasters in 2011 is obviously lighter than recent years over the same period, on the contrary, drought is more grievous. This also increase the probability of forest fire occurrence indirectly, posing a threat to forest ecosystem security.

Man-made detrimental interference on forest ecosystem security degree is relatively small. In recent years, with the development of economic society, especially effective in ecological construction and citizen education in environmental protection consciousness; under the background of national emphasis on human activities and citizen awareness value standard, harmful interference to forest ecosystem has been effectively controlled, and slow down year by year.

4.2 Comprehensive Interference Index

Standardized comprehensive interference index shows: 16 out of 31 provinces had a comprehensive interference index less than 0 in 2011, the comprehensive interference index of 15 provinces more than 0, in 2011 Chinese forest ecological security floating at medium level, forest ecological system is relatively safe on the whole.

2011 is the first year of China's 12th Five-Year-Plan, the state promulgated a series of policy related with forestry development, such as "12th Five-Year-Plan of Forestry Development Planning", "National Comprehensive Demonstration Area Construction Plan of Desertification & Combation (2011 - 2020)", "National Afforestation Plan (2011 - 2020)," "Construction and Environmental Protection Plan of Qinghai & Tibet Plateau Ecological Area (2011 - 2030)", "National Forestry Detrimental Biology Control Planning (2011 - 2020)" etc., promulgation and implemention of these policies and measures maintained forest ecosystem security directly or indirectly, promoting development of forest ecological security work effectively.

In this part we will make further explanation of each individual interference factor evaluationresults according to weight.

4.3 Detrimental Biological Interference

Research shows that detrimental biological interference index in Tianjin, Ningxia, Shandong provinces are higher, especially supreme in Tianjin.

As to Tianjin, detrimental biological interference index is 1.746. On the one hand, Tianjin's forest disease hit rate is 6.41%, forest pest disaster rate is 41.94%, forest pest occurrence rate is 22.37% in 2011, every individual indicators ranked first all over the country, resulting that Tianjin's forest ecosystem affected more serious by the pest interference in 2011, comprehensive interference index also ranked the highest all over the country. On the other hand, points of Tianjin's forest harmful biological control work in 2011 showed they would continue to do well in USA white moth, poplar diseases, Apocheima cinerarius, Semiothisa cinerearia, Yang Shanzhou moth, Anoplophora glabripennis etc. allover 18 major forest detrimental biology of Tianjin in 2011, as well as pine wilt disease, red fat the beetle and other pests' monitoring, inspection and quarantine. This fully shows forest ecological system disturbed seriously in Tianjin, doing well in control work of forest pest will undoubtedly become the priority among all forest ecological security work.

In Ningxia Autonomous Region, from "Ningxia Autonomous Region Forestry Detrimental Biological Control in 2010 and Trend Forecast in 2011", Ningxia forestry harmful biological occurrence area was 5.25 million acres in 2011 (removal of sudden plant diseases and insect). Forest rat (rabbit) pests forecasting area was 3.2 million acres. Therefore, detrimental biological interference index in Ningxia was higher, reaching 0.941. In view of this situation, the government of Ningxia hadsuit one's measures to local conditions, classification implementation strategy. Such as, forestry department formulated preventive management measures according to occurrence of rodents. As to returning farmland and forest contract households, whose survival rate, seedling survival rate and the zokor density control indicators did not meet the prescribed requirements, not cash funds would be given. In control of key public forest, afforestation of barren hills, collective forest shared collectively by the state, using the form of prevention of professional team mainly. These measures will effectively reduce the interference of pest to forest ecosystem.

In 2011, Shandong Province established the forecast model according to past year's data about main forest pests, by combining control work in 2010, summarizing prediction of numorous cities, analyzing forest condition, meteorological factors and regularity of forest pest occurrence, they forecasted that forest harmful biological occurrence area was increased in 2011, reaching 11 million acres. Therefore, Shandong province's detrimental biological interference index was serious in 2011, reaching 0.891.

Except the above three provinces' high pest interference index, other provinces' index are among -0.5 to +0.5 and were disturbed less by pest. Harmful biological interference index in Hainan province is the lowest, which correlates with its tropical and subtropical location, humid climate and high rainfall, diversified forest species.

Nationallyspeakingly, China began to implement the "National Forestry Planning Prevention and control of Detrimental Biological (2011-2020)" in 2011, it is expected that till 2015, the following will be established in accordance with forestry development, including monitoring and warning system with data collection, transmission, processing as the main content, quarantine of disaster reduction system containing risk assessment, quarantine tracking and treatments, Prevention and mitigation system consist control and mitigation system for emergency prevention and control command, air and ground control, prevention and control of emergency material reserves. 500 County-Level Forest Quarantine demonstration Bureau (station) will be bulit all over the country. This will monitor and reduce forest pest interference effectively, improving China's forest ecosystem security.

4.4 Fire Interference Factor

Fujian, Shanxi and Hunan Province's forest fire disaster rate were 8.48%, 15.36% and 3.38% respectively in 2011, resulting in its top 3 of forest fire interference index, so forest fire interference became major threat to these provinces. In addition, except Zhejiang, Henan, Guizhou's disturbance indexes are relatively higher, indexes in the rest provinces are all in medium level.

The northeast had frequent forest fire originally, however in2011, forest fire interference index there is relatively low. This area has always attached great importance to forest fire prevention work. In 2011, Jilin province continued to strengthen measures on the basis of previous years, adhering to implementation of national fire protection, ensuring that no significant forest fires and fire casualties; Government of Heilongjiang Province revised and issued the "Heilongjiang Province's Significant Forest Fire Emergency Plan" in 2011, this plan established operation mechanism of large forest fires, standardized disposal behavior, improved disposal ability and effectively guarantee the rapid, orderly, and efficient implementation of disposal operations, reduced forest fire loss to the lowest degree. These measures effectively controlled and prevent the occurrence of forest fire, which makes the region's (province's) disturbance in a lower level. Province with higher forest fire interference index like Fujian, Shanxi, Hunan province etc. should learn from the three northeastern provinces actively in forest fire management experience and practice, exploring and improving corresponding mechanism constantly in forest fire control in the future, reducing forest fire threats on forest ecological security effectively.

4.5 Environmental Pollution Interference

Environment pollution interference index shows characteristics of higher in eastern coastal area and lower in western inland region on the whole. The research results indicate environmental pollution interference index is highest in Xinjiang. Although Xinjiang's environmental pollution is not the most serious nationwide, but it is under a special climate conditions, and relatively small forest ecosystem area with low complexity of ecological system, this leads to its low anti-interference ability. Currently The Western Development is underway, high-speed economic development in Xinjiang, especially the development of industry will inevitably bring about a wide variety of environmental pollution, also huge impact on forest ecosystem, all this lead to a higher environmental pollution interference index.

Meanwhile from Figure 5 we can see that environment pollution interference index of Hainan, Tibet is low. For Hainan, the temperature is high and less cold, with adequate light and temperature and high photosynthetic potential, leading to the formation of high anti-interference forest ecosystem index; in addition, Hainan province attach great importance to environmental protection recently, promoting eco-tourism, so environmental pollution is controlled to a certain extent. Environment pollution interference in Tibet is the lowest which correlates with Tibet's special geographical environment in Qinghai-Tibet Plateau, at the same time the State Council began to implement "Ecological Construction and environmental protection plan of Qinghai-Tibet Plateau Region(2011 – 2030)" in 2011. This played a positive role to Qinghai-Tibet Plateau, especially the ecological construction and environmental protection in Tibet region. Through the implementation of a series of policies, environmental pollution interference to forest ecosystem in Tibet area will be controlled effectively.

4.6 Meteorological Interference Factor

In 2011, Guizhou, Jiangsu provinces' drought, hail, freezing and snow disaster hit rate was higher, meteorological disaster index was also the highest among the 31 provinces. This is because in 2011, Guizhou had a wide range of snow and frozen disaster, affecting 11.41 million people and 4.632 billion RMB's direct economic losses. In Spring, winds and hail disaster was severe, leading to more than 10 thousand hectares of crop failure and direct economic loss of more than 270 billion RMB. Drought was serious during summer and fall. Coincidentally, climate evaluation of Jiangsu province in 2011 indicated that the main meteorological disasters were drought, heavy rain, lightning, fog, cold wave, typhoon, winds etc., among them the drought, strong convection weather and heavy rain were the worst. Such weather conditions brought adversely affection on agriculture, forestry, aquaculture and other industries.

As to the remaining provinces, meteorological disasters interference index were relatively higher in Hubei, Hebei, Shandong, Henan, etc.; while lower in Shanghai, Guangdong, Tibet etc.. In 2011, Shandong, Hubei, Hebei, Henan etc. were affected by adverse weather conditions in different extent; from National Statistical Yearbook 2011, drought, hail, freezing and snow disaster hit rate of Shanghai, Guangdong, Tibet etc. were very low, therefore, compared with previous years, forest ecosystem affected less by meteorological disaster threat.

4.7 Man-made Detrimental Interference

The results shows that man-made detrimental interference index of Shanghai, Tianjin, Beijing ranked top three; following by Jiangsu, Zhejiang, Shandong, Guangdong and other coastal cities. Further analysis indicates that higher man-made detrimental interference indexes provinces aredensely and concentrately populated without exception; when population density increases, the interference of human activities to forest ecosystem, especially harmful interference degree will increase. Compared to eastern coastal provinces, western inland areas such as Tibet, Guizhou, Gansu's man-made harmful interference indexes were lower, this is because the region has a vast territory, with much land and few people. In this way, the better the natural state of forest ecosystem, the higher of the ability of recovery and forest ecosystem security degree.

4.8 Cluster Analysis

Using cluster analysis methods, this study classified forest ecological security evaluation results of China's 31 provincial-level administrative region into 6 categories, including: extremely unsafe, unsafe, less safe, safer, safe, very safe.

According to table 5 and figure 8, from look on the whole, forest ecosystem of the eastern and western region was in a relatively unsafe level, rapid economic development in eastern area disturbed forest ecosystem more, forest ecosystem in western region is vulnerable due to the climate and geographical conditions etc.; forest ecosystem of centralregionwas in a relatively safe state.

Northeast, southwest, Southeast of China were traditionally concentrated with forest resources, from table 5 and figure 8 we can see that: in northeast forest region, forest ecosystemof Heilongjiang and Jilin was in safe level, but is less safe in Liaoning, as main forest in northeast forest region is concentrated in Heilongjiang and Jilin Province, therefore, the overall forest ecosystem level in Northeast Forest region is safe. In the southwest forest region, forest ecosystem in Yunnan was in safe level. In the southeastern forest area, forest ecosystem in Fujian province is less safe, forest ecosystem in Jiangxi was in a safer level. In contrast, among the three forest region, southeast seemed to be less safe. One reason is the rapid socio-economic development there, which brought huge pressure to forest resource; the second reason is the larger population there; thirdly, southeast area affected more by meteorological disaster like typhoon and storm; in addition, Fujian province's higher forest fire disaster rate in 2011 also affected the safety of forest ecosystem in southeast region.

The classification of forest ecological security from provincial perspective throughout the country, on the one hand increases thescientificalness of this study; on the other hand, it will also help the state and provinces formulate relevant policies and measures according to evaluation results, promoting and maintaining provinces' forest ecological security.

5 Conclusions and suggestions

5.1 Conclusions

Integrated use of related theories in forestry, ecology, biology, economics, combining research achievements in forest health and ecosystem, establishing a set of multiple assessment index system of forest ecosystem security degree in view of harmful interference in China's provincial administrative region, principal component analysis method is applied to screen index and weighing objectively, and detailed analyzing chief forest ecological safety effecting factor in China. Conclusion of provincial forest ecological safety appraisal are summarized as follows.

(1) China's forest ecosystem stays in a relatively safe status

The results showed among the 31 provinces in 2011, (1) 16 provinces' comprehensive interference indexes were below 0, these provincial administrative regions' forest ecological security level was high, the forest ecological system affected less by harmful interferences; (2) 15 provinces' comprehensive interference indexes were above 0, of which 12 provinces stayed in a unsafe status. Comprehensive analysis shows that in 2011, China's forest ecological security floating at the medium level, the forest ecosystem were in a relatively safe status.

(2) Detrimental biological and forest fire are main interference factors of forest ecological security in China

The safety level of forest ecosystem is variable. In addition to theunchangable natural factors, it could be influenced by social economic and human behavior either. Study shows that detrimental biological and forest fire are main interference factors of forest ecological security in China, followed by environmental pollution and meteorological factors, man-made destruction's influence on forest ecological security is relatively lower, which correlates with continuous development of economic society in China and growing awareness of environmental protection.

(3) Forest ecological security is affected by multi factors

Among the unsafe provinces' forest ecosystem,

Tianjin, Shandong, Henan provinces' comparatively lower forest ecological security level are due to grievous harmful biological interference, especially by forest diseases and pests interference; Tianjin is effected not only by large biological effects but also by higher degree of man-made detrimental interference, resulting in the national minimum level of Tianjin's forest ecological security; forest ecosystem in Fujian, Shanxi, Hunan, Hebei, Guizhou etc. are disturbed more by forest fire, which makes forest ecological security level not high; as for forest ecosystem in Hebei, Liaoning, Shanghai, Jiangsu, Anhui, Hubei, Ningxia, Xinjiang etc., their insecurity is subject to many factors, not one individual statistics index element is prominent, however, five class of interference factor all scored high, indicating their low forest ecological security level is caused by comprehensive interferences.

5.2 suggestions

In order to improve China's provincial forest ecological security state on the whole, the following policy suggestions were put forward based on comprehensive analysis and discussion, so as to maintain forest ecological security better.

(1) Increase the spread of forest ecological system security maintenance concept, guide the full participation in forest ecological security maintenance

From the above analysis we can see that, although forest ecosystem security were disturbed by many non-human factors, but fundamentally speaking, maintaining forest ecosystem security relies on human activities; so strengthening the publicity of ideas and technical prevention is most important, this is also the strong demand of Chinese citizen consciousness under the development of social economic.

(2) Establishing and improving national forest ecological security policy, using national macro-control

Nationally speaking, forest ecosystem security degree in China is higher, but this does not rule out forest ecosystem in several areas are grievously disturbed by harmful threat. According to the principle of suiting one's measures to local conditions and proper antidote against corresponding disease, different regions should take corresponding countermeasures according to their chief interference elements.

(3) Each province ought to combine their own actual situation, taking corresponding measures on account of their main interference elements

For example, Tianjin, Shandong, Henan provinces are under relatively serious situation, hence these three provinces should pay special attention to harmful biological interference, especially emphasizing prevention and control of diseases and insect pests inforest, with regular and sentinel surveillance of forest diseases and insect pests, supervising strictly, defending actively, strengthening the protection of insect undamaged forest; meanwhile, as to forest that already has pests, exploring out reason and victim, applying antidote against the disease to minimize the possible loss. Forest ecosystem in Fujian, Shanxi, Hunan, Hebei, Guizhou etc. are under larger fire threat, subsequently, strengthening forest fire prevention is primary work that should be done by the above provinces. The chief task of forest fire prevention is doing good monitoring and early warning, supervising forest ecosystem strictly by satellite and other high-tech means, at the same time giving publicity to forest fire prevention so as to avoid the occurrence of man-made forest fire. Management and protection are especially significant in forest fire season to avoid occurrence of natural caused forest fires.

In a nutshell, each province ought to combine their own actual situation, taking corresponding measures on account of their main interference elements. Besides, prevention of other harmful interference factors are essential to avoid them turned into future development's major interference indexes, especially for provinces under multiple harmful disturbing factors. It is believed that as long as the positive response, suitable measures to local conditions and united strength action, China's forest ecological security level will rised to a satisfactory level.

References:

[1] Shan Y H. Study on Ecological Security in Regional Urbanization [D]. Nanjing: Nanjing Agricultural University, 2002.

[2] Fang Y, Wang S J. Establishment of Ecological Security Assessment System: A Case Study of Forest Ecosystems in Shandong Province

[J]. Journal of Northeast Forestry University (Natural Science Edition), 2007, 35(11): 77~82.

[3] Jiang X F. The Challenge of WTO to Our Country Ecological Security and Strategic Countermeasures[J]. Ecology and Natural Conservation, 2000, (10): 23~25.

[4] Hong W, Yan S J, Wu C Z. Forest Ecosystem Security and Ecological Response of Fujian[J]. Journal of Fujian Agriculture and Forestry University (Natural Science Edition), 2003, 32(1): 79~83.

[5] Deng J F, Zhan G Q, Jiang J. Inquiry on Construction of Steady Forest Ecological Security System in Pearl River Delta [J]. Guangdong Forestry Science and Technology, 2010, 26(5): 83~87.

[6] Huang LL, Mi F, Sun F J. Tentative Exploration of Forest Ecological Security Estimation[J]. Forestry Economics, 2009, 12: 64~68.

[7] Eric Allen. Forest Health Assessment in Canada [J]. Ecosystem Health, 2001, 7(1): 35~47.

[8] Gao C B. Research on Regional Ecological Security Status and Expansion Tendency—A Case Study on Guangzhou Province [D]. Guangzhou: Zhong Shan University, 2006.

[9] Li X Y. Tentative Research and Application of Forest Healthy Assessment Index System[D]. Beijing: Research Institute of Forest Ecological Environment and Protection, Chinese Academy of Forestry 2006.

[10] Xiao F J, Ou Y H, Zhang Q, FU Bojie, ZHANG Zhicheng. The Application of Forest Ecosystem Health Evaluation Index in China [J]. Journal of Geographical Sciences(English Edition), 2004, 14(1): 18~24.

[11] Yuan F, Zhang X Y, LiangJ. Assessment Indicators System of Forest Ecosystem Health Based on The Harmful Disturbance [J]. Acta Ecologica Sinica, 2012, 32(3): 964~973.

[12] http: //www. baike. com [EB/OL]. 2009-08-07/2013-09-21

[13] Mi F, Huang L L, Sun F J. Appraisal of Ecological Security in Beijing Jiufeng National Forest Park[J]. Forestry science, 2010, 46(11): 70~76.

[14] Mi F, Pan W J, Zhu N, etc. The Application of Fuzzy Comprehensive Evaluation Method in Early Warning Research on Forest Ecological Security [J]. Academic Journal of Northeast Forestry University (Natural Science Edition), 2013, 41(6): 66~71, 75.